Markus Gasser

DIE LAUNEN DER LIEBE

Wahre Geschichten
von Büchern
und Leidenschaften

Carl Hanser Verlag

1. Auflage 2019

ISBN 978-3-446-25839-6

Umschlag: Peter-Andreas Hassiepen, München
Motiv: © Daily Herald Archive/SSPL/Getty Images
Satz: Greiner & Reichel, Köln
Druck und Bindung: CPI books GmbH, Leck
Printed in Germany

FSC
www.fsc.org
MIX
Papier aus verantwortungsvollen Quellen
FSC® C083411

Im Gegensatz zu manchen Romanen ist in diesem Buch weder eine Person noch ein Ereignis erfunden. Der Verfasser war lediglich darum bemüht, wahre Geschichten so zu erzählen, dass sie neben einem Werk der Fantasie bestehen können.

INHALT

DAS UNSTERBLICHE PAAR

KAPITEL I

VON DER LIEBE, DIE NIEMALS ENDET

Ein Geheimnis zu Beginn

1

Im Sommer des Jahres 1974, in dem Richard Nixon von seinem Amt als Präsident der Vereinigten Staaten zurücktrat, verlor Frieda Hughes den Glauben an ihren Vater, der wie Gott für sie war.

Ihr Vater, Ted Hughes, machte sie wortreich vertraut mit den Namen der Bäume und der Gestirne, die ihr Schicksal bestimmten, mit dem schwebenden Flug des Bussards in der Spannkraft der Luft. Doch immer wenn sie ihn nach dem frühen Tod der Mutter fragte, erwiderte er nur knapp und in Traurigkeit verschlossen, sie sei an einer Lungenkrankheit gestorben. Blinzelnd nahm sie es hin.

Jetzt aber, im Wochenendcamp von Devon, wo die Vierzehnjährige das Schreiben lernen sollte, wie doch nur ihr Vater es konnte, versicherte ihr in einer sonnenstaubigen Kammer des Camps eines der Mädchen mit theatralisch kühlem Blick, ihre Mutter Sylvia Plath hätte Selbstmord begangen. Das wisse doch jeder. Das federnde Bett, in dem sich Frieda Hughes eben noch träumerisch gewiegt hatte, gab stutzend sein Knarren auf, und ihr Vater war im Handumdrehen ein Lügner wie jeder andere Erwachsene auch.

Irgendwie hatte sie immer geahnt, dass an der Geschichte ihrer berühmten Dichtereltern etwas nicht stimmte, ein Geheimnis dahinter verborgen lag, und als sie ihren Vater schließlich zur Rede stellte, brach es aus ihm hervor, ohnmächtig, erleichtert, »Wie erklärt man das einer Dreijährigen, einer Zehnjährigen, wie erkläre ich es dir jetzt?« Wie erklärte man überhaupt jemandem, wie erklärte man zuallererst sich selbst, was man als eine geradezu klassische Liebesgeschichte erlebt hatte? Wie erklärte man die unglaubhaft glücklichen Jahre und dann den Absturz ins Nichts?

2

Als Sylvia Plath und Ted Hughes einander an einem Februarabend 1956 zum ersten Mal erblickten, war es, als hätten ihre Augen nie etwas anderes getan. »Bang!« hatte es gemacht und »Smash!«, notierte Sylvia Plath am späten Morgen nach der Party in ihr Tagebuch; und Ted Hughes ging die Erinnerung an sie – so schrieb er ihr – wärmend durch die Adern wie Brandy. Sie war es, die ihm einen Antrag machte, und sie heirateten heimlich: Ein Hilfsgeistlicher gab den Trauzeugen ab, obwohl er eigentlich eine Busladung Kinder zum Zoo fahren sollte.

Sie waren voneinander durchdrungen. Ihre Seelenverwandtschaft ging so weit, dass man später Gedichtentwürfe Sylvia Plaths auf der Vorderseite und von Ted Hughes auf der Rückseite desselben Blattes fand. Sie hörten so andächtig aufeinander, wie man der Meeresbrandung in einer Muschel lauscht. Kaum ein Tag verging, den sie nicht gemeinsam verbrachten. Sie war Cathy, er war Heathcliff aus der »Sturmhöhe« Emily Brontës: Sie lebten aus, wovon die Literatur voll war.

Sieben Jahre später, an einem Februarmorgen des Jahres 1963, öffnete Sylvia Plath die Backofentür, nachdem sie Frieda und dem kleinen Nicholas das Frühstück neben die Kinderbettchen gestellt hatte, und kniete sich ins ausströmende Gas. Was war geschehen? Wie konnte eine derart maßlose Zweisamkeit ein so erbärmliches Ende nehmen? Hatte Ted Hughes versagt, ein Verbrechen begangen – und wenn ja, wie und wann genau in jenen Jahren zwischen der ersten Begegnung und ihrem Freitod? An welchem Punkt hätte alles anders kommen können?

Obwohl er sie als ihr Nachlassverwalter zu einer Gottheit erhob, zur vollkommensten Dichterin Amerikas jener Jahre, galt Ted Hughes nunmehr als der Mörder seiner Frau. Ein Gerangel um Sylvia Plaths Inbesitznahme begann, als ginge es um das Millionenerbe eines eben verstorbenen Filmstars. Man durchforschte ihre Gedichte nach Vorahnungen des Todes und nach den Wunden, die Ted Hughes ihr geschlagen haben mochte. In Australien brach er eine Lesung ab, weil ihn Sprechchöre aus dem Publikum als Triebtäter beschimpften. Viermal kratzte jemand den Namen »Hughes« aus Sylvia Plaths Grabstein in Yorkshire. Bald wollte Ted Hughes nicht mehr zählen, wie oft er die Polizei verständigt hatte wegen der blutrünstigen Drohbriefe aus der Sylvia-Plath-Gemeinde, die er doch selbst begründet hatte. Zu alledem schwieg er.

Und trotzdem fühlte er sich von der Notwendigkeit gepackt, sie beide ins rechte Licht zu rücken. Denn immer häufiger überraschte er sich dabei, laut mit Sylvia zu debattieren, als lebte sie noch. Heimlich für sich hatte er auch bald nach ihrem Tod an Gedichten zu arbeiten begonnen, den »Birthday Letters«, die ihre gemeinsame Geschichte erzählten. In ihnen wollte er Sylvia wie Orpheus Eurydike aus dem Totenreich heraufholen und wiedergewinnen und sie erkennen lassen, dass er immer nur sie geliebt hatte und keine andere und dass er sie lieben würde auch über seinen Tod hinaus, bis eine Hand aus den Schatten behutsam seine Schulter berührte und eine Stimme flüsterte: »Lass mich diesmal nicht im Stich.« Das war sein allerletztes Wort, aus ihrem Mund in seine Feder gesprochen, abgedruckt in der Londoner »Sunday Times«, 1998, zehn Tage vor seinem Tod.

Hatte er sie diesmal wirklich nicht im Stich gelassen? In seinen »Birthday Letters« beschwor er die Erinnerung an ihr Leben zu zweit, beschwor Zeile um Zeile Sylvias Gedichte, Tagebücher, Erzählungen. Hatte er damit zumindest postum das Versprechen ihres schöpferischen Beieinanders eingelöst, an dem Sylvia festgehalten hatte bis zum Schluss? Was auch immer er in den »Birthday Letters« verschwiegen, verbrämt, verschleiert und zurechtgebogen hatte: Plötzlich fragten sich die Leser, ob nicht Sylvia Plath versagt und sich selbst in die Verzweiflung getrieben hatte. Plötzlich stand da nur ein Witwer mit zwei Halbwaisen, Frieda und Nicholas, »vom Leben fallengelassen«, so schrieb er – und »Du stirbst nicht und kommst auch nicht nach Haus«.

Oft war Ted Hughes eine Gestalt ihrer Gedichte gewesen, Raubtier, Vampir, dunkel, unwiderstehlich, dämonisch; nun war Sylvia Plath die seine. Dank der »Birthday Letters« aus dem Gefängnis seiner Erinnerungen erlöst, machte er sich ans Sterben: Ihrer beider Leben gehörte von nun an allen – nur ihnen beiden nicht mehr. Desto schwerer lastete auf der erschrockenen Nachwelt das Rätsel um dieses unsterblich gewordene Paar: Worin hatte Sylvia Plath versagt, und welches Verbrechen hatte Ted Hughes tatsächlich begangen?

3

Seit Goethes Leiden im »Werther« verwandelten Schriftsteller wie Sylvia Plath und Ted Hughes ihre Begegnungen mit der Liebe in Geschichten und ließen ihre Geschöpfe die Gewalt ihrer Leidenschaften durchleben, euphorisch und bitter, ihre Sehnsüchte, Kämpfe und Demütigungen, ihr Elend und ihre Seligkeit. Als Liebende unterschieden sich diese Autoren kaum von anderen Menschen. Genauso wenig wie ihre Leser wussten sie, was die Liebe ihrem Wesen nach ist. Ihnen war es genug, ihre Auswirkungen am eigenen Leib erfahren zu haben, um zu wissen, dass es sie wirklich gibt und dass sie kein Ende nimmt in all ihrem Schrecken und Hochgefühl. Indem sie von ihren Erfahrungen Gebrauch machten, bekenntnishaft oft und rücksichtslos gegen sich und andere, gelangen ihnen Werke von einer derart souveränen Kraft, dass uns ihre Charaktere wie wahre Menschen entgegentreten. Sie treffen uns ein ums andere Mal, wie ein Donnerschlag aus der Stille, mitten ins Herz.

Vom Ideal ewig ungetrübten Glücks, das die große Liebe in der westlichen Welt mit sich führt, ließen sich diese Autoren nicht täuschen. Keiner von ihnen hielt bei jenem Augenblick inne, da sich ein Paar nach schier unüberwindlichen Hindernissen – die Braut ist geraubt, einem anderen versprochen, die Familie dagegen – endlich in die Arme schließt und in den Hafen der Ehe einläuft. Für sie fing danach das Abenteuer erst an: Sie erzählten von Paaren, denen bald die Kleinlichkeit, Gereiztheit und schale Beharrlichkeit des Alltags, der Zwist um die richtige Erziehung der Kinder, bald selbstsüchtige Unbesonnenheit, bald ein Treuebruch die Liebe lähmte, bis sie einander die Seele aus dem Leib geplagt hatten und zusammen buchstäblich keinen Sinn mehr ergaben.

Sie erzählten, wie die Begierde zu versiegen anfing, die Liebe zu Machtspielen verkümmerte, zu Verhandlungen unter Erpressten und Erpressern der finstersten Sorte, wie die Lebensvorstellung des einen diejenige des anderen durchkreuzte, sich ein Dritter dazwischendrängte und ihr Beisammensein sprengte. Doch alle ihre Paare bewiesen, dass es Durchschnittsmenschen nicht gibt, hat das Erdbeben der Liebe sie einmal erfasst. Banal ist ohnehin keiner, sieht man genauer hin; doch in der Liebe wachsen wir zu unserer wirklichen Größe auf, gehen durch jedes Feuer wie der Salamander aus alten Legenden, werden zu Ungeheuern, Verschwörern und Helden. So erzählten sie auch, wie ein Paar gegen alle Widrigkeiten zusammenstand; erzählten von Menschen, die nach einer Trennung das Leben noch einmal vor sich haben wollten und für einen Neubeginn ihre Schwächen, Ansprüche, Sicherheiten über Bord warfen; und dass der Glaube an die Liebe selbst im Alter wiedergefunden werden konnte bis zur Hoffnung auf ein gemeinsames Leben nach dem Tod.

Für diese Autoren – für Vladimir Nabokov etwa und Emily Brontë, für John Updike und Marguerite Duras – war die Liebe weit mehr als nur ihr Thema. Sie war die Triebkraft ihres Tuns. Wie jedem anderen auch gab sie ihnen Rätsel auf: Was wäre geschehen, wenn ich diesem Menschen niemals begegnet wäre, wenn ich ihn, wenn ich sie damals verlassen hätte? Was machte unsere Liebe so stark, dass sie alle Krisen überwand? In welchem Augenblick habe ich den einen Fehler begangen, der uns scheitern ließ? Wer bin ich ohne den anderen? Wäre ich besser allein geblieben? Habe ich genug geliebt?

Die Autoren lasen ihre Lebensläufe wie einen Roman und stellten sich selbst erfunden vor. Sie lichteten am Schreibtisch ihren Beziehungswirrwarr, riefen Gespenster herbei und trieben sie aus, beschwichtigten ihre Schuldgefühle und ihre Eifersucht, rechtfertigten sich, leisteten Abbitte, baten um Vergebung, misstrauten ihrem Gedächtnis und wühlten sich immer tiefer in die Vergangenheit zurück. Doch nahmen sie auch Rache, mit höhnischem Triumph. Logen um. Schufen Versionen nach Versionen derselben Geschichte. Erklärten sich zu Opfern, zu Tätern dabei; schwelgten in erotischen Details und besiegten in einer Art Abwehrzauber ihre Furcht vor dem Verwittern und Verschwinden der Liebe, da der Glaube an die Liebe für sie die Treue zum Leben war.

Manche überwarfen sich zuweilen mit ihr und wurden grundsätzlich. Einst hatte Platon das Bedürfnis zu lieben damit erklärt, jeder von uns sei nur Teilstück eines Ganzen und suche seine fehlende Hälfte, so wie ein Schiffbrüchiger auf einsamer Insel die dunstigen Fernen nach dem rettenden Segel absucht: Was aber geschah, wenn man den ersehnten Kahn nie zu Gesicht bekam? Oder wenn man lediglich meinte, seine fehlende Hälfte gefunden zu haben, und Vertrautheit mit Glück verwechselte, während die wahre Hälfte noch irgendwo dort draußen herumlief?

Und wenn man die große, die lebenslange Liebe tatsächlich fand: Musste bedingungslose Hingabe nicht unweigerlich zur Selbstverleugnung führen? Und wie war zu verkraften, wenn man sie wieder verlor? Welcher Preis war zu zahlen, wenn man zur falschen Zeit den Richtigen fand? War das Versprechen, in einem anderen Menschen das Paradies zu erlangen, von einem Popsong und Melodram zum nächsten weitergereicht, nicht eine tyrannische Illusion, dazu angetan, uns mit einer großen Leere im Herzen zurückzulassen? So viel Erwartung, die fehlschlug, so viel Vergeudung. Und trotzdem.

Aus dem Ringen um Antwort auf diese Fragen entstand das Werk jener Schriftsteller, deren Liebesgeschichten hier zu erzählen sind: was sie selbst erlebten und was sie daraus erfanden. Sie beginnen am anderen Ende der Welt mit einem schüchternen Mädchen, das aus Sehnsucht eine folgenschwere Lüge ausheckt. Sie schildern, wie ein gesitteter Herr aus bester Familie, weil seine Liebe unerwidert bleibt, sich in einer Obsession verfängt, die sein ganzes Leben beherrscht; wie der Drang nach Zweisamkeit einem jungen Mann den Mut verleiht, sich gegen die verächtliche Front einer ganzen Gesellschaft zu stellen; wie ein anderer seine Ehe in einem Roman tödlich enden lässt, um sie in der Wirklichkeit bewahren zu können; wie eine leidenschaftliche Frau erkennen muss, dass sich ihre Liebe verflüchtigt hat in dem Augenblick, wo sie der andere am dringendsten braucht; wie einer gezwungen ist, zwischen zwei Möglichkeiten zu wählen, einen geliebten Menschen zu verraten; und wie ein Paar, dessen Liebe in der Jugend verhindert wurde, diese Liebe im hohen Alter endlich ausleben kann.

Diese Geschichten berichten vom Rausch der Erfüllung,

von Ausnüchterung, Versöhnung, Verlust und reichen – wie es abendländische Geschichten so an sich haben – darüber hinaus bis zu jenem Moment, da die lungenkranke Elizabeth Barrett Browning, ein Jahrhundert vor Sylvia Plath und Ted Hughes, ihrem Mann Robert ihre Sonette schenkte, worin die ganze Geschichte ihrer Liebe aufbewahrt war und das Versprechen, sie werde ihn noch besser lieben, wenn ihr Leben vorüber sei. Gequält von Zweifeln an einem Wiedersehen im Jenseits, schrie Robert Browning sechzehn Jahre nach Elizabeths Tod sein Heimweh in den Himmel des Mont Salève über Genf und begann dabei eines seiner letzten großen Gedichte: Es wurde ein Widerhall ihres Versprechens. Sie hatte ihn gar nie verlassen, sah er jetzt ein und wurde ganz still. Sie würde schon darauf achten, dass er sie im Finstern drüben auch fand.

SEHNSUCHT

KAPITEL II

DIE ZERTANZTEN SCHUHE

Janet Frame

I

Auch mit ihr würde er fertigwerden. Wer wie er, Mark Goulden, der Verlagschef von W. H. Allen, die Bannflüche des Satanisten Aleister Crowley heil überstanden hatte und die Trunkenheitsausfälle des berühmtesten walisischen Dichters (der immerhin seine Entdeckung gewesen war), brauchte doch Gespenster nicht zu fürchten.

Denn so etwas wie ein Gespenst musste sie sein: Keiner ihrer wechselnden Literaturagenten hatte Miss Janet Frame je leibhaftig zu Gesicht bekommen. Sie irrte, hieß es, in ihrer Heimat Neuseeland ohne festen Wohnsitz von einer Nervenklinik zur nächsten und brachte zwischendurch zittrig und rasch einen ihrer depressionistischen, von der Kritik bejubelten Romane zu Papier. Sie verkauften sich schlecht. Das sollte sich ändern. Dazu war er ja da.

Mark Goulden lehnte seine Stirn an diesem Augustmittag 1962 gegen das säulenhohe Fenster seines Büros in der Londoner Essex Street und brachte sich mit einem Kristallglas Scotch vor dem leisen inneren Beben in Sicherheit, das ihn bei Terminen mit besonders schwierigen Autoren immer beschlich. Rühmte er sich nicht zu Recht eines sechsten Sinns, der ins Innerste jeder Person dringen und noch die verquersten Tröpfe mit einem reichen Repertoire gekonnter Überrumpelungstaktiken aus der Reserve locken konnte, um sie dann heiter in die Welt hinaus zu entlassen? Im Übrigen entzückte es ihn ein ums andere Mal, welche Formenvielfalt die menschliche Spezies bot. Er hatte nichts zu befürchten. Doch darin täuschte er sich.

Vor ihm lagen die zwei Stunden, die er sein Leben lang nicht vergessen sollte. Er würde sie noch oft und immer ein bisschen anders schildern, in großer wie kleiner Runde, und dabei stets der gerade letzten Version unbedingten Glauben schenken. Jede nackte Tatsache stand und fiel mit der Art, in der man sie erzählte. Die Wahrheit war für Mark Goulden eine Sache der Vorstellungskraft.

Kaum war Miss Frame hereingehuscht, gleichgültig gekleidet und wie auf Durchreise ins Exil, legte Goulden schon los, pries ihre Bücher – seines Erachtens – über Gebühr, nutzte dafür das warme, zigarettenangeraute Timbre seiner Stimme und krönte seine Huldigung mit dem Vorschlag, sie auf Verlagskosten für ein Jahr in einem feudal möblierten Apartment in London wohnen zu lassen. Dort konnte sie für ihn in aller Stille – und Goulden nickte ihr bei diesem Wort genießerisch zu – »einen Bestseller« schreiben, mal ganz was anderes vielleicht als diesen denn doch zermürbenden, bitteren Roman »Gesichter im Wasser« … eine Liebesgeschichte (zum Beispiel). »Wie wäre das?« Drei Finger seiner rechten Hand trommelten ein sachtes Stakkato auf den Mahagonitisch, der sie trennte; doch Miss Janet Frame saß einfach nur da, stumm und steif in den Ohrensessel gepresst, als sollte sie für die National Portrait Gallery gemalt werden, mit einem Ausdruck leicht gequälter Resignation. Der Ausdruck war – dachte Goulden –

charakteristisch für die Patienten aus jenen Schlössern der Psychiatrie, die auf der vorsintflutlichen Insel dort unten, »Neuseeland«, Namen trugen wie »Lake Alice«, »Seacliff«, »Sunnyside«, als wären sie stolze Luxushotels zwischen kühlenden Palmen mit einem Butler für jeden einzelnen Gast. Miss Frames smaragdgrüne Augen ängstigten sich vor dem, was sie erblickt hatten: Augen auf der Flucht.

Aber wenn sie ein Fall war für die niederträchtigen Sigmund-Freud-Apostel, hätte man auch Greta Garbo, Charles de Gaulle, Agatha Christie und die gesamte Bevölkerung der Shetlands wegen krankhafter Schüchternheit wegschließen müssen. Goulden wollte diese Janet Frame aus ihrem Schweigen holen, und da half nur gespielter Zorn.

»Also gut, Miss Frame. Ich habe jetzt eine verfluchte halbe Stunde« – Goulden konsultierte seine schwergoldene Taschenuhr – »geredet und geredet und geredet wie ein reumütiger Massenmörder in Nürnberg, und Sie sagen kein Wort und starren nur und langweilen mich. Lassen wir, wie Goethe irgendwo so oder so ähnlich meinte, jedem großen Geist seine Idiotien, aber« – Goulden erhob sich mit einem Ruck – »verschwenden Sie nicht jene kurze Zeit, die uns Gott …« Und plötzlich regte sich Miss Janet Frame.

Jemanden zu langweilen war ihr zuwider, und es ärgerte sie, von ihm ins Visier genommen zu werden: Das Bild, das er sich offenbar von ihr machte, sollte in sich zusammenstürzen, jetzt und sofort. Später würde sie es manchmal bereuen, Mark Goulden, der zunächst auf sie gewirkt hatte wie ein Casinobesitzer und Mafiaboss in einer Person (drahtig, grauhaarig, untersetzt), so viel von sich selber preisgegeben zu haben; doch in diesem Augenblick begann sie zu erzählen, Goulden ließ Sandwiches bringen, rührte sie aber, mehr und mehr aus der Fassung gebracht, nicht an. Seine Fantasie stieg, mit ihren zuverlässigen Worten als Leiter, Stufe um Stufe zur kiesknirschenden Dachterrasse des Verlagshauses empor. Doch statt über London blickte er, an Miss Frames Seite, von einem Hügel der Stadt Oamaru im Südosten Neuseelands aufs Meer hinab. Er sah, was sie als Kind gesehen, las, was sie gelesen hatte, fühlte ihr erstes Verlangen, das noch nicht wusste, wonach. Und das Verlangen fand einen Menschen, gemeingefährlich (sagte sich Goulden) und ihrer nicht wert. Er spürte die Hand des Irrenhausdirektors auf seiner Schulter, »Und, Miss Frame? Haben wir uns schon eingewöhnt?« Er empfand ihre Scham, etwas überlebt zu haben, dem andere zum Opfer gefallen waren. Und er schämte sich selbst.

Mark Goulden, schnell von Begriff und Gefühl, begnadeter Allerweltsphilosoph und Schwadroneur, lauschte und schwieg.

2

Einst hatten schottische Auswanderer auf ihrer Suche nach einem Himmel auf Erden in Oamaru haltgemacht: Das ganze Tal der Bucht mit seinem tiefen, fetten Erdreich war ein eigens für sie ausgerollter Teppich goldener Mohnblumen und blauer Lupinen. Obwohl sie sich auf ihre Freiheitsliebe einiges zugutehielten, bauten sie ihre Stadt europäischen Vorbildern nach. Die Bank glich derjenigen Edinburghs, die Stadtbibliothek einem griechischen Tempel mit der Göttin Pallas Athene obendrauf. Die Straf- und Irrenanstalten mit ihren Erkern und Wasserspeiern waren, über den Grabstätten der Ureinwohner errichtet, grau-gotische Spukschlösser und kleine Städte für sich, als hätten die Architekten sie den Schauerromanen entnommen – eine Drohung für all jene, die der in England umgehenden Mode nachgeben wollten, den Verstand zu verlieren. Denn hier benahm man sich anständig, trank mäßig, entstaubte samstags das Porzellanschränkchen, Gewürzdosen und Einweckgläser, legte den Schildpattkamm wieder haargenau an die ihm zugedachte Stelle zurück, pflegte den Rasen samt Schutzgeistern (Gartenzwerge aus Terrakotta), und Männer spielten mit Männern nur beim Kricketmatch.

Dennoch verfiel die Stadt. Als die Eisenbahnerfamilie Frame – vier Töchter, ein Sohn – 1931 nach Oamaru kam, hatten die aufgelassenen Fabriken im Hafen gerade noch etwas von ihrem Geruch nach Wolle und Getreide bewahrt, wie wenn sie sich an ihre frühere Bestimmung erinnern wollten. Zwischen den Pflastersteinen vor den Toren schoss fröhlich das Unkraut hoch. Längst waren die Dachschindeln, Treppengeländer und Eichenböden der Kontore in den hungrigen Kaminen der Arbeiter verheizt, mit den wunderprächtigen Träumen von der Neulandgewinnung zu Asche geworden und von nervösen Winden über den Pazifik verweht.

Auch im grauverwitterten Holzhaus der Frames regierte ein Durcheinander wie am fünften Schöpfungstag kurz vor Erschaffung des ordnungswilligen Menschen. Mutter Lottie vernachlässigte es – nicht aus Schlampigkeit, sondern nach einem Plan, in den nur ihr Gott eingeweiht war. Kinder liebten das Unaufgeräumte, und wie Gott die Welt eigentlich eingerichtet hatte, bevor bibelunkundig fantasielose Leute sie verflachten, ja, auch davon besaß sie genaue

Vorstellungen: Bettler konnten getarnte Engel sein, und sie wies keinen von ihnen ab; ein Stein war für sie nicht einfach ein Stein, sondern ein aus dem Firmament verstoßener Stern.

Durfte sich die neunjährige Janet als Klassenbeste für ein Jahr kostenlos Bücher aus der Stadtbibliothek leihen, rief Lottie auch schon euphorisch aus, »Bring uns Charles Dickens, Shakespeare, Mark Twain!«, so als erfreuten sich diese drei Herren bester Gesundheit und könnten es kaum erwarten, der Familie Frame in der Eden Street noch am selben Abend einen Besuch abzustatten. Nichts war nur, wie es schien. Im liebgewonnenen Märchenband der Gebrüder Grimm zertanzten zwölf Prinzessinnen mit zwölf schönen Prinzen jede Nacht ihre Schuhe hinter dem Rücken des eifersüchtigen Vaters. Schmiegten sich Janet und ihre drei Schwestern abends im engen Bett aneinander, nahmen sie einschlummernd die Gestalt der Prinzessinnen an und stiegen durch die Falltür die Treppe zum unterirdischen, hellerleuchteten Schloss hinab, und kein blöder alter Soldat in einem Umhang, der unsichtbar machte, folgte ihnen nach.

Janet passte es auch nicht, welch trostlose Zukunft in diesem Märchen die älteste der zwölf Prinzessinnen erwartete, die den Soldaten heiraten musste, nachdem ihr Geheimnis aufgedeckt war. Überhaupt gingen ihr die immergleichen Märchenschlüsse auf die Nerven: Paare feierten Hochzeit und lebten vergnügt bis zum Tod. In der Wirklichkeit, so konnte man von Shakespeare lernen, ging es rauer zu, wahrhaft Liebende starben früh, und die älteste der zwölf hatte sich nach der Heirat bestimmt von einer Burgzinne geworfen.

Jene Ergriffenheit, die sich der ersten Siedler beim Anblick der Bucht Oamarus bemächtigt hatte, war in Janet Frame noch lebendig, wenn sie vom Hügel hinter dem Haus den Pazifik musterte und die schwarzen, grünen, gelben Wolken, groß wie Wale, die über den Himmel schwammen und, wie von einem Harpunier verwundet, bei Sonnenuntergang blutend in die Fluten wegtauchten. Dorthin nahm sie Reißaus vor den Demütigungen der Schulvormittage, dort füllte sie ihr für Lokführer gedachtes Notizbuch mit Tagebuchbriefen an den weisen Herrscher dieses Meerreichs, das seinen Namen trug, »Ardenue«. Sie schrieb darin auch das Märchen von den zertanzten Schuhen um: Der alte Soldat wurde in der dritten Nacht, bevor er dem Vater der Prinzessinnen seine Entdeckung verraten konnte, von einem der silberblättrigen Bäume erschlagen, mit gewaltigem Krach.

Weil Mr. Ardenue ein neugieriger und um seine Untertanen besorgter Monarch war, vertraute sie ihm alles an: Keine der Mädchencliquen nahm sie auf, und jede Klassenkameradin, die so scheu war wie sie, rückte von ihr ab, um nicht ihre verachtete Position in der Schule mit ihr teilen zu müssen. Mr. Ardenue erfuhr, dass sie manchmal in dem Gefühl einschlief, der Arm, der sie umfangen hielt, sei nicht der ihrer Schwester Myrtle, sondern der Arm eines Mannes, der ihr begütigend zuflüsterte: »Morgen, Liebes, sieht alles ganz anders aus.« Wie sie ihre Sommersprossen hasste. Ihre Zähne verfaulten: Sie trug der Klasse nur mit vorgehaltener Hand ihre Gedichte vor. In ihrem roten Zaushaar verfingen sich Schmeißfliegen wie im Netz einer Spinne. Laut der Schulärztin gehörte sie zu »den Schmutzigen«, die mit bösen Bakterien um sich warfen. Sie mochte sich nur in dem, was sie schrieb. Es war ein Weg zu überleben: »Ich will etwas Schönes schaffen, wie Sie es hier getan haben, Mr. Ardenue.« Eines Tages würde ein anderes Mädchen Tränen über einen Roman vergießen, der ihre Geschichte war.

Ihre Schwester Myrtle erlitt beim Schwimmen einen Herzstillstand und lag wie eine große, vergessene Puppe in der Küche aufgebahrt. Wenn du den Tod einmal gesehen hast, notierte sich Janet Frame später, wirst du deiner selbst gewahr und musst dich vor nichts mehr fürchten. Von nun an wollte sie ein Leben führen und nicht nur davon träumen. Für die Welt war sie ein Nichts. Aber würde sie nicht irgendwann für irgendwen, der sie gelten ließ, wie sie war, eine ganze Welt sein können?

Am Tag vor ihrem Aufbruch in die Universitätsstadt Dunedin verbrannte sie ihre Gedichte und Tagebuchbriefe an Mr. Ardenue.

3

Doch auch an der Universität von Dunedin zwang ihre Scheu sie ins Abseits.

Sie besuchte Sinfoniekonzerte und wagte nach der letzten Note nicht zu klatschen, überwältigt wie sie war – und aus Furcht, der Applaus könnte ihr zu laut geraten. Neue italienische Filme in strengem Schwarzweiß, vorgeführt in kleinen Kellern und damit sicher vor den Sittenrichtern der Stadt, rüttelten sie aus ihren Tagträumen wach: In einem davon las ein Soldat eine Prostituierte auf, erzählte ihr von einem lieben Mädchen, das er vor Monaten in Rom getroffen hatte, und bemerkte in seiner Betrunkenheit nicht, dass sie, die Prostituierte, genau dieses Mädchen war. Die Enttäuschung des Mädchens hatte etwas unaussprechlich Beklemmendes und Richtiges. Doch wenn man sie, »Nun, was sagt unsere Janet dazu?«, verhohlen belustigt nach ihrem Urteil zu diesen Filmen fragte, stammelte sie nur Plattitüden daher. Sie galt als haarsträubend ungebildet, hässlich, verschroben, verrückt. Bald kursierte das Gerücht, Mitglieder ihrer Familie säßen seit Jahrzehnten in Irrenhäusern der Insel ein.

Warum war es ihr nicht gegeben, für sich zu bleiben, wo es sie so viel kostete, in den Augen der anderen etwas darstellen zu müssen? Wenn man doch nur sein Leben lang schlafen könnte. Oder in einen anderen Körper auswandern. Dann könnte man vielleicht dazugehören.

Der einzige Mensch, in dessen Gegenwart sie ihre Schüchternheit überwand, war John William Money, Jungdozent für Psychologie, den alle Studentinnen wie einen Filmstar umschwärmten, als wäre er soeben aus »Vom Winde verweht« direkt von der Leinwand herabgestiegen. Ihm fiel Miss Frame erst auf, als sie am Ende eines Essays beiläufig erwähnte, sie hätte sich mit einer Überdosis Aspirin das Leben nehmen wollen, und zwar seinetwegen: Die Traurigkeit brauchte eine Ursache, und sie fand keine andere in sich als ihn.

Wider Erwarten stieß John Money sie auch nicht weg. Sie interessierte ihn. Die ersten Therapiesitzungen auf dem Dachboden der Universität gaben vorderhand nichts Nennenswertes her. Doch ein Freud-Experte wie Money ließ sich von den Theaterkulissen des Unterbewussten nicht täuschen. Dass Miss Frame mit einundzwanzig Jahren noch immer an diesem Märchen von den zertanzten Schuhen hing und ihn mit einem der Prinzen verglich, zeugte von einer gehemmten Libido. Er schickte Miss Frame zur Begutachtung in die psychiatrische Station des örtlichen Krankenhauses. Die Diagnose der Ärzte fiel rasch und eindeutig aus.

»Schizophrenie«. Dass einer der Ärzte an den Rand des Gutachtens handschriftlich notiert hatte: »Unglücklich ist jeder von Zeit zu Zeit«, ignorierte Money aus akademischer Würde und trug Miss Frame die brisantesten Passagen aus dem Gutachten vor. Bald würde die Krankheit ganz aus ihr hervorbrechen, als ginge sie damit schwanger. Im Wettlauf mit dem Verlöschen ihres Geistes schrieb sie ihre Kurzgeschichten nieder, als glaubte sie ernsthaft an die Diagnose, und gab sie Money zu lesen, der desto beeindruckter von ihrem heroischen Kampf gegen die Krankheit war. »Wenn ich an Sie denke, Miss Frame, denke ich an Wahnsinn und Größe eines Vincent van Gogh.«

Da ihr von den Symptomen des Begriffsungeheuers »Schizophrenie« nicht das Geringste bekannt war, machte sie sich in der Bibliothek damit vertraut bis ins verwinkeltste Detail, um in weiteren Sitzungen mit John Money denn auch jene Schizophrene sein zu können, die er in ihr sah und jetzt auch schon immer in ihr gesehen haben wollte. So mochte er sie.

Sie wusste wohl, dass sie für ihn lediglich einer der Fälle war, die in seinen Bewerbungsschreiben an die Elite-Universitäten der USA aufgelistet sein würden, wo Money seinen Traum von einer Karriere als Sexualforscher zu verfolgen gedachte; dennoch widmete sie ihre ganze Einbildungskraft nun ihrer Rolle, und sie spielte sie perfekt. Sie erfand Alpträume und dämonische Unsichtbare, die manchmal, wie aus dem Jenseits kommend, schattenhaft ihr Bett umdrängten, ihr Obszönitäten zuraunten und lüsterne Gedanken eingaben. Nur in John Moneys Zuwendung fand sie ein wenig Halt. Solange er sie mit erhobenem Haupt ruhig und gemütvoll anblickte, die feingeäderten Hände im Schoß gefaltet, schenkte er ihr ein Stück Glauben an ihren eigenen Wert. Sie saß drei Meter entfernt ihm gegenüber und konnte sein Herz schlagen hören. Es gab, lehrte sie ein Philosoph, kein Ich ohne ein Du. Doch kaum war die Sitzung vorüber, brach der neugewonnene Boden unter ihren Füßen schon wieder weg; John Money schiffte sich nach Baltimore ein, und wenige Tage nachdem ihre Schwester Isabel, wie Myrtle zuvor, ertrunken war und sie vor Trauer zu Scherben zersprang, schlossen sich im Februar 1948 die Tore der Irrenanstalt »Sunnyside« hinter Miss Janet Frame.

4

Auf Schloss »Sunnyside« sprach man nicht mit Patienten. Visiten beschränkten sich auf kurzatmige Fragen, denen die Antwort schon bekannt war. Reden regte die Insassen nur auf. Von ungefähr kam man ja nicht hierher. Es bedurfte keiner Beweise, dass Miss Frame psychisch krank war, obwohl ihre Manie, Papier zu bekritzeln, harmlos war etwa im Vergleich zu jener ältlichen Dame, die darüber untröstlich schien, die Welt erschaffen zu haben. Oder wenn man in die Ecke hinüberschaute, wo »die Hungerkönigin« kauerte: Sie saugte an ihren Zähnen, grub in ihrem Mund nach Krumen von Kuchen, die sie gestern aus Aucklands Feinkostläden gestohlen haben wollte, und verweigerte jede

Nahrung, weil die Menschheit ihrer Diebstähle wegen verhungerte. Dagegen erschien »die Frame« manchen Aufsichtsschwestern ausnehmend normal. Nach Meinung erfahrener Schwestern freilich konspirierte diese ach so gebildete Universitätsgans sicher brieflich mit Beamten der Regierung, um sie alle von ihren hart erarbeiteten Posten zu vertreiben. Überdies sah die Logik der Anstalt vor: Wer sich gesund verhielt, machte sich – so durchtrieben, wie nur Verrückte es sein konnten – über die Gesunden jenseits der Anstaltsmauern lustig und verlangte nach einer besonders festen Hand. Fügte man sich, »unkooperativ«, in den Alltag nicht ein, wurde man auf Station Zwei verlegt. Dort stand die Maschine.

Die Maschine war ein cremefarbenes, üppiges Ding mit glänzenden Augen, rot das eine, das andere schwarz. Einer der Herren Doktoren strich zärtlich darüber hinweg und sagte zu dem Ding, »Es geht gleich los, Liebes«, während Miss Frame, auf erhöhtem Bettgestell mit fetten Kabeln verschnürt, in einem reißenden Gefälle aus schreiender Angst ins Koma fiel. Tat die Elektrokrampftherapie nicht ihre Wirkung, war man auf Station Zwei wunderbar aufgehoben und benötigte lediglich weitere Schocks. Nach über zweihundert Therapien ungedrosselten Stroms ohne Narkose wusste Janet Frame oft nicht mehr, wer sie war. »Muss ich auch wandern in finsterer Schlucht«, wimmerte in ihr ein Gebet aus der Kindheit, die Jahrhunderte her war, »so fürchte ich kein Unglück, denn Du bist bei mir.« Sie bewohnte jenes innerste Reich der Einsamkeit, in dem die Sterbenden vor dem Tod vegetierten.

Ihre zahllosen Briefe nach draußen hatte man seit ihrem Eintritt abgefangen und überflogen; einer davon nahm nun jedoch die professionelle Wachsamkeit des Schlossdirektors gefangen wie einer der Radiokrimis, die er abends neben seiner Gattin mit einem Glas Sherry genoss. Miss Frame gestand darin, »Pierre« stünde ihr in den schwersten Stunden bei. Sie litt also nicht nur unter Halluzinationen, die sie krankheitstypisch leugnete: Sie war gespalten, ihrer zwei, einmal »Janet«, dann ein »Pierre«. Als »Janet« den Direktor aufklärte, mit »Pierre« sei eine Figur aus »Krieg und Frieden« gemeint, »Von Tolstoi, wissen Sie«, fand er die altbewährte Einsicht bestätigt, wie betrüblich die Lektüre von Romanen den Frauenverstand verwirrte. Man konfiszierte ihre Bücher, auch Bleistift und Papier, überstellte sie nach »Seacliff« und trug sie dort für Ende Dezember 1952 in die Liste der Lobotomie-Anwärterinnen ein.

Eine der Schwestern – eine ehemalige Nonne, die der Obergärtner von »Seacliff« eines Nachts auf der großen Wiese zwischen den drei Apfelbäumen für sich gewonnen hatte – erklärte Miss Frame begeistert die harmlose Prozedur: Man bohre ein Loch oberhalb der Augenhöhle in den Schädel, schneide geschickt die Nervenfasern zwischen dem Gehirn hinter der Stirn und der tiefer liegenden grauen Masse entzwei, und schon würde sie, wieder ganz vernünftig, in Dunedin einen Blumenladen eröffnen können. John Moneys warnender Brief aus den USA kam zu spät: Mutter Lottie hatte, von bekümmert nickenden Ärzten umstellt, das Zustimmungsformular bereits unterzeichnet. Heiligabend näherte sich, ein Kostümball war in Planung, und die Gärtner hatten den Lichterbaum dieses Jahr mit einem neuen Engel bestückt: Schon breitete er auf der Baumspitze, immer kurz vorm Abflug hoch zum Lüster, seine goldenen Schwingen aus.

Doch gleich nach Weihnachten ging es unter den Doktoren von »Seacliff« auf einmal drunter und drüber: Die Nachricht machte die Runde, »die Frame« hätte für ihr Gekritzel irgendeinen Preis verliehen bekommen. Der Direktor zog sich abends an Miss Frames Gitterbett heran: »Ich will –«, er machte eine Pause, um seine Worte auszukosten, und legte eine zuvorkommende Hand sacht in die ihre, »dass Sie so bleiben, wie Sie sind.« Er fühlte sich, als hätte er dieser Naturbegabung von Schriftstellerin in Gestalt einer Wahnsinnigen höchstselbst zu Ruhm verholfen. »Sie wissen aber« – sein Zeigefinger hob sich wie selbständig –, »dass Sie in uns« – und sein Zeigefinger bog sich und wies auf sein hoffendes Lächeln – »immer eine rettende Insel haben werden, wenn es Ihnen wieder schlechter gehen sollte, sogar eine Heimat vielleicht?«

Nie war es ihr schlechter gegangen. Als unheilbares Genie entlassen, kam sich Janet Frame vor, als hätte sie sich mit ihren eigenen Händen aus einem Sarg gekrallt. Bald aber nahm sie ihr Gedächtnis zusammen und verfasste in einem Zug den autobiografischen Roman »Gesichter im Wasser«, den sie jenen widmete, die der Lobotomie nicht entronnen waren: Die Schädel rasiert, die Augen wie mit Tinte gefüllt – seelenerblindete Wesen, die nach einer dumpfen Choreografie durch Klinikgewölbe stapften überall auf der Welt. »Gesichter im Wasser« war der Roman, der den Verleger Mark Goulden dermaßen verstörte, dass er die Autorin persönlich kennenlernen wollte, in seinem Büro in London, 1962: »Jetzt, da Sie meine Geschichte so ungefähr kennen«, Miss Frame griff nach einem Sandwich, »nehme ich Ihr Angebot gerne an. Einen Bestseller aber werde ich Ihnen nicht verschaffen können.«

Stattdessen gab man »Gesichter im Wasser« Krankenpflegerinnen bei der Einschulung als Pflichtlektüre auf, und der Roman sorgte später dafür, dass die Regierung Neuseelands mehrere psychiatrische Anstalten schloss und ihre Direktoren in verfrühten Ruhestand zwang.

5

Sommer 1972. – Ihre Katze Neggy weckte sie um fünf Uhr morgens, und Miss Janet Frame trat mit einer Tasse kräftigem Kaffee auf die böige Veranda und sah über die perlengraue See hinweg den Wolkenwalen von Shakespear Bay bei ihrer Himmelswanderung zu. Die Guave stand im Garten ungerührt: Miss Frame dachte an Ibiza, so weit weg und weit zurück, wo die Olivenbäume aufbegehrt hatten gegen den Novembersturm vom Meer, und sie schmeckte noch immer Honig, Austern und den heißen Kieselstaub. Dort war George Parlette, ein verheirateter Buchhalter aus der Schweiz, der sich (du gütiger Gott) für einen Dichter hielt, zwei Wochen lang ihr erster Liebhaber gewesen – und ihr letzter, ging es nach ihr. Ein Mann im Bett hatte gegenüber einer Wärmflasche zwar den Vorteil, dass er morgens noch warm war; doch hatte die Affäre ihre Arbeitskraft gelähmt. Nach Parlettes abrupter Abreise irrte sie die Nächte durch die Straßen Barcelonas, schwanger und von ihrer Nichtigkeit überzeugt wie niemals zuvor. In den verschneiten Pinienwäldern Andorras strickte sie Babykleidung und schluckte Chinin-Tabletten, bis ein blutiges Etwas im Toilettenwasser versank. Ein Gefühl von Freiheit sprang in ihr hoch und der alte Selbsthass, zur gleichen Zeit.

Nirgends hielt es sie lange: Das von Goulden bezahlte Apartment in London, dieser Presslufthämmerstadt, bot nicht den Schutz der Stille, den ihre Fantasie brauchte. Nach dem Ende ihrer intimen Freundschaft mit dem leider unbekehrbar homosexuellen Maler Bee Brown hatte sie einen Schlussstrich unter ihre Sehnsucht nach einem geliebten Menschen gezogen. »Du hast dich eben verrannt wie so viele«, lachte sie in den schäumenden Pazifik hinaus, der ohnehin jedes ihrer Geheimnisse zu kennen schien: Verrannt schon damals auf dem Dachboden mit John Money, für den sie so verhängnisvoll überzeugend die tragische Kranke gemimt hatte.

Ein Psychiater, der so schüchtern war wie sie und ihr dabei half, die Jahre in den Anstalten zu verkraften, hatte ihr einen stimmigen Rat erteilt: Für manche war das Verlangen nach Liebe nichts als die Suche nach Bestätigung – ein steiler Umweg bergan, der keuchend erklettert werden musste, damit man am Gipfel dann sich selbst vorfand. Niemand konnte ihr etwas geben, weil sie alles, was Sinn besaß, bereits in sich trug. »Fügen Sie sich nirgendwo ein. Lernen Sie, allein zu sein. Arbeiten Sie.« Sie war jetzt siebenundvierzig Jahre alt. Eines absehbaren Tages würde sie ihre Geschichte aufschreiben, romanhaft, doch aufrichtig, um Erinnerungslöcher zu stopfen, die die Elektroschocks in ihr Gehirn gebrannt hatten; würde so ihr Leben zurückerobern und dabei das Image der Schizophrenen zerreißen, das eine vorlaute Presse um sie herum spann. Ein Ärztekonsortium hatte schon vor einem Jahrzehnt die Diagnose für ungültig erklärt. Aber wenn man sie selbst dann noch nicht in Frieden ließ, würde sie unter anderem Namen an einen unbekannten Ort verschwinden, wie aufgelöst in Luft.

Einer ihrer Nachbarn in Shakespear Bay, ein verwitweter Frühpensionär, jätete samstags das Unkraut auf spitzen Knien und flickte seinen Gartenzaun. Sie erkannte in ihm den ehemaligen Direktor von »Seacliff«, der sie nach Verleihung des Literaturpreises ängstlich von der Liste der Lobotomie-Patienten gestrichen hatte. Sie würden sich niemals begegnen, dafür sorgte sie schon. Zu viel hätte sie diesem armen Menschen zu sagen, und es hätte ihm jenes bisschen Leben zerstört, das unverdient noch vor ihm lag.

Als Romanfigur aber taugte er allemal.

VERLANGEN

KAPITEL III

EIN RING, EIN BLAUER STEIN, EINE HALBVERSCHLEIERTE FRAU

Bettine von Arnim und Goethe

I

Von Geburt an ging etwas erregend Fremdartiges von ihr aus, und sie hätte vor ihrer Zeit wohl als Dämon gegolten. Die Mutter Maximiliane starb nach dem zwölften Kind an Erschöpfung, niemand im Haus fand den Mut, sich dem Vater während seiner Weinkrämpfe zu nähern, doch das siebente, Bettine, beruhigte ihn traumwandlerisch – am Rand des Bettes, in dem er sich schlaflos wälzte, die kleine Hand stumm in die seine gepresst.

Fröhlich wie ein Frosch bei Regen nahm sie Abschied, als der Vater sie in die Klosterschule der Ursulinen gab. Nach seinem Tod lief die neunjährige Bettine für Wochen Nacht um Nacht unbekleidet durch die langen Gänge des Klosters hinaus zum Gartenteich und blickte in das Gesicht des Vaters im Wasser. Niemand verbot es ihr. Ganz von dieser Welt, beschloss die Priorin der Ursulinen, war Bettine Brentano nun einmal nicht. Besser, man schwieg darüber; man brachte ihr die Bienenzucht bei, und es war wunderlich, dass die Bienen das Kind nicht stachen, auch wenn es nach vorbeiflatternden Schmetterlingen griff.

Als Bettine Brentano das Kloster der Ursulinen verließ und bei ihrer Großmutter in Offenbach am Main Aufnahme fand, sah sie erstmals nach vier Jahren in den Spiegel und erkannte die Großmutter, die sie umarmte, und die zwei Schwestern, sich selbst aber nicht. Doch würde es sich lohnen, fand sie, das Mädchen kennenzulernen, das ihr aus dem Spiegel so neugierig entgegenblickte, mit runden braunen Augen und schwarzem, feingekräuseltem Haar. Und der Weg dorthin, ahnte sie, ging durch Goethes Werk. Der war, hatte sie sagen hören, ein alter Bekannter der Familie – fast einem Hausgeist gleich, wenn ihn hier auch niemand sonderlich mochte. Warum nur sprachen alle so schlecht von ihm? Das Haus der Großmutter hütete ein Geheimnis. Und Bettine sah sich dazu bestimmt, es zu lüften.

Dringlich riet ihr auch die ältere Schwester von Goethe ab. Für vierzehnjährige Mädchen schickte es sich nicht, einen Band dieses hochmütigen Wollüstlings auch nur zu berühren mit seinen hurenden Schauspielerinnen und Versen wie »Lass dich, Geliebte, nicht reun, dass du dich so schnell mir ergeben«. Aber die Mahnung der Schwester brachte Bettine – wie jede Mahnung – nur auf, und die weichherzige Großmutter unterdrückte mit einem weit hörbaren Seufzer ihren Gewissensschauder, wenn Bettine vom Bruder Clemens einen Band Goethe zugesteckt bekam. Bettine schob ihn sich unters Hemd und verschwand damit in die wandernden Schatten unter den Pappeln des Gartens.

Dort ließ sie sich nicht stören vom Gekreisch streitender Krähen, und die Kaninchen auf dem Rasen hielten still, als verstünden sie, was ihnen das junge Ding da laut vortrug von einem Herrn Werther, der in einer Kleinstadt auftauchte, um einer Leonore zu entfliehen, deren Liebe er genährt, doch nicht erwidert hatte. Man warnte ihn neckisch, sich ja nicht in die schöne Charlotte zu verlieben – mit dem Ergebnis, dass er genau das tat, sich in Lotte verliebte und bald alle Fassung verlor. Am Ende floh er erneut, vor seiner eigenen Liebe diesmal, die nicht genug erwidert wurde; und diesmal floh er in den Tod. Wenn sich Bettine lesend in Werther verwandelte, kam ihr Lotte bisweilen zu zimperlich vor: So halb und halb gab sie sich den wütenden Küssen Werthers hin, um ihn gleich wieder von sich zu weisen. Bettine weinte mit ihm. Sie stellte sich vor, dass Lotte nach Werthers Tod an ihrer Schuld verzweifelte und starb. Doch wie er in seinem Abschiedsbrief an sie geschworen hatte, flog er ihr jetzt im Jenseits entgegen, ergriff sie und war endlich in ewiger Umarmung vereint mit ihr. Bettine überraschte sich bei dem Gedanken, Goethe hätte in diesem Roman die Liebe erst wahrhaft erfunden. Die Lektüre war wie ein Flüstern an ihrem Ohr, das ihr sagte, sie sei nicht allein. Mit Goethe im Arm schlief sie ein. Der Lederband war am Morgen wärmer als die Hand, die ihn hielt.

Damals rätselte halb Europa, was Goethe dazu inspiriert haben mochte, den »Werther« zu schreiben, und man pilgerte bei einbrechender Dämmerung in Trauerkleidung zum Grab eines Jünglings namens Wilhelm Jerusalem, der ein Vorbild für den Werther gewesen war. Bettine aber entdeckte auf dem Dachboden in Offenbach Briefe Goethes, in denen er seine Leidenschaft für ihre Mutter Maximiliane gestand, die mithin Werthers Lotte sein musste. Leben und Literatur verwirrten sich, und Bettine war hingerissen: Eine geheime Verbindung bestand zwischen Goethe und ihr. Vermutlich hatte er an sie gedacht, als er im »Wilhelm Meister« die kleine Mignon erschuf?

2

So wohnte Bettine in Goethes Werk und verspürte, gerade mal sechzehn, nicht die geringste Lust zur Ehe: Der märkische Baron Achim von Arnim sah zwar königlich aus, doch ebenso königlich war ihr eines Tages die um fünf Jahre ältere Dichterin Karoline von Günderode im Garten der Großmutter erschienen. Sie ging nicht, nein, sie wandelte dahin, so kam es Bettine zumindest vor, und der Sternenblick aus ihren hellblauen Augen überwältigte sie. Bettine war eifersüchtig auf jeden anderen, der sie für sich in Anspruch nahm.

Männer von Stand wie Baron Arnim bummelten auf einer »Grand Tour« durch Europa, was Frauen versagt war: Bettine und Karoline blieb nichts anderes übrig, als frei nach ihrer Vorstellung Weltkarten zu zeichnen und in ihrer Fantasie gemeinsam durch Glutwüsten, regnerische Palmenwälder und Palaststädte bis nach Indien zu reisen. Als sie von Karolines unglückseligem Verhältnis zu einem verheirateten Mann erfuhr, wollte Bettine versteckt in den Bergen mit ihr leben, lernte ihre Gedichte auswendig und komponierte auf der Gitarre Melodien dazu.

Sie planten, Goethe in Weimar heimzusuchen. Karoline hatte mit derselben Hingabe wie Bettine den »Werther« in sich aufgesogen und zeigte ihr den Dolch mit silbernem Griff, den sie sich ins Herz stoßen würde, wenn sie ihren Schmerz nicht länger ertrug – da riss Bettine der Freundin das Kleid auf und küsste sie unter der Brust, entwand ihr den Dolch und stach auf den Ledersessel im Schlafzimmer ein, hinter dem sich Karoline ängstlich verbarg. Doch zu helfen war ihr mit Zornesausbrüchen nicht: Im Juli 1806 fand man Karoline von Günderode in einem roten Kleid, die Haare aufgelöst im Wasser, mit einer Stichwunde im Herzen, am Ufer des Rheins.

3

Für Bettine war es, als wäre mit Karolines Tod ihr Universum eingestürzt. Sie schwor, sich an niemanden mehr ernsthaft zu binden. Man erkannte sich nur, wenn man erkannt wurde, wenn man liebte und wiedergeliebt wurde – doch ohne den anderen dabei besitzen zu müssen. Einen geliebten Menschen nicht besitzen zu können, obwohl er einem seelisch nahe war: Gerade darin bestand der Reiz des Verlangens.

Goethe in Weimar, Leiter der Ilmenauer Bergwerkskommission und Direktor des Hoftheaters, stellte sich unter Erotik etwas anderes vor. Als Kaufmann Johann Möller war er inkognito durch Italien gereist, damit man in ihm nicht den Werther und Werthers Schöpfer erkannte – was zu seinem Verdruss vielen als ein und dasselbe galt. Statt immer nur mit Freudenmädchen verkehren zu müssen, hatte er in Rom eine junge Witwe erfolgreich umworben, kehrte sinnlich gestärkt nach Weimar zurück und lebte alsbald mit einer Blumenbinderin, Christiane Vulpius, zusammen, ohne an eine Heirat auch nur zu denken. Ehen waren ihm verhasst, und seinen Drang nach Unabhängigkeit trieb er derart weit, dass er selbst seiner Mutter in Frankfurt die Geburt seines Sohnes August verschwieg. Seit acht Jahren weigerte er sich, die Mutter zu besuchen, und darum kam ihm die beiläufige Nachricht nicht ungelegen, dass sie Bettine

Brentano täglich über Stunden mit Anekdoten beschwatzte. So war sie wenigstens beschäftigt.

Die Anekdoten kreisten um den jungen Goethe; was Bettine von der alten Frau aber wirklich erfahren wollte, war Goethes Verhältnis zu ihr. Als Bettine eben geboren war, soll ihr die Alte erzählt haben, wollte er die Augen des Säuglings bewundern, trug ihn nah ans Fenster – und so war das erste Licht, das Bettines Augen traf, ein Geschenk Goethes. Bettine bedrängte Goethes Mutter, sich für sie zu verwenden, um ihn nur ein einziges Mal in Weimar sehen zu dürfen, und nach vier Wochen in schlimm holpernden Wagen durch dicken Morast kehrte Bettine Brentano im April 1807 zweiundzwanzigjährig bei Goethe ein – ernsthaft entschlossen, von ihm geliebt zu werden.

4

Wie hätte Goethe ahnen können, dass er mit seiner Herzlichkeit Jahrzehnte des Fiebers heraufbeschwor?

Bettine Brentano saß nach außen hin seelenruhig, doch innerlich bebend auf dem Sofa seines Arbeitszimmers. »Nun, da sind wir ja und wollen reden, bis es Nacht ist«, sagte Goethe freundschaftlich und rückte einen Stuhl näher an sie heran. Einige Tage zuvor war die Mutter des Herzogs Carl August gestorben, was Bettine zu Goethes Verblüffung nicht im Geringsten bekümmerte: »Und ich habe geglaubt, Sie interessierten sich für alles, was in Weimar so vorgeht?«

»Außer Ihnen«, entgegnete Bettine, »interessiert mich gar nichts.«

Goethe vergaß alle Befangenheit, die ihn sonst oft unnahbar, kalt und eitel erscheinen ließ. »Sie sind«, sagte er gerührt, »ein reizendes Kind«, und schon sprang Bettine auf, fiel ihm um den Hals, setzte sich auf seinen Schoß und nickte in seinen Armen fast ein. Vor lauter Aufregung hätte sie, entschuldigte sie sich, seit Tagen nicht mehr richtig geschlafen.

Zum Abschied steckte er ihr, in Gedenken an ihre Mutter Maximiliane, an den Mittelfinger der rechten Hand einen Ring mit einem blauen Stein, in den eine halbverschleierte Frau eingraviert war, die ihre Haare löste. Viel Bedeutsames dachte er sich nicht dabei. Doch war die Geste fatal, und bald bedauerte er sie tief. Denn sie bestärkte Bettine in der Gewissheit, dass sie und er von jeher zusammengehörten: Schon im Herbst desselben Jahres kam sie wieder, küsste in der herzoglichen Bibliothek eine Marmorbüste, die den jungen Goethe darstellte, und sagte, dieser Kuss gelte ihm – dem bald Sechzigjährigen – über alle seine Lebensalter hinweg.

Im Grunde wusste Goethe von Bettine Brentano, die wie ein tropischer Vogel durchs offene Fenster in sein Leben hereingeflogen war, so gut wie nichts. Sie war eine Tochter der von ihm einst angehimmelten Maximiliane, die für ihn lange zurück und im »Werther« begraben lag. Die Briefe, die Bettine Brentano ihm jetzt aber zu schreiben begann, waren für ihn kurioser und närrischer noch als ihr Auftritt in der herzoglichen Bibliothek. Er hatte ihr das Versprechen abgenommen, nichts von ihm zu erwarten, da ihm seine Amtsgeschäfte schon zu viel Zeit raubten – und was erwiderte sie ihm daraufhin brieflich? Sie wollte ihm alle Zeit rauben, die er besaß, Vergangenheit, Gegenwart, Zukunft und die Herzschläge dazwischen. Was sollte er antworten?

Besser nichts. Da seine Briefe ausblieben, wurden die ihren immer erhitzter, umfangreicher, mitunter atemlos ohne Punkt und Komma, »Ich weiß oft nicht wo ich vor Schmerz hin will ich möchte anders als wie mit Worten mit Dir sprechen«. Zuweilen wachte sie auf in dem Gefühl, er hätte sie im Schlaf betrachtet. Tagsüber träumte sie sich zu ihm hin und trieb »allerlei Spiele« mit ihm.

Ein Drängen ging durch ihre Fingerspitzen, ihr Herz raste ihr davon. Sie bestürmte ihn und genoss es, fern von ihm zu sein, weil sie ihn sich so schreibend erobern konnte. Sich auszumalen, seine Geliebte zu werden und es doch nie zu sein, übte einen unüberbietbaren Reiz auf sie aus.

»Hab ich Dich auch nicht, so hab ich Dich doch. Da hast Du mich.«

Manchmal schrieb sie lediglich um des Schreibens willen, so als sammelte sie Material für ein eigenes Werk, das weder anonym noch unter einem verschrobenen männlichen Namen erscheinen würde, »eigenmächtig« – Bettines Lieblingswort –, erotisch und frei. Sie fühlte sich beim Verfassen ihrer Briefe wie jemand, der nach Jahren erstmals wieder ein Glas Wein trinkt, berauscht ist davon und nicht mehr aufhören will. Ohne die bald glutvoll, bald mondsüchtig schwärmenden Romane ihrer Zeitgenossen in »Werther«-Manier nachzuahmen, gelangen ihr auf dem Papier die kühnsten Schliche der Verführung, »Jetzt schließe ich meinen Brief, überhäufe Dich aber vorher noch mit Liebkosungen, frage nicht, ob's Dir behagt, setze mich nach angeborener Sitte auf Deine Knie, umschlinge Deinen Hals, küsse Deine Augen, bis Du ganz blind bist« – und »alle Abend schlaf ich in Deinen Armen ein«.

Doch bitter war die Enttäuschung, als Goethe ihren

Wunsch ignorierte, ihr seinen neuen Roman »Die Wahlverwandtschaften« zuzusenden, in rotes Leder gebunden und ihr persönlich gewidmet, »meinem geliebten Kind«. Bettine konnte sich auch nicht erklären, warum Goethe ihr so selten schrieb, und dann meist nur, um ihr nüchtern und dürr für ihre großzügigen Geschenke zu danken, für die Kopie von Albrecht Dürers Selbstbildnis oder das Essbesteck mit Griffen aus Elfenbein. »Lebe wohl und lass bald wieder von dir hören« … Mehr fiel ihm nicht zu ihr ein? Sie wendete dieses Blatt und jenes hin und her – doch sagte es nicht mehr, als es sagte. Vielleicht hatte er ja recht: Man konnte ihr nichts geben, weil sie sich alles schon selber nahm. Nach Wochen der Niedergeschlagenheit flüchtete sie sich in den Glauben, dass er seine Liebe niemandem eingestehen durfte, und so auch weder sich noch ihr. Aus seinen Beteuerungen wäre, gelangten sie in die falschen Hände, ein Skandal erwachsen, der seinen Ruf europaweit vernichtet hätte. Es blieb ihm gar kein anderer Ausweg. Er musste sie verleugnen.

Dann entdeckte sie, dass sich in Goethes Gedichten geheime Antworten verbargen. Er benutzte Wendungen aus ihren Briefen für die himmelschönsten Sonette, die nur ihr zugedacht sein konnten. In einem ihrer ersten Briefe hatte sie ihn sich in einem Tagtraum herbeigewünscht und räkelte und reckte sich auf seinem Schoß, bis es ihr dort bequem genug war, und Goethe seufzte dabei: »Mein Kind! Mein artig gut Mädchen! Liebes Herz!« In Goethes Sonett über die Liebe, die niemals enden kann, fand sie diese Worte fast unverändert wieder: »Lieb Kind! Mein artig Herz! Mein einzig Wesen!« Damit begnügen wollte sie sich allerdings nicht.

So suchte sie im Sommer 1810 das böhmische Heilbad Teplitz auf. Dorthin nämlich hatte Goethe Zuflucht genommen, um das höfliche Schweigen der Wissenschaftswelt um seine eben veröffentlichte »Farbenlehre« zu verdauen. Lange unterhielt sie sich mit ihm über ihre Liebe zu Karoline von Günderode. Goethe meldete seiner Christiane nur knapp, Bettine sei ihm »wirklich hübscher und liebenswürdiger« erschienen als sonst, und Christiane war besorgt, in Teplitz könnte etwas vorgefallen sein, das ihre vor vier Jahren geschlossene Ehe mit Goethe bedrohte.

Hübscher. Liebenswürdiger. Ihr ging es auch zu weit, wenn Bettine ihren Sohn August vor Goethe als »unseren Sohn« ausgab und ein anderes Mal schrieb: »Küss mir Deinen Sohn und meine, es wäre ich.« Dass sich Goethe mit Verehrerinnen umgab, die seine Töchter hätten sein können, erduldete sie – hin und wieder mit der Hilfe einer Flasche Champagner. Doch Bettine war ihr unheimlich.

Zu Christianes größter Verstimmung meinten in Weimar manche sogar, ihr Mann hätte sich im Eduard der »Wahlverwandtschaften« porträtiert und Bettine in Ottilie. Über diese beiden fiel die Liebe her mit dämonischer Gewalt, so wie in den Tragödien des Euripides Götterlaune die Menschen zur Leidenschaft zwang. Warum mussten die Leute stets erfundene Gestalten mit wirklichen verwechseln? Wenn schon, fand Christiane, dann hätte man Bettine in der Luciane der »Wahlverwandtschaften« erkennen können, einem zudringlichen Kobold in Mädchengestalt, selbstsicher, neckisch und eigentümlich schön.

5

Wie von Christiane befürchtet, trat Bettine im folgenden Jahr dreister denn je in Weimar auf. Soeben mit Baron Achim von Arnim vermählt und obendrein schwanger, war sie oft bei ihr und Goethe zu Gast. Während eines Volksfests saß Bettine einmal am Tisch neben Goethe, als eine Sängerin ein Liedchen anstimmte, »Oh Weiber, oh Weiber, oh Weiber«, und Goethe lachte mit vollem Leib, auch über sich und sein Vergnügen daran. Die frischgebackene Baronin von Arnim grummelte so etwas wie »Mein Gott, ist das schlecht!« vor sich hin, Goethe rief sie mit dem Satz »Dir kann man auch gar nichts recht machen!« zur Ordnung, und wie auf Befehl traten der Baronin Kindertränen in die Kulleraugen. Wie absichtslos ließ sie ein Stück Brot auf die Erde fallen, galant bückte er sich danach, sie schlüpfte geschwind unter den Tisch und küsste ihm die Hand.

Was bildete die sich eigentlich ein? Sie ließ sich von Christiane durch eine Ausstellung der Weimarer Zeichenschule führen und nannte die Bilder ungelenk, altmodisch, lächerlich und brachte Christiane mit ihren angelesenen Spitzfindigkeiten derart in Rage, dass sie Bettine die Brille von der Nase schlug. Die Brille fiel zu Boden und zersprang.

Am nächsten Morgen war die ganze Stadt in spöttischem Aufruhr, und Bettine besuchte jedes Haus, um Weimar davon zu überzeugen, dass Christiane vor Eifersucht tollwütig geworden war. Bedenkenlos glaubte man ihr. Wie oft, erinnerte sich Frau von Schiller, hatte Goethe ihren Friedrich gekränkt. Fett, versoffen, verschroben sei Goethe unter dem Einfluss »der Vulpius« geworden. Auf Goethe, klagte selbst Herzog Carl August, sei kein Verlass mehr. Vielleicht war die Eifersucht der »Blutwurst«, wie Bettine Christiane taufte, so unbegründet auch wieder nicht: Warum tat sich Goethe so oft in Badeorten wie Teplitz um?

Doch der hielt zu seiner Frau und verbat dem Ehepaar Arnim jeden Besuch in seinem Haus. Und das war das Ende. Auch wenn sich Bettine ihre Liebe nicht nehmen lassen wollte: Von nun an war sie damit allein. Goethe beantwortete keinen ihrer Briefe mehr. Er war offenkundig erleichtert, sie los zu sein, gewiss erschrocken über ihre kokette Gier und peinlich berührt vielleicht – so munkelte man – über eine Badeortsache, die er lieber vergessen hätte.

Noch im Jahr 1830 wies er die fünfundvierzigjährige Baronin von Arnim ab: Statt auch nur den Schatten seiner gekrümmten Erscheinung zu erhaschen, begegnete sie zu ihrem Ärger bloß einer seiner jüngsten Verehrerinnen, die vor Bettine wie vor einer Hexe zurückwich. Jede Bitte um Aussöhnung blieb umsonst. »Alle Menschen, die mich näher kennen, haben mich lieb. Kennst Du mich denn gar nicht mehr? Wenn Du wüsstest, wie weh Du mir tust.« Sie umschmeichelte ihn bis zuletzt, ohne ihn weich zu stimmen, und die Nachricht von seinem Tod betrübte sie nicht. Sie sprach zu ihm weiter und wurde in ihren Geistergesprächen, schrieb sie Freunden, reichlich mit Antworten von seiner Seite belohnt.

Was so natürlich nicht stimmte. Doch arbeitete sie ihre Briefe an Goethe gerade zu einem Briefroman um, »Goethes Briefwechsel mit einem Kinde«, und nahm dabei den Gegensatz zwischen Wirklichkeit und Erfindung erst gar nicht wahr. Für sich wusste sie, dass Goethe ihre Liebe gewollt und was er auf ihre Briefe erwidert hätte, wäre es ihm erlaubt gewesen. Deshalb fügte sie in ihren Briefroman von eigener Hand seine möglichen Antworten ein – Antworten, die sie nachträglich zu seiner Muse erklärten. Weder ihr Ehemann Achim von Arnim noch ihr Zerwürfnis mit Goethe und dessen Frau kamen darin vor. »Leben« hieß für Bettine, woran sich ihr Gefühl erinnerte und was sie sich daraus erschuf, während sie es wieder und wieder erlebte, mit ihren fast fünfzig Jahren jünger denn je, in vergnügter Alterslosigkeit.

6

Sie hätte es eigentlich vorhersehen müssen: Die Goethes, die Arnims, die Brentanos spannen Intrigen, um die Veröffentlichung ihres Buches zu verhindern. Besonders ihr Dichterbruder Clemens Brentano legte ihr mit katholischem Eifer dar, was für ein unverfroren selbstverliebtes, unsittliches Werk »Goethes Briefwechsel mit einem Kinde« doch sei. Alle Schlachten gegen diese Familienbanden verlor sie; doch gewann sie den Krieg. Der Erfolg ihres Buches zerschlug den Groll, den sie gegen die Bücklinge um Goethe seit Jahren hegte. Hätte es damals Bestsellerlisten gegeben, wäre der Roman binnen weniger Wochen mühelos die Ränge auf Platz eins hochgeklettert. Orkane der Begeisterung wie der Entrüstung brachen über die Baronin herein. Frühfeministinnen, aber auch männliche Schriftstellerkollegen – Iwan Turgenjew und Honoré de Balzac – feierten sie als Befreierin weiblicher Sinnlichkeit. Für andere hatte sie mit ihrer ehebrecherischen Liebäugelei gegen die Bestimmung der Frau als Mutter und Gattin verstoßen. Wie empört wären sie erst gewesen, wenn Bettine in ihr Buch auch jenes eine, große Erlebnis eingefügt hätte, in dem ihre Eigenmächtigkeit auf dem Spiel gestanden war, damals, Sommer 1810, im Heilbad von Teplitz.

Goethe hatte Bettine in der heißen Abendsonne am offenen Fenster die Kleidung geöffnet. Er küsste ihre Brüste und senkte seine Stirn darauf. »Wüsstest du«, sagte er, »wie süß du bist, dann würdest du begreifen, wie streng die Fesseln sind, die mir durch deine Unschuld angelegt sind. Ich vermag es nicht, sie zu zerreißen.« Dennoch wünschte er, sie schliefe diese Nacht bei ihm. »Wirst du kommen?« Begeistert und doch verwirrt davon, dermaßen begehrt zu werden, streckte sich Bettine draußen im Garten zwischen Nelken und Astern aus. Spät glitt sie in sein Zimmer, nahm ein Kopfkissen, legte sich ans Fußende seines Bettes auf den Boden und schlich frühmorgens weg. Er rief sie zurück. Sie stand still: »Goethe«, wisperte sie, »ich habe heute Nacht bei dir geschlafen.«

»Ich weiß«, erwiderte er, »und ich habe die ganze Nacht auf dich gesehen. Aber nun komm nicht wieder herein, sonst sind wir beide verloren.«

Diese Szenen, mehrfach umgeschrieben und verfeinert, ließen sich der Schicklichkeit halber nicht publizieren und blieben wie ein schlimmes Familiengeheimnis unter Verschluss. Doch Bettine wusste, irgendwann würde jemand sie ans Licht bringen, so wie sie einst Goethes Liebe zu ihrer Mutter entdeckt hatte auf dem Dachboden in Offenbach am Main. Ob sich jene Begegnung in Teplitz wirklich ereignet hatte, würde man niemals erfahren – und man sollte es auch nicht. Hundert Jahre nach Bettines Tod publiziert, prägte sich diese Version in das Gedächtnis der Leser ein, und für Bettine von Arnim, geborene Brentano, war nur eines daran von Bedeutung: Goethe hatte ihr Verlangen erwidert – und wie viel Gewalt musste er sich in dieser Sommernacht angetan haben, um seinem eigenen Verlangen zu entsagen.

DER ERSTE KUSS UND DIE LANGE NACHT

KAPITEL IV

ICH BIN ÜBERHAUPT NUR AUF DER WELT, DAMIT DU MICH LIEBST

Sylvia Plath und Ted Hughes

I

Am Morgen, auf dem Rückweg vom Psychiater, waren ihr die neuen Gedichte dieses Edward James Hughes in die Hände gefallen, während nur wenige Straßen weiter der Posaunist der Jazzband für die abendliche Literatenparty fluchend ein Klavier die Stufen von Falcon Yard hochzustemmen begann. Eines der Gedichte berührte sie besonders seltsam. Es beschrieb, wie zwei Männer, kaum dass sie sich begegneten, bei der winzigsten Provokation aufeinander losgingen. Nach wölfischem Kampf lief der eine, zum Mörder des anderen geworden, aufs nächste Polizeirevier und gestand mit dem hämischen Stolz des Siegers: »Ich bin's gewesen, ich.« Aus diesen Zeilen sprach unverfroren eine uralte Gewalt, die ihr das Gefühl von Geborgenheit gab.

Sylvia Plath – in Cambridge als streberische, schrille Amerikanerin verschrien, die eher in eine Seifenwerbung gehörte als an die Universität – spürte schon seit Wochen ein erneutes Jüngstes Gericht voraus, wie sie ihre Verzweiflungsanfälle zu jener Zeit nannte. Dagegen half kein Psychiater: Therapiegespräche verlängerten nur die Marter grimmiger Selbstkritik. Sie suchte Zuflucht vor dem inneren

Sturm, der sie diesmal, fürchtete sie, mit der Wurzel ausreißen würde. Sie hatte das Alleinsein satt, war es leid, sich der feindseligen Welt und den eigenen Dämonen allein stellen zu müssen. Sie kritzelte Ellipsen in ihr Tagebuch, Planetenbahnen, die sich überschnitten. »Nur zwei Menschen machen einen Menschen aus«, an diesem Satz, irgendwo aufgelesen, hielt sie den ganzen räudigen Februarsamstag des Jahres 1956 über hartnäckig fest. Liebe war die Versicherung, dass einem niemand mehr etwas anhaben konnte. Dort draußen gab es jemanden, der auf sie wartete und sie retten würde und das perfekte Gegenstück zu ihr war. Und so fing es an.

Eine lausige Nebenhöhlenentzündung stumpfte ihre Sinne ab, die Weiden standen in Frost. Am Abend trank sie sich in Gesellschaft eines sterbenslangweiligen Studenten in Miller's Bar mit reichlich Whisky Mut an, bis sie eine Leichtigkeit überfiel, so als würde sie sich, wieder nach draußen geweht, gleich in die eisigen Lüfte erheben und über die Zinnen und umfriedeten Gärten der Stadt hinwegfliegen können. Heiter stolperte sie über den verkrusteten Schnee gegen Bäume, die wie auf Befehl eines irren Zauberers aus dem Boden schossen. Als sie die höllisch schiefe, steile Treppe zur Literatenparty im zweiten Stock der Cambridge Women's Union in Falcon Yard erklomm, kam ihr in den Sinn, wie sie sich neunjährig im Zirkus von Boston in einen Schwertschlucker verliebt hatte und ihre Grippe dabei auf der Stelle verflogen war.

So wie jetzt ihre Trunkenheit verflog: In roten Schuhen, rotem Kleid betrat sie den Saal von Falcon Yard und schritt an Händen mit der tödlichen Bowle in Pappbechern vorbei, an schwatzenden Rollkragenpullovern und kichernden

Cocktailkleidern in Schwarz. Sie alle waren bloß Gespenster, durch die sie hindurchgleiten konnte. Noch hier oben roch es leicht nach Blut, nass, schmutzig und roh: Das Erdgeschoss von Falcon Yard hielt gegen allen Protest der Cambridge Women's Union ein Fischhändler mit sehr liberalen Reinlichkeitsvorstellungen besetzt. Die Jazzband grölte, und in der Mitte des Saals verrenkten sich die Paare derart plump im Jitterbug-Swing, dass Sylvia Plath beschloss, den Briten am nächsten Morgen das Tanzen gesetzlich zu verbieten.

Dann stieß sie auch noch auf den blöden Rezensenten, der ihre – ja, ihre! – Gedichte in einer Studentenzeitschrift als altbackenen, künstlichen Schwindel abgetan hatte, und was sie nun von unten nach oben mustern musste, erschien ihr als Symbolgestalt der Literaturkritik: eine trockene Seele, aufgeblasen und blass und mit einem Lächeln geschlagen, als litte der Kritiker unter Zahnschmerzen. Doch aus dem Augenwinkel bemerkte sie, wen sie eigentlich gesucht hatte, den einzigen Mann im Saal, der mit seinen ein Meter neunzig so groß und machtvoll war wie seine Gedichte und stattlich genug für sie, »Ich bin's gewesen, ich«, Edward James Hughes. Er näherte sich, und das Knäblein von Kritiker entwich, wie es Kobolde eben tun, wenn sie im Märchen niemand mehr braucht. Da stand Ted Hughes.

Stand da für sie und nur für sie, richtete seine Augen mit hypnotischer Beharrlichkeit auf die ihren, und irgendwer rüttelte am Fundament des Weltgebäudes. Sie konnte seinen Blick nicht von sich weisen, gebannt, wie sie in diesem Moment war, der eine Ewigkeit währte und einem plötzlichen Erwachen glich. In diesen Sekunden vergaßen beide, wer sie waren und wo. Sie ahnten, dass sie nicht mehr nur sich selbst gehörten. Sie nahmen voneinander Besitz und lieferten sich aus.

2

Ted Hughes mied Partys im Allgemeinen, vor allem wenn sie von existenzialistisch verdüsterten Akademikern, literaturfremden Literaturkritikern und lendenlahmen Wochenend-Poeten in grellkarierten Röhrenhosen bevölkert waren. Sie schwärmten von sich und ihren Gedichten, ohne je eine verschollene Wahrheit aufs Papier zu bringen, die für Hughes nur im Unterbewussten zu finden war.

Hughes passte sich ihnen nicht an. Er kam aus einem Moortal in Yorkshire, das als Versteck für Kriminelle, durch Selbstmordepidemien und Emily Brontës »Sturmhöhe« berühmt geworden war. Er arbeitete daran, seine übersinnlichen Fähigkeiten zu verfeinern – ein Erbteil seiner Mutter, der immer ein Engel erschien, wenn Familienmitglieder kurz vor dem Sterben standen. Er sprach mit den Toten über ein Ouijabrett, berauschte sich an der Astrologie wie an einer verlernten schwarzen Kunst und hörte dabei Beethoven-Sinfonien auf einem steinzeitlichen Grammofon. Ehe er einen Packen Gedichte an einen Verlag in den Briefkasten schob, beriet er sich mit seinem Horoskop über die Stunde, in der die Sterne für ihn am günstigsten standen. Er betete zum Mond, der eine Göttin war und die Dichtung schlechthin, und wünschte sich eine Frau, in der die Göttin wohnte. Überhaupt war eine Frau eine Muse oder für einen Dichter überhaupt keine Frau. Winters trug er über einer ausgebeulten Cordjacke immer denselben braunen

Militärledermantel seines Onkels und wirkte darin wie jemand, der nach einer gewittrigen Woche allein auf See gerade einem Fischkutter entstiegen war.

Dass er sich trotz Universitätsabschluss und seines Jobs bei einem Filmstudio in London zum Dichter berufen fühlte, und zum »Dichter Englands« noch dazu, erklärte er oft und jedem mit einem Traum in seinem zweiten Cambridge-Jahr: Eines Nachts war ein Fuchs vom Wuchs eines Wolfs in seine Mansarde geschlichen, aufrecht, mannshoch. Der Fuchs legte seine versengte, blutige Pfote auf die wirrabstrakten Seiten eines Essays, mit dem Hughes sich abquälte, und gebot ihm streng, sofort damit aufzuhören. »Du bringst uns um.« Der Fuchs war sein Tiergeist, der an solch theoretischer Plackerei verendete. Vage Studien zähmten die Wildnis seiner Fantasie, nahmen ihm den Atem, den er benötigte, um im dunklen Wald seiner Instinkte unterzutauchen und daraus mit einem Gedicht in den Fängen zurückzukehren, das die Gestalten, Bilder, Melodien unvordenklicher Zeiten in sich trug: Höhlengemälde, die Regenbeschwörungsformeln keltischer Priester, das Wogen des Meeres, den schwerelosen Tritt eines Fuchses im Schnee und den Panther, der im Zoogehege der Gitterstäbe nicht achtete, weil er in pulsierenden Visionen die Horizonte seiner Heimat vor sich sah.

»Ich bin's gewesen, ich!«, schrie ihm Sylvia Plath jetzt auf der Party ins Ohr, als gehörten seine Verse im Grunde ihr, »Gefällt's dir?«, fragte er, »Und wie!«, gab sie zurück, als schlüge sie einen Nagel ein – und schon rannten sie Hand in Hand in ein Nebenzimmer, und die Tür fiel hinter ihnen ins Schloss. In ihrem Inneren hatte Sylvia Plath zu rennen noch gar nicht aufgehört, als er ihr das – wievielte? – Glas

Brandy nachgoss. Aus der Nähe kam er ihr noch umwerfender stattlich vor: widerspenstiges Haar, wild wuchernde Augenbrauen, schroff-kantiges Kinn, die Augen hellseherisch dunkel und schwer. Er entschuldigte sich für die Rezension des Kritikerkobolds, zitierte zur Entschädigung eine Zeile aus ihren Gedichten, küsste sie plötzlich auf den Mund und riss ihr rotes Haarband an sich und die silbernen Ohrringe, ihre Lieblingsohrringe, »Die behalte ich!«, und küsste ihren Hals. Sie biss ihm so fest in die linke Wange, dass ihm Blut übers Gesicht lief.

Und weg war sie.

3

So hätte es enden können. Doch schon am nächsten Morgen, als sie mit einem biblischen Kater erwachte, dachte sie an ihn zurück, und je mehr sie an ihn dachte, desto heftiger wollte sie weiter und bald nur noch an ihn denken, und zwei Tage nach ihrer ersten Begegnung hörte sie ihn, in einem ihrer Gedichte, die Stufen zu ihrem Zimmer hochschleichen, in Gestalt eines Panthers mit fließenden Lenden, hungrig, so hungrig nach ihr. Und sie irrte sich nicht.

Seine Bekannten sahen es gar nicht gern, wenn sich Hughes ernsthaft auf eine Frau einließ: Was über eine Liebelei hinausging, war Verrat am Dichtertum. Hatte es ihn einmal erwischt, mahnten sie, bekam er diesen satten, verheirateten Blick und war für die Literatur erledigt. Darum tat Hughes ihnen gegenüber denn auch so, als gäbe es diese Sylvia Plath gar nicht, die auf ihrem Fahrrad im flatternden Talar jeden Morgen unübersehbar durch Cambridges

Straßen stob. Doch war sein Verlangen, sie wiederzusehen, nach ihrer ersten Begegnung derart groß, dass sie ihn eines Märzabends wie vom Mond gefallen ganz allein im Zimmer eines Freundes vorfand, der – so wollte es ein geplanter Zufall – nicht zu Hause war. Als der Freund gegen zwölf Uhr sacht die Türe öffnete, überraschte er die beiden, wie sie mit rotgeweinten Augen still beieinandersaßen. Plath hatte Hughes, ihren splittrigen Korbstuhl ganz nah an den seinen geschoben, von den gleißend weißen Betonkorridoren der Nervenklinik in Massachusetts erzählt, den Elektroschocks vor drei Jahren nach ihrem misslungenen Selbstmordversuch. Sie hatte das Schlafmittel ihrer Mutter geschluckt und sich in den Hohlraum unter dem Elternhaus verkrochen. Nach drei Tagen fand sie ihr Bruder: Sie war gescheitert.

Ted und Sylvia schlichen sich in Sylvias Studentenheim und liebten sich die ganze lange Nacht, so als stürzten sie aneinandergeklammert von einer Klippe ins Meer. Sie waren Kontinente weit entfernt von Cambridge dort draußen, das noch in den ersten Frühlingstagen in der Düsternis des Winters versunken war und sich dafür schämte: Mit diesem Paar hielten die Jahreszeiten nicht Schritt.

Zurück im Londoner Filmstudio, war Hughes so aufgewühlt, dass er keine Zeile entziffern und nur nichtssagende Sätze notieren konnte. Ein Wollschal verbarg die Bissspuren einer durstigen Vampirin, sein Rücken war von ihren Fingernägeln wund. Wer hatte hier wen verschlungen? So viel von ihm war bei Sylvia in Cambridge geblieben: Er fühlte sich verloren und unvollkommen, als stünde er kurz davor auseinanderzufallen. Wenn man immer nur still daliegen könnte, sinnierte er, wie in dieser allzu endlichen Nacht, an ihren schlafenden Herzschlag gepresst, ohne die Probleme, die mit dem Morgen erwachten; wenn man noch in fünfzig Jahren neben ihr erwachen würde, mit derselben Liebe in den Augen, und sofort wüsste, dass an ihrer Seite jedes Problem zu meistern war. Übrigens hatte die Sonne im Zeichen des Löwen gestanden, als er von einer ungeschickten Hebamme ins Leben gehievt worden war, Uranus half seinem Einfallsreichtum auf die Beine, Mars seiner Angriffslust, was ihn – alles in allem – auch zu einer großen Leidenschaft wie dieser bestimmte, solange sie seinem Schreiben nicht abträglich war.

4

Hundertzwölf Tage später träumte er in der Nacht vor der Hochzeit, wie aus einem dunklen Teich der Gott Neptun auftauchte: Diese Ehe, so deutete er den Traum, konnte seiner Fantasie nur von Nutzen sein, und so ließ sie sich auch an. Sylvia wollte dem Leitbild weiblicher Reife jener Jahre zur Gänze entsprechen und sah ihre erste Berufung darin, ihr Genie von einem Gatten auf seinem Weg zum Ruhm zu stärken, sandte seine Gedichte an die besten Zeitschriften Großbritanniens und der USA – und winkten diese müde ab, schickte sie sie unverdrossen an andere weiter. Wenn sie nicht an seiner Seite gewesen wäre, hätte er gar nicht erfahren, dass es jene Literaturpreise gab, die er von nun an gewann.

Sylvia und Ted. Sie war dreiundzwanzig, er zwei Jahre älter. Sie schrieben einander kaum Briefe, weil sie jeden Tag zusammen verbrachten. Ohne es zu wissen, füllten beide ihre Skizzenbücher mit Elfen, Harpyien, Nymphen und Nornen. Er schoss Kaninchen, häutete sie, und Sylvia bereitete daraus auf ihrem Petroleumkocher Ragouts mit einer Sorgfalt, die sie ansonsten nur auf das Abtippen seiner Gedichte verwandte. Fielen die Panikvögel über sie her, hypnotisierte er sie, und die Vögel schreckten davon. Unzertrennlich, selbst wenn sie sich stritten, arbeiteten sie ab sieben Uhr morgens Rücken an Rücken und warfen einander Ideen zu, Plath vorm Fenster an der Schreibmaschine, Wörterbücher neben sich im rechten Winkel zur Tischkante aufgestellt, Hughes am Kopfende des Esstischs in einem Chaos von Notizheften und zerknülltem Papier. Seine Unordentlichkeit brachte sie auf; er wurde ungehalten, wenn sie ihn beim Schreiben mit einer trivialen Frage zu Haushaltsangelegenheiten unterbrach, erkundigte sich dann aber reumütig, »Bist du mir jetzt böse?«, und sie tadelte sich für das Geplänkel schon Minuten später in ihrem Tagebuch. Auf die in der Geschichte aller Paare geläufige Formel »Was denkst du gerade?« fand sie eine Erwiderung, die ihn schmunzelnd verstummen ließ: »Ja was – denkst denn du?« An ihren – ihm zu fanatischen – Sauberkeitsritualen war ihm wenig gelegen. Sie fand sich damit ab und teilte die Jahreszeiten nach seinen Körpergerüchen ein: Der Sommer war der Duft von Erdbeeren unter Laub auf seiner Haut. Wenigstens gelang es ihr, ihm einen maßgeschneiderten Flanellanzug aufzudrängen, nachdem ihn der Herzog von Edinburgh bei einem Empfang für einen verwahrlosten Studenten gehalten hatte.

Eines ihrer liebsten Spiele bestand darin, den anderen ein hingeworfenes Gedichtzitat vollenden zu lassen, ein zweites, Dramen der Weltliteratur berühmte Sätze zu entnehmen und zu einem herrlichen Unsinn zusammenzuflicken, »Sein oder Nichtsein, das ist des Pudels Kern«. Das dritte war noch alberner und machte darum am meisten Spaß: Titel von Klassikern zu verhunzen, die daraufhin niemand mehr lesen würde, »Die Wurmhöhe«, »Wem die Stunde kräht«, »Die Leber ist ein einsamer Jäger«, »Wer den Kolibri stört«, »Der Kläger im Roggen«, »Toby Dick« und »Blueberry Finn«. Sie kam aus dem Lachen nicht heraus, als sie Ted eines Morgens statt im Bett auf dem Fußboden in der engen Küche liegen fand: Er suchte die Erdennähe, erklärte er, die Rückkehr zur Urmutter, dem weiblichen Prinzip. Es war eine Liebe, empfand sie, um die sie alle Paare der Literatur beneiden mussten, Orpheus und Eurydike, Eduard und Ottilie, Cathy und Heathcliff.

Aber wenn sich Wunschträume verwirklichen lassen, werden auch Alpträume wahr. Im September 1961 hatten sie genug Geld beisammen, um sich Court Green zu kaufen, ein Pfarrhaus in Yorkshire, dessen Narzissen in Blüte standen, als sie einzogen. Der Garten war von Brombeeren, Goldregen, Flieder und Rosen erfüllt. Ted zimmerte ihr einen Schreibtisch aus Ulmenholz, das man sonst für Särge verwendete, Sylvia bemalte die Möbel ihrer Kinder, Frieda und Nicholas, mit Herzen, Tulpen, Sonnen, rot, grün, gelb, blau. Doch bald sehnte sie sich nach dem verlebten Gesicht Londons, und er war entsetzt, wie skrupellos sie in ihrem ersten Roman »Die Glasglocke« wirkliche Personen leicht wiedererkennbar porträtierte. Auch kam ihre Ehe mehr und mehr in ihren Gedichten vor, die zuweilen Verwünschungen glichen. Ein Ende nahm seinen Anfang mit einem Donnerschlag, als Ted bei der Zubereitung des Frühstücks in der Küche eine Besucherin namens Assia Wevill küsste und Sylvia es sah. Sie konnte auf Assias Lippen lesen: »Nicht hier, nicht hier.«

Er hatte sein Mitgefühl verloren und hielt Sylvias Eifersuchtsausbrüche und Depressionen, die sie hin- und herwechseln ließen zwischen steifer Höflichkeit und aufbrausenden Gesten, keinen Augenblick länger aus. Er entschied, man müsse sein Leben ohnehin alle sieben Jahre mal in die Luft jagen, um sich zu erneuern, sich dem Kosmos zu öffnen, seine Vitalität wiederzuerringen und manches mehr. Dennoch: Nur eine Trennung auf Zeit sollte es werden, versicherte er ihr – und summte ein Liedchen, während er seinen Koffer packte.

Sie suchte aus dem Haus alle seine Manuskripte zusammen, sammelte auch Hautschuppen, Nagelränder, ausgefallene Haare vom Schreibtisch ihres Mannes, schichtete sie am Ende des gepflasterten Hofes neben der strohgedeckten Scheune hoch, mitsamt dem Roman »Falcon Yard« über ihre erste Begegnung, den sie ihm zum Geburtstag hatte schenken wollen. Der Held dieses Romans war ein Verräter, dies sein Scheiterhaufen. Er brannte nur zögerlich, bis ihr alte Zaubersprüche einfielen und das Feuer sich endlich erinnerte, wozu es einmal von der Sonne gestohlen worden war. Ein versengtes Blatt flatterte in die Luft und fiel zu Boden, auf dem der Name »Assia« geschrieben stand, dieses Nichts von einer Frau, ein Hauch Chanel, für den ihr Mann sie verlassen hatte. Wenn sie von oben wie ein Engel auf die Stallungen, Ulmen, Apfelbäume blickte, hätte sie ganz Court Green niederbrennen wollen. Sie würde nicht mehr auf der Welt sein können, wenn Ted aufgehört hatte, sie zu lieben.

Doch dann besann sie sich eines Besseren. Sie betäubte

sich mit Schlaftabletten, begann zu rauchen und schrieb jeden Morgen von vier bis acht, bevor die Kinder aufwachten, an ihrem Schreibtischsarg ein Gedicht. In jenen sechs Wochen, da das Manuskript von »Ariel« entstand, kam ihr ein Band mit den Dramen des Euripides unter die Augen, und es erschütterte sie, wie das menschliche Geschick in der Literatur schon immer vorgezeichnet war. Medea nahm ihrem Gatten, der ihr in allem alles gewesen war, sich jedoch als Betrüger erwiesen hatte, die Rivalin und die Kinder und erhob sich auf einem Drachen in die Luft. Plath erkannte, dass auch sie Medea war, eine Zauberin, die man nicht zu töten vermochte, die bis ans Ende der Zeit immer wiederkehren würde, weil Leid und Zorn so alt waren wie die erste im Stich gelassene Frau.

»Out of the ash
I rise with my red hair
And I eat men like air.«
»Aus der Asche
Erhebe ich mich mit meinem roten Haar
Und ich esse Männer wie Luft.«

5

Der Gasherd war noch nicht installiert, als sie mit den Kindern eine Maisonette in London bezog. Der Mieter unter ihr, ein betagter Kunstprofessor, konnte sie anfangs nicht ausstehen: Sie brachte seine Abfalltonne fast zum Bersten, statt sich selbst eine zu besorgen. Dann tat sie ihm leid in ihrer Einsamkeit. Er vermochte sich an keinen Winter zu erinnern, in dem sich der Schnee so hoch getürmt hatte.

Tagsüber war unentwegt das Scharren von Schaufeln zu hören. Die Wasserleitungen froren ein und platzten, und er sah bald, dass diese Mrs. Hughes auch eine innere Kälte gepackt hielt. Sie hatte, murmelte sie, den Mann ihres Lebens an eine andere Frau verloren und bereitete sich jetzt auf einen Urlaub im Süden vor. In der Nacht des elften Februar 1963 stand sie reglos im Flur, und ihr Blick schien ihm so fern wie eine Insel, die niemand je erreichen würde.

Ihrer ewigen Telefonanrufe überdrüssig, schlief Ted Hughes unterdessen in der Armbeuge einer seiner Geliebten in deren Wohnung friedlich weg. Am nächsten Morgen setzte er sich in seiner Mansarde neben das offene Feuer an den Schreibtisch, das Telefon klingelte, »Sylvia, natürlich«, und am anderen Ende der Leitung sagte wer: »Ihre Frau ist tot.« In den Nächten danach hörte er die Wölfe im Zoo von Regent's Park heulen, als klagten sie um seine tote Frau, und bei der Begräbnisfeier sagte er, er wolle keine Vergebung, sondern in alle Ewigkeit verflucht sein.

Auf ihrem Schreibtisch fand er einen Ordner mit einundvierzig Gedichten, »Ariel« überschrieben, jedes ein Meisterwerk für sich. Er glaubte, eine überirdische Macht, die ihm wenig gewogen war, hätte ihr diese Zeilen diktiert: Es demütigte ihn, lesen zu müssen, wie sie ihn in einen Vampir verwandelt hatte mit fettem, schwarzem Herzen, in das die Dorfbewohner von Yorkshire tanzend einen Pfahl trieben. Er beugte sich über ihre Tagebücher und erschrak, da sie noch in den schlimmsten Zeiten mit ihm auf ihre Weise glücklich gewesen war und ihn für sein schieres Dasein geliebt hatte. Er verschanzte sich in seinem Arbeitszimmer in Court Green, damit niemand sah, dass er nicht mehr imstande war, mit dem Weinen aufzuhören.

6

Obwohl er den letzten Band ihrer Tagebücher vernichtete, zumal er und Assia Wevill darin zu lüsternen Bestien verunstaltet waren, umschloss der eisige Schatten Sylvias sie beide bald ganz. Assia war von Sylvia besessen. Sie durchstöberte ihre Schränke und probierte ihre Kleider an. Sie passten ihr nicht. Sie entwendete Gedichtentwürfe, um sie später versteigern zu können. Sie wollte sich an Sylvia dafür rächen, dass sie ihren Selbstmord mitverschuldet hatte, der Sylvia noch lebendiger machte, als sie es davor gewesen war. In jeder seiner Frauen, ob es nun sie selber war, Tash oder Sue, erblickte Ted das Gesicht Sylvias, sprach sie alle sogar mit Sylvias Namen an und verfiel dann in Schweigen. Oft träumte er, sie kehrte zurück, um einen Sommertag mit ihm und den Kindern zu verbringen und kurz vor Sonnenuntergang im Schlaf zu sterben.

Ted hatte mit Assia eine Tochter, Shura; doch seine Kinder mit Sylvia liebte er mehr. Er hielt Sylvia die Treue, indem er allen anderen Frauen untreu war. Bald kam sich Assia vor wie ein von Ted erobertes und totbeackertes Stück Land, über das er nicht weiter ungehemmt verfügen sollte. Auch sie entwürdigte niemand ungestraft. Sie stellte sich Teds Qual vor, wenn er sich über zwei weitere Leichen beugte.

Sie löste Schlaftabletten in einem Glas Orangensaft auf, gab es der Tochter Shura zu trinken, nahm selbst eine Überdosis mit Whisky und schmiegte sich an Shura vor dem aufgedrehten Gasherd, um Sylvia endgültig aus dem Dasein zu tilgen. Von nun an saß Hughes in seinem tiefsten Inneren sein Leben nur noch ab wie ein vergessener Beamter in einem unterirdischen Archiv.

7

Tatsächlich war er nichts mehr als die Erinnerung an Sylvia Plath und nur noch auf der Welt, um ihrem Schatten zu versichern, dass er sie nie verlassen hatte. Wenn er morgens zu Bewusstsein kam, lag er keine Minute still, wanderte in der Dämmerung durch die Küche und wartete. Worauf? Die Legenden um »Sylvia Plath und diesen Ted Hughes«, voreilig, gehässig, rücksichtslos, setzten ihm heftig zu. Man verabscheute ihn, wenn er sich zu Sylvia äußerte, doch mehr noch, wenn er schwieg. Wie hinter seinem eigenen Rücken begann er die »Birthday Letters«. Randvoll mit Widersprüchen, erzählte er Sylvia darin ihrer beider Liebesgeschichte von Anbeginn, sprach sich schuldig und sprach sich frei. Die Hyänen von Biografen würden ihr Leben nicht mehr von dem trennen können, was er daraus schuf.

Eine neue Version von Hölle fiel ihm dabei ein, in dem das schrecklichste aller Spiele, das »Wenn-du-doch«, immer wieder von vorn anfing. Sein Leben entfaltete sich vor ihm wie eine Landkarte, an jedem Wendepunkt konnte er sehen, welche Fehler er begangen hatte, was er hätte tun müssen und wie einfach es gewesen wäre, das Richtige zu tun. Wo hätte sich alles noch zum Guten wandeln können? Natürlich: wenn er ihr nie begegnet wäre, dieser Eva mit braunem, weich gewelltem Haar. Doch unentrinnbar hatten die Sterne sie seit dem ersten Kuss in Falcon Yard füreinander bestimmt: Die Bisswunde, die nur zögernd vernarbt war, gab Zeugnis davon ab. Wenn er doch achtgegeben und Sylvia gewarnt hätte vor der greisen Zigeunerin auf dem Marktplatz in Reims, die Sylvia verwünschte, »Sie werden bald verrecken«, »Vous crèverez bientôt«, nur weil Sylvia ihr keines ihrer Heiligenbildchen abkaufen wollte. Wenn er sie, »heimwehkrank, erschöpft, enttäuscht, schwanger«, nicht nach Court Green und in sein Yorkshire verschleppt hätte. Wenn er den schmählichen Verlockungen dieser Hexe Assia nicht erlegen wäre, wenn er Sylvia – wenigstens – bei ihrer Aussprache im Soho Square nicht hingehalten hätte. »Versprich mir«, flehte sie, »dass wir im Sommer wieder beisammen sind, in Court Green, sag doch, unter den Blüten des Goldregenbaums.« Wenn Doktor Horder ihr nicht jenes Antidepressivum verschrieben hätte, gegen das sie allergisch war. Wenn er sich nicht in ihrer letzten Nacht zu einer seiner Frauen gestohlen hätte, als sie in ihrem langen schwarzen Mantel wieder und wieder durch die Schneebarrikaden der Stadt zur Telefonzelle lief. In seiner leeren Wohnung klingelte das Telefon stundenlang ungehört, und es klingelte in seinem Kopf nach ihrem Tod weiter.

8

Court Green knarrte, ächzte, stöhnte, als hätte es Hunger: Den Garten rundum suchten jetzt immer häufiger Stürme heim mit einer Wucht, als wollten sie die Grundmauern des Hauses aus dem Boden schleudern. Als jenes leibhaftige Gespenst, das sie seit vier Jahrzehnten für ihn war, wisperte sich Sylvia in manchen Nächten zu ihm zurück: So nahm er es jedenfalls wahr.

»What can I tell you that you do not know
Of the life after death?«
»Was kann ich Dir erzählen vom Leben
Nach dem Tod, das Du nicht schon weißt?«

Mit den »Birthday Letters« hatte er ihre Vergebung erlangt – bildete er sich zumindest ein. Dennoch kamen die »Birthday Letters«, das wusste er, für immer zu spät. Zu spät, »too late«, dachte er, war die schlimmste Wendung in der englischen Sprache. Draußen wartete Frieda im Taxi und war sich sicher, diese Fahrt ins Privatkrankenhaus an der Themse würde nicht die letzte sein. Ihr Vater war zu gewaltig, um wirklich sterben zu können.

Nachdem er, Ted Hughes, der Poet Laureate, der Hofdichter Queen Elizabeths II., von den Direktoren der Klinik mit respektvoll hochgezogenen Brauen in Empfang genommen worden war, erinnerte er sich an das Gespräch mit Sylvia vor ihrer ersten großen Nacht in der Wohnung seines Freundes von einst. Sie hatte recht gehabt: Krankenhäuser waren kleine Städte, in den Aufzügen grüßte man sich nicht. Menschen, die Liebespaare werden könnten, gingen in den Betonkorridoren blicklos aneinander vorüber. Sie verschleuderten damit ihr Leben, das man doch führen musste, als wäre man ein breiter, nicht enden wollender Strom. Die Gesunden fürchteten den Anblick der Kranken, weil sie wussten, dass es ihnen einmal ähnlich ergehen könnte und sie an irgendeinem Krebs sterben würden wie er jetzt, oft unerlöst, weil die Erlösung nur im Diesseits zu erlangen und so leicht zu verpassen war. Seiner Tochter Frieda beteuerte er am Telefon, wie sehr er sie liebte, noch und noch einmal, bis die lange Nacht seiner Sehnsucht, Trauer, Agonie mit dem Stillstand seines Herzens ihr Ende fand. Was Menschen zuletzt am meisten bereuten, schrieb er seinem Sohn Nicholas: nicht genug geliebt zu haben. Der Rest war der Rede nicht wert.

UNERWIDERT

KAPITEL V

NEMESIS

John, Ada und Arthur Galsworthy

I

Was war da noch zu machen? Schon seit zwei Stunden gingen seine sieben jungen Kollegen im Takt der mannshohen Pendeluhr flüsternd den kalten Flur vor dem Schlafzimmer des Meisters auf und ab. Obwohl Sir Douglas Shields der angesehenste Chirurg unter ihnen war und unfehlbar in seinen Diagnosen, hielt er sich abseits, auf seinen Gehstock gestützt, und wunderte sich bei derart eindeutigen Symptomen über so viel geschwätzige Ratlosigkeit. Galsworthys Fall, sagte sich Sir Douglas mit klinischer Strenge, bedurfte seiner nicht mehr. Es war zweifellos ein Gehirntumor, der den Meister lähmte und ihn kein Wort mehr hervorbringen ließ.

Mit seinen fünfundsechzig wirkte Galsworthy, das Gesicht knochig und vom Morphium aschgrau, um zwei Jahrzehnte gealtert. Er war jetzt wohl in jenes recht unerquickliche Stadium eingetreten, da er zwischen Tag und Nacht nicht unterscheiden konnte und das Alleinsein keinen Augenblick ertrug. Seine Frau Ada saß neben dem Kranken, gebeugt und doch majestätisch wie immer, und Sir Douglas sah, als er sich wie eine Schildwache in die dämmrigste Ecke des Schlafzimmers stellte, mit welcher Mühe Galsworthy Adas Kinn zwischen Daumen und Zeigefinger nahm, ihre Wange streichelte und die Hand dann resigniert wieder sinken ließ. Vielleicht vermochten nur die Hunde seine Gedanken zu lesen: Immer wieder brachen sie in wütendes Bellen aus, das in einem sehr menschlichen Schnaufen endete. Es würde nicht mehr lange dauern.

In den vergangenen Monaten hatte John Galsworthy nach alter Gewohnheit, doch mit einer schmerzhaften Mischung aus Triumph und Niederlage Ada täglich die Arbeit eines Morgens gezeigt, den er meist mit Feder, Tinte und Papier in der Sonne des Wintergartens zubrachte, während sie auf dem Konzertflügel eine Nocturne Chopins nach der anderen spielte: Oft gelang ihm nur mehr eine halbe Seite, dann ging ihm, sagte er, »die geistige Tinte« aus. Im Herbst des vergangenen Jahres, 1931, war ihm der Nobelpreis für seine »Forsyte Saga« zuerkannt worden, unverdient, wie er fand: Von sich als Schriftsteller hatte er nie viel gehalten. Ada verwaltete sein Selbstvertrauen. Doch als er vor einem eigens im Salon neben dem Marmorkamin aufgestellten Spiegel seine Rede zur Entgegennahme des Nobelpreises probte, verfiel er ins Stottern und Stammeln, verstummte und sah schließlich selber ein, dass an die Reise nach Stockholm nicht mehr zu denken war.

Ada ahnte, was er vorhatte: Wenn er sich weigerte, als krank zu gelten, würde er es auch nicht sein. Ärzte mied er aus Freiheitsdrang. Doch ohne es zu bemerken, begann er, seine Gastgeberpflichten zu vernachlässigen: Zwar stand er noch immer, von seinen beiden Doggen flankiert, außerordentlich aufrecht und furchtlos wie vor einem Erschießungskommando, wenn er Verwandte ins Haus bitten musste, die oft nur in Erfahrung bringen wollten, was in Grove Lodge an Erbe zu holen war. Aber nach dem ersten, zögerlichen Glas Madeira war er verschwunden. Und Ada fand ihn, fand ihn immer, unter einem Eichenbaum, wo er vor sich hin starrte und an seinem Trauring drehte. Sie hatten beide unausgesprochen vereinbart, dass sie vor ihm sterben würde: Wie töricht konnte man eigentlich sein?

Nach seinem Tod kam sie sich abhanden. Sie ließ den besorgten Sir Douglas nicht vor, der hörte, sie habe dem Gärtner befohlen, Johns Lieblingspferde zu erschießen. Zwei Tage blieb sie in ihrem verdunkelten Zimmer, klingelte spätabends dann plötzlich nach ihrem Mädchen und beschied, im Kamin des Salons werde Feuer entfacht werden müssen: »Sonst erfriert uns das Haus.« Mit bedächtiger Sorgfalt kleidete sie sich an und holte die elfenbeinerne Schatulle aus ihrem Geheimfach im Schreibtisch ihres Mannes. Um Mitternacht, als die Bediensteten zu Bett gegangen waren, ächzte sie sich in den Lehnstuhl am Kamin und legte aus der Schatulle alle Briefe, die sie und John einander geschrieben hatten, in die Glut.

Die meisten kannte sie ohnehin auswendig, und von Einzelheiten ihrer vier Jahrzehnte langen Liebe sollte niemand erfahren. Sie gehörten nur ihr. In Johns »Forsyte Saga« stand zum Zorn, Entsetzen, Erstaunen der Verwandten und Freunde schon genug davon, und sie wollte sich nicht in der Vergangenheit lebendig einmauern: Auch das Landgut hier würde sie verkaufen und an die Küste ziehen, dann nach Florenz vielleicht oder in die Provence – wieder unbehaust unterwegs wie vor ihrer Heirat mit ihrem ersten Mann, dem Ungeheuer, Johns Cousin Arthur, von dem sie sich mit Johns Hilfe befreit hatte. Das war Millionen Jahre her. Und doch verzieh sie Arthur keine Sekunde, die sie an seiner Seite hatte erdulden müssen, vor allem nicht jene

Abende, da Arthur sich genommen hatte, wovon er glaubte, es stünde ihm zu.

Die Flammen lasen die Briefe, flackerten auf, so als tasteten sie nach kostbaren Zeilen; fingen sie ein, beruhigten sich und zuckten noch einmal hoch. Irgendwo hatte John geschrieben, das Element des Feuers gleiche dem Liebesschicksal der Menschen: Im Ursprung dunkel und dunkel in seinen Zielen, ohne Vernunft abhängig von der Willkür des Zufalls, brannte es stetig und doch nach einer Laune, die niemand verstand. Ihr war der Vergleich immer missglückt erschienen.

In den Fluren knarrte wer. Sie schloss die Tür. In jener Nacht, bevor man die Asche ihres Mannes von einem Flugzeug aus über die Hügel von Sussex verstreute, sehnte sie sich nur danach, mit ihren Erinnerungen allein zu sein.

2

Wie anders wäre ihr Leben verlaufen, hätte Ada beizeiten erkannt, mit welch durchtriebener Hingabe ihre Mutter Anna Pearson Cooper sie verachtete: Sie hatte Ada den Zweitnamen »Nemesis« gegeben, nach der altgriechischen Rachegöttin, weil sie die ungewollte Tochter als Strafe dafür ansah, sich auf einen verheirateten Mann eingelassen zu haben. Sie hatte ihre Schwangerschaft so spät bemerkt, dass eine Engelmacherin nicht mehr in Betracht gekommen war, und reiste mit ihrer siebzehnjährigen »Nemesis« jetzt durch ganz Europa, um sie an den Höchstbietenden zu verhökern. Als der Prince of Wales dieser »Pianistin mit dem märchenschönen Namen Ada« vorgestellt werden wollte, lehnte die Mutter brüsk ab: Ada war ein Kind der Schande und hätte nie in die königliche Familie einheiraten können. Arthur Galsworthy aber, der sie seit ihrem Besuch im Seebad Bournemouth hartnäckig belagerte, war genau der Richtige für sie.

Ada mochte ihn nicht. Doch wenigstens bot er ihr die Aussicht, der affektierten Schöntuerin von Mutter zu entrinnen, und so trat Ada Nemesis 1891 in den Familienkreis der Galsworthys ein – Juristen und Immobilienmakler, denen neben ihrer Gesundheit der Besitz über alles ging. Was sie zäh zusammenhielt, war der Argwohn, andere könnten reicher sein als sie. »Ich werde euch nicht viel vermachen können« war der eine Spruch, der bei jedem Familientreffen mindestens zweimal fiel, »Dafür hast du zu viel ausgegeben« der andere. Und beide stimmten natürlich nie.

Wie jeder Galsworthy pflegte auch Arthur seinen Wert an der Geldsumme zu messen, die dereinst in seinem Testament stehen würde, doch Adas hoheitliche Schönheit verlieh ihm zusätzlich einen Rang, der durch Geld kaum zu erreichen war. Eben weil sie nicht von jenem süßlichen Typus war, den man auf Pralinenschachteln bewundern konnte, ruhten während der unzähligen Diners die Augen der Männer auf ihr. Sie sah »vornehm« aus – der Wortschatz der Galsworthys kannte kein größeres Lob für eine Frau, und manche der befrackten Kavaliere im Clan kamen überhaupt nur wegen Ada zu den Festessen und nutzten die beklemmende Enge an der Tafel, um scheu und mit einem »Pardon!« zumindest einmal ihren nackten Arm zu streifen. Als der Mensch um die Mitte des Jahrhunderts zum Cousin des Affen erklärt worden war, hatte es eine Weile noch zum guten Ton gehört, an Gott zu glauben – neuerdings aber nahm »die Schönheit« Gottes Stelle ein, und Ada begriff, dass sie unter den Exponaten des Galsworthy-Museums mehr zählte als jede Neuerwerbung zuvor, »stattlich« und »biegsam« und »eine Nymphe« und »zum Anbeißen« in ihrem perlgrauen Kleid. Warum sollte Arthur, dachten sich die Männer von Welt, »dieses Prachtweib« ganz für sich allein haben?

Ada mochte ihren Ehemann nicht, und bald verabscheute sie ihn. In sexuellen Belangen völlig unerfahren, konnte sie ihre Angst selbst unter den aufgeschlosseneren Damen der Familie nur vorsichtig und verbrämt zur Sprache bringen, etwa indem sie beiläufig die Bemerkung fallenließ, sie hätte niemals geahnt, »wie ungehobelt Männer sich im Schlafzimmer gebärden können« – und schon dieser Ausdruck ging vielen Damen zu weit. Einzig Arthurs Cousin John gegenüber redete sie offen, wenn Arthur nicht zu Hause war. John bedrängte sie nicht; er hörte ihr einfach nur zu. Er war ihr ähnlich: Auch er fühlte sich wie ein Zierfisch, der im falschen Aquarium ausgesetzt worden war. Sie hatte, räumte sie ein, einen furchtbaren Fehler begangen, der ihr Leben für immer verdarb. Arthur war ihre Nemesis, und sie war die seine. Arthur traf keine Schuld, beteuerte sie. Ihr tiefes Unglück galt nirgendwo auf der Welt als Scheidungsgrund.

Aber war es denn statthaft, fragte sie John, dass Arthur sie vergewaltigte und dabei mit der flachen Hand auf sie einschlug, damit sie lernte, seine Frau zu sein, die ihm zu gehorchen hatte? John zwang sein Monokel ins linke Auge, als wollte er es bestrafen, und starrte in seinen Hut. In der Nähe war das kalte Klappern einer Mähmaschine zu hören, die so tat, als gäbe es am Rasen noch etwas zu stutzen. Zwischen ihnen breitete sich eine weiße Stille aus, von der sie nicht wussten, ob sie sie jemals durchbrechen würden.

3

Sie zerrissen die Stille erst vier Jahre später.

Ada nahm sogar die Vereinsamung ihrer Mutter zum Vorwand, um über die Jahre wieder und wieder mit ihr zu verreisen und Arthur nicht ertragen zu müssen, und als sich Ada und John im Frühling 1895 auf der Rückreise von Monte Carlo neben der Buchhandlung des Gare du Nord in Paris voneinander trennen mussten, beschlich sie beide im selben Augenblick die Gewissheit, dass es für sie kein Zurück mehr gab. Ada rief ihm aus dem Fenster des abfahrenden Eisenbahnwaggons jenen Satz zu, an den sich John Galsworthy sein Leben lang immer dann erinnern sollte, wenn ihm die Arbeit schwerfiel: »Warum schreibst du keinen Roman, ich weiß, dass du dazu geboren bist?«

Das war er nicht. Ohne Ada hätte John allenfalls ein Buch über die Foxterrier Devons zustande gebracht. Zum Leidwesen seiner Eltern nämlich war er sich seiner Lebensbestimmung bis zu jenem Tag im Gare du Nord wenig sicher gewesen und an der Universität Oxford lediglich dadurch aufgefallen, dass er lavendelfarbene Hosen und Glacéhandschuhe trug und das Wetten auf Pferde zu seiner Privatwissenschaft erkor. Doch seit er und Ada hinter dem Rücken des Galsworthy-Clans eine Affäre begonnen hatten, die sie für sich zu einer Ehe ohne Trauschein erklärten, führte John drei Leben auf einmal: Nachts schlief er in Kensington bei Ada, die Arthur eines frühen Morgens wortlos verlassen hatte. Tagsüber spielte er den Rechtsanwalt in seinem klösterlichen Büro unter der dunklen Kassettendecke aus Edelholz. Und kaum dass sein Sekretär George zum Lunch gegangen war, quälte er sich mit der Niederschrift von Romanen ab, die ihm zu sentimental gerieten – bis er endlich erkannte, dass in Adas Ehehölle und dem ganzen Galsworthy-Clan der Stoff für ein Lebenswerk vor ihm lag.

Ein Karikaturist hätte Arthur mit wenigen schadenfrohen Federstrichen aufs Papier geworfen: fleischig, grob und zufrieden mit sich wie ein verhätschelter Kater. So kam Arthur denjenigen vor, die wenig mit ihm anzufangen wussten. Auch Ada hatte neben Arthur dahingelebt, ohne sich für nur einen Moment auf sein Wesen einzulassen. Was aber wäre, wenn man es über sich brächte, Arthur verstehen zu wollen? Galsworthy entdeckte in sich die Gabe, während des Schreibens alle seine Figuren zu sein, auch wenn er mit keiner wirklich einverstanden war. So verwandelte er für seine »Forsyte Saga« Ada in Miss Irene Heron, in »die unnahbare Dame in elegantem Grau«, Arthur in Soames Forsyte und porträtierte sich selber zu seinem Vergnügen in dem doch eher langweiligen Cousin Jolyon. Je mehr er sich in sie vertiefte wie ein Uhrmachermeister in das geheimnisvolle Gehäuse einer Uhr, umso deutlicher wuchs sich auch der Widersacher Arthur zu einem Charakter aus.

Anstatt Ada zu rächen, wie sie selbst es erwartet hatte, ließ er Arthur in Gestalt von Soames Gerechtigkeit widerfahren: Er erzählte von den Leiden eines ungeliebten Menschen, der am Ende zu dünnhäutig war, um einzusehen, warum er, gerade er nicht geliebt werden sollte. Und darin erwies Soames sich als Held – hingebungsvoll, hartnäckig und schwach.

4

Es besteht kein Grund, an eine Vorsehung zu glauben. Dennoch gibt es Menschen, deren Geschichten diesen Glauben nahelegen: Ihr Dasein scheint nur darauf ausgerichtet zu sein, dass ihnen jeder Weg zu dem bisschen Glück versperrt bleibt, auf das doch jeder ein Anrecht hat. Und niemand, der Soames Forsyte kannte, hätte in ihm ein so williges Opfer für eine derartige Lebensniederlage vermutet.

Bei einer öden musikalischen Teegesellschaft in Bournemouth im Frühling des Jahres 1881 fiel Soames Forsyte das zarte Gesicht eines Mädchens in Trauer auf, mit großen, dunkelbraunen Augen und Haar von der Farbe frühwelken Laubs. Und ihn durchfuhr jene Empfindung, die seine romanesüchtigen Tanten »Liebe auf den ersten Blick« nannten. Er hatte nie an sie geglaubt; nun beherrschte sie ihn ganz.

Irenes Vater war voriges Jahr gestorben, ihre Stiefmutter wünschte sich wiederzuverheiraten, und die blendende Schönheit der Tochter Irene war ihr dabei nur im Weg. So fand Soames Forsyte in der Stiefmutter ohne Anstrengung eine Verbündete für seine Pläne. Er besprach sich oft mit ihr auf den verschlungenen Pfaden der Gärten zum Meer hinab und verbarg dabei, so gut es ging, seine Ungeduld.

Ermuntert wurde er von Irene in seinen Absichten nicht, und desto beharrlicher hielt er bei jedem seiner weiteren Besuche in Bournemouth um ihre Hand an: Was er sich einmal in den Kopf gesetzt hatte, gab er nicht auf. Er kam aber nie dahinter, warum Irene ihm nach anderthalb Jahren endlich ihr Jawort gegeben hatte. Es war an einem jener seltenen Spätsommertage gewesen, da das Meer sonnenhell in den Himmel überging: Als hätte man ihm ein zweites Paar Augen geschenkt, füllte sich die Weite der Welt – so lang ersehnt, so unverdient (dachte er) – mit einem Gestöber von Farben, die er zuvor nie beachtet hatte. Nichts schien ihm verwehrt. Auf ein kleines Zeichen von Irene hin hätte er sich in ihre Arme geworfen, fast schon jämmerlich vor Seligkeit. Stattdessen saß er neben ihr auf einem Baumstrunk und gelobte ihr zum zwanzigsten Mal, er würde sie gehen lassen, so als hätte sie ihn gar nicht geheiratet, falls ihre Ehe scheitern sollte. Was hieß schon Scheitern? Er scheiterte nie, und Frauen von Charakter wie Irene Heron, sagte er sich, liebten nur entschlossene Männer, wie er einer war. Es war lediglich eine Frage der Zeit, bis er ihre Zuneigung gewinnen würde.

In den nächsten fünf Jahren tat Soames Forsyte dafür auch sein Bestes und gab ihr, was sie sich nur wünschen mochte: Juwelen, die Irene vor allen anderen Frauen der Familie auszeichneten, und das Anwesen Robin Hill fern von London, das sie offenbar allein darum schätzte, weil der Architekt des Anwesens von ihr eingenommen war – und warum denn auch nicht? Das waren sie ohnehin alle. Ihm hätte schon die Wärme ihrer Hand genügt, ganz selbstverständlich in die seine gelegt. Wie einfach doch alles wäre, wenn er sie bloß berühren dürfte. Aber Irene blieb einsilbig, entrückt und sanft abweisend, wenn sie allein zu zweit einander gegenübersaßen bei Tisch, zwischen sich die Servierhauben aus Silber, die Schildkrötenpanzern glichen. Sie sah ihm nie in die Augen, als fürchtete sie, durch nur einen Blick, durch nur eine Geste in ihm die Zuversicht zu wecken, dass sie ihn irgendwann gern haben könnte. »Ich weiß, was du fühlst, nicht bloß, weil du es mir sagst, sondern weil ich genauso fühle wie du« – würde er dies je von ihr hören?

Der Wunsch kam ihm bald töricht vor. Aber er bemitleidete sich nicht. Sich zu bemitleiden wäre eine Form von Selbstgenügsamkeit gewesen, die er auch an anderen Menschen nicht dulden konnte. Vielleicht – ja, vielleicht verwöhnte er Irene einfach so überschwänglich, dass sie in Trägheit verfallen war und sich mit ihm keine Mühe gab. Dann war es seine Schuld, wenn sie ihre Zeit neben ihm hinbrachte, als wäre er bereits tot.

Bestand ihrer beider Verhängnis darin, dass er, der sie glücklich sehen wollte, ihrem Glück im Wege stand? Aber Mann und Frau waren doch eins, und welche Gründe hatte sie, mit ihm nicht glücklich zu sein? In sich entdeckte er keine. Trank er etwa? Stürzte er sich in Schulden? War er gewalttätig? Roch er schlecht? (Er sah auf Leute herab, die es unterließen, täglich ein Bad zu nehmen.) Er wusste die Familie hinter sich, die Irenes Wunsch nach getrennten Schlafzimmern mit dem Wörtchen »Unsinn!« wegfegte. Und doch: Der Familienkreis, der sich um Soames gedreht hatte wie ein Pferdekarussell um seinen festen Mittelpunkt, zahlte sich jetzt nicht für ihn aus. Der Kreis machte seine Witze, belächelte, was ihm heilig war, und er hätte sich ihm nicht anvertrauen können, als Irene von ihm verlangte, sie freizugeben, wie er es ihr vor fünf Jahren geschworen hatte – unüberlegt, vom Rausch ihres Jaworts betäubt. Er konnte nicht glauben, dass Irene ihn hasste. Und weil sie ihn nicht hasste: Warum sollte er sein Versprechen von dazumal einlösen müssen? Oft unternahm er den Versuch, Irene beim Gutenachtsagen zu küssen, und die Ruhe, mit der sie ihm sogar diesen arglosen, so natürlichen Wunsch verweigerte, machte ihn zu einer lächerlichen Gestalt. Sah er sich mit ihren Augen, konnte er sich selbst nicht leiden, und plötzlich kamen ihm Lieben und Sterben gleich schwierig, gleich schrecklich vor. Sein Vertrauen in sich und den Boden, auf dem er stand, gab es nur, wenn sie ihm jetzt zumindest etwas Erbarmen entgegenbrachte. War sie nicht einmal dazu fähig? Eines Abends hatte sie ihre Tür nicht verschlossen, er überfiel sie im Schlaf, handelte wie ein Mann und erinnerte sie an ihre Pflicht.

Danach schämte er sich, bedauerte sie, ging mit sich ins Gericht und genoss die klare Härte seiner Selbstverurteilung. Doch wenig später verließ sie (in seiner Abwesenheit, ohne Vorankündigung) gegen Mittag mit nichts als ihrer alten Reisetasche aus Bournemouth das Haus. Sie hatte kein einziges Schmuckstück aus der elfenbeinernen Schatulle genommen: Zärtlich musterte Soames seine Liebesbeweise, die Armbänder mit den Perlen und die goldene, diamantenbesetzte Uhr in den Samtfächern, streichelte sie und weinte wie ein dummes Kind, dem man zu Weihnachten nicht das ersehnte Spielzeug geschenkt hatte.

Dabei verstand Soames durchaus, dass er und Irene in zwei verschiedenen Welten lebten und wie Generationen voneinander entfernt. Scheiden ließ er sich trotzdem nicht, auch weil er einen grotesken Skandal befürchtete und die schlagzeilenartigen Gerüchte an der Familienbörse: »Soames Forsyte, der berühmte Rechtsanwalt und Gemäldesammler, über einhundertfünfzigtausend Pfund Sterling wert, ist außerstande, seine Frau zu behalten.« In Wahrheit aber hatte er verlernt, sich selber ohne Irene vorzustellen. Vollkommen fühlte er sich nur mit ihr. Doch der Gedanke war ihm peinlich.

Nach zwölf Jahren Trennung besuchte er sie in ihrer schlichten Wohnung, mit einer Diamantbrosche im Jackett. Ihr Geburtstag stand kurz bevor. Im Club hatte er sich mit einer ganzen Flasche besten Portweins über die Angst, die sie in ihm aufrührte, hinweggeholfen. Doch die Wirkung schwand, als er sich einer Gestalt gegenübersah, die weniger eine Frau als eine Macht war – verschreckt zwar, doch aufrecht und fremd; unfassbar. Sie wich ihm nicht mehr aus. Im Wohnzimmer stand, inmitten des vertrauten Dufts von Honig und getrockneten Rosen, der Schatten des Klaviers, zu dem sie in den alten Tagen vor ihm Zuflucht genommen hatte mit ihren verwünschten »Nocturnes«.

Auf einmal regte sich der Jurist in ihm. Sie war noch immer seine ihm rechtmäßig angetraute Ehefrau, bald siebenunddreißig und nicht zu alt, um ihm einen Sohn zu gebären, der dem Rest eines wer weiß wie kurzen Lebens Wert verlieh und der die Fortsetzung von ihm selber sein würde, jedoch reicher und kultivierter, als es ihm vergönnt war: ein wahrer Gentleman, der dort beginnen könnte, wo er aufgehört hatte, und der eine Sicherheit dafür wäre, dass er nicht aufhörte, dass er nicht endete, auch wenn es mit ihm zu Ende ging. Er bat Irene, die Vergangenheit begraben sein zu lassen und es mit ihm ein allerletztes Mal zu versuchen, »So als wäre nichts geschehen, weißt du«, aber sie erwiderte nur: »Lieber wäre ich tot.«

Solch pathetische Phrasen nahm er nicht ernst, hielt jedoch den heftigen Schlag seines Herzens nicht länger aus, krampfte seine Hände auf ihre Schultern, küsste sie unsicher auf ihre steinern zusammengepressten Lippen und wandte sich dann mit dem Gefühl seiner vollendeten Nichtigkeit ab. Vor dem Haus machte sich der Herbst über eine alte Eiche her und färbte ihre Blätter schwarz. Das war er, Soames Forsyte: ein bald entblätterter Baum, der den Vollmond über dem Park wie Spott empfand. Nachts lag er warm, nie müde genug zum Schlafen, die Augen weit offen in der Dunkelheit, zwischen feinen Leinentüchern und fühlte Irenes Körper neben sich. Wie war es möglich, dass Irene lieber in ihrer elenden Einsamkeit lebte statt bei ihm? Wenn sie ihn wenigstens mit einem anderen Mann betrogen und ihm die Genugtuung verschafft hätte, sie verwerflich zu finden.

Doch beim Leichenbegängnis Queen Victorias sah er sie wieder, 1901, lächelnd am Arm seines Cousins Jolyon, dieses erfolglos dilettierenden Aquarellisten, in der drängenden Menschenmenge vor dem Gitter des Hyde Park, die den düsteren Pomp des Trauerzugs bestaunte. Durch dieses ehebrecherische Verhältnis stand einer Scheidung nichts mehr im Weg. Aber scheiden lassen wollte Soames sich im Grunde auch jetzt nicht wirklich: Allein schon Irenes Anblick jagte ihn in sein Verlangen zurück. An der Familienbörse ging bald das Gerücht, sie sei schwanger: Wenn sie Cousin Jolyon den Sohn gebar, den sie ihm verweigert hatte, hätte sie ihn endgültig zur Strecke gebracht.

Was war da noch zu machen? Keine »poetische Gerechtigkeit«, keine Nemesis, die in den guten Romanen die treulose Frau mit Worten bitterer Reue auf den Lippen sterben ließ, würde Irene je für ihre Undankbarkeit bestrafen. Ein langer Winter erwartete ihn.

ZU ZWEIT EINS

KAPITEL VI

DAS GEHEIME TESTAMENT DES GLÜCKS

E. M. Forster und Syed Ross Masood

I

Es war unglaublich: Immer wenn Syed der Lateinphrasen überdrüssig wurde, die ihm Morgan Forster für die Examen in Oxford einpauken sollte, erhob sich Syed mit einem Ruck, setzte sich neben ihn, begann ihn am Bauch zu kitzeln und sagte, es sei jetzt genug Unfug getrieben worden, »Wenden wir uns dem Ernst des Lebens zu«. Und worin bestand der Lebensernst Syeds? Er rezitierte mit tiefer, sonorer Stimme Verse in Urdu, die von Nachtigallen und Rosen handelten und von der Blüte des Islam in der Epoche der Mogulenkaiser: Immerhin stammte er, da war er sich sicher, in direkter Linie vom Propheten Mohammed ab.

Edward Morgan Forster war ein solcher Ausbund an Zwanglosigkeit und Sinnenfreude noch nie begegnet: Syed Ross Masood, Enkel des unsterblichen Korangelehrten Ahmad Khan aus Uttar Pradesh, schrieb ihm mit ausladender Handschrift von seiner »zweitausend Jahrhunderte« währenden Treue. Pflichteifrig las Syed Morgans Romane, »Zimmer mit Aussicht« allen voran, nannte sie amüsant – aber nicht sehr lustig und zu verdruckst. Es war, nörgelte Syed, als würden den Briten darin die Gefühle ausgehen, sobald sie versuchten, sie in Worte zu fassen: »Man möchte sich schämen, von einer derart gemütskalten Bande kolonisiert worden zu sein.« Syed berührte Morgan an Arm und Schulter oft und gern – was sich kein Brite erlaubte. Benahmen sich alle Inder so unbefangen? Er stellte sich vor, mit Syed eines Tages im Wunderland Indien zusammenzuleben, und als er sich eines Abends in einem Club am Leicester Square nahe zu ihm hinbeugte und sagte: »Ich liebe dich nicht nur wie einen Freund«, sagte Syed, »Ich weiß«, streichelte flüchtig Forsters Hand und rief nach dem Kellner.

Vielleicht hätte er es auch seinerseits dabei belassen sollen, wusste er sich doch auf Syeds Neigung noch immer keinen Reim zu machen. Aber kaum dass er sich dank seines Romans »Wiedersehen in Howards End« eine Reise nach Indien leisten konnte, überfiel ihn ein Fernweh, dem er erst gar nicht widerstehen wollte. Er erhoffte sich eine endgültige Liebeserklärung Syeds und glaubte zugleich nicht wirklich daran. Beim Abschied hatte ihm Syed, nur halb im Scherz, verheißen, er werde in Indien eine passende Gattin für ihn finden. Was das jetzt wieder sollte, war undeutlich wie alles bei Syed, verwirrend und geheimnisvoll. Oder hatte Syed etwas verstanden, das Forster nicht begriff?

So kam es, dass sich der dreiunddreißigjährige Edward Morgan Forster im Herbst 1912 allein schon von seiner Überfahrt nach Bombay den Aufbruch in ein ganz neues Leben versprach, gelöst aus den stumpf-strengen Sitten britischer Selbstbeherrschung. In Neapel ging er an Bord der »City of Birmingham«. Und die Angst begann.

Nicht einmal in seiner Fantasie hatte er jemals Böses getan. Doch auf der »City of Birmingham« sah er sich sogleich in Gefahr. Denn ein Offizier namens Kenneth Searight –

in allzu knapp sitzender Uniform, schlank, fest gebaut, die blonden Haare stramm zurückgekämmt – musterte ihn seltsam: Er musste an ihm das erkannt haben, wofür er selber nicht die richtigen Worte fand. Invertiert? Degeneriert? Pervers? Leere Worte ohne Zartgefühl. Wenn Searight in ihm dieses schwer benennbare Etwas erkannte, erkannten es die anderen Passagiere womöglich auch. Machte Searight nur eine verfängliche Andeutung in der Runde seines »West Kent Regiment« an Bord, hätte er Forsters Reputation für immer zerstört. Bloß siebzehn Jahre war es her, dass man Oscar Wilde wie vor ein Militärtribunal gestellt und unter dem ekstatischen Jubel der Presse wegen »grober Unsittlichkeit« zu Zuchthaus und Zwangsarbeit verurteilt hatte, und Searight erinnerte Forster überdies an einen Schulkameraden, der ihm, dem »weibischen Schwächling«, beinahe die Nase zertrümmert hätte.

Als die »City of Birmingham« Port Sudan am Roten Meer passierte, stolperte Forster spätnachmittags auf dem windgeschützten Vordeck in Searight geradezu hinein. Ein Buch im Schoß, lag der Offizier gelöst in einem Sonnenstuhl und sah selbstvergessen den fliegenden Fischen zu. Beide hatten einem dieser entnervenden Klimperkonzerte samt Tee und Buttergebäck entgehen wollen und kamen, im Rauschen des Bugwassers geborgen, behutsam ins Gespräch. Rasch waren sie sich darin einig, dass die Damen an Bord zu viel von ihren Erfahrungen mit »saumseligen Indern« redeten, die sie noch gar nicht gemacht hatten. Searight war nach Syed der erste Mensch in Forsters Leben, der den Satz wagte, er freue sich auf die Zukunft. Und ohne Vorwarnung gestattete sich Searight eine Vertraulichkeit, die ihn um seine Karriere hätte bringen können: Er zeigte

Forster die Seiten seines grünen Notizbuchs, ein chiffriertes Register seiner Eroberungen mit Datum und Ort, dreiundvierzig Jünglinge an der Zahl – »Dreiundvierzig … bisher!«, setzte Searight lachend hinzu. Natürlich müsse sich »unsereins«, räumte Searight ein, auf Erpressungsversuche gefasst machen. Doch er drehte den Spieß einfach um: Ob im Regiment oder hier an Bord, nachts schlich er bisweilen umher und forschte die Schwächen seiner Mitmenschen aus. Der löwenhaft männliche Kapitän besaß zwei Pässe, von denen einer gefälscht war, und die Klatschdrossel Lady Manning hatte er gerade vorgestern in der Kajüte des Zweiten Maschinisten erwischt. Erpressbar war jeder.

Searights überlegene Extravaganz machte Forster schwindeln. Er schwor sich, fortan etwas mehr von jener Selbstsicherheit an den Tag zu legen, die Searight so ungefragt zur Schau stellte. Sie beide bildeten eine stolze Minderheit für sich. Searights Vorliebe für Knaben stieß ihn zwar ab, und dessen Theorie, »wir alle« suchten doch nur »jenes Gartenparadies erster Liebe, wo wir mit anderen Knaben herumtollten«, kam ihm reichlich abstrus vor. Dennoch öffnete ihm die Freimütigkeit des Offiziers ein kleines Fenster im Himmel, und mit diesem Gefühl der Befreiung schritt Edward Morgan Forster in Bombay von Bord.

2

Auf seiner Reise durch Indien ging für lange Zeit die Sonne in ihm nicht unter, auch wenn hier alles um eine Religion zu kreisen schien, die sich obendrein mit sinnlichem Verlangen befremdend vermengte. Hinter der sichtbaren Welt gab es, durch einen Schleier verborgen, offenbar noch eine andere Wirklichkeit, in der es seit jeher maßlos leidenschaftlich zugegangen war.

Wie Kenneth Searight ahnte auch der Maharadscha von Chhatarpur auf Anhieb, dass er in »Forster Sahib« seinesgleichen vor sich hatte, und war darüber dermaßen entzückt, als wäre ihm endlich Gott Krishna erschienen. Denn danach verzehrte er sich: »Wann wird Krishna kommen und mein Freund sein? Wann?« Sie saßen unter einem ausladenden Sonnenschirm mit flatternden Fransen, der Maharadscha rauchte – die strassbestickten weißen Kniehosen über Kreuz und mit einem gelben Punkt auf der Stirn – genüsslich eine Zigarette mit rosa Mundstück und gestikulierte heftig. Die Cholera gehe um, weshalb er seinen berühmten Ehrengast nur im Innenhof bewirten dürfe. Dann ging er zu Wesentlichem über und wedelte in seinen Exkursen mit der linken Hand, die zwei Diamantringe zierten, Allah und dessen Anhänger wie einen Schwarm Moskitos ins Ungewisse weg: Lästig waren ihm diese grobsinnigen Beduinen, farbenblind und verkrampft. Sie suchten Gott nicht, weil sie wähnten, dass Gott bereits in ihnen sei. Sie fanden ihre Lust in den Wüsten des Verzichts, kannten nur Wahrheit und Unwahrheit, Schwarz und Weiß, und verabscheuten den Zweifel, an dem der Maharadscha so schwer zu tragen hatte. Mochte ihn Krishna überhaupt? Der Maharadscha ließ vor seinem Gast Abend für Abend auf Kosten der königlichen Schatzkammer selbstverfasste Mysterien aufführen, die Episoden aus dem Leben Krishnas erzählten, zappelig gespielt von leichtbekleideten Knaben.

Mit seiner grellbunten Entourage geleitete Seine Hoheit Forster im surrenden Automobil »Sunbeam« zu seinem zweiten Palast am Ufer eines Sees und machte ihm diese bröckelnde Ruine zum Geschenk. Was sollte er damit anfangen? Forster stotterte, »Das kann ich unmöglich annehmen«, doch der Maharadscha bestand darauf, und aus Furcht, ihn zu verstimmen, bedankte sich Forster mit einer Verbeugung, was den Maharadscha nun wirklich verstimmte, da sich in Indien nur Fremde für Geschenke bedankten und Morgan längst sein Freund und Bruder geworden war.

Allmählich ging Forster diese Welt über den Verstand. Ihn verwirrten die prallgliedrigen Leiber auf den erdnahen Friesen der Tempel in Chhatarpur, die sich in endlosen Verschlingungen verausgabten, Männer mit Frauen, Frauen mit Frauen, Männer mit Männern, und Shiwas Doppelgeschlechtlichkeit. Die Mogulenkaiser hatten ihre Harems einst von Wesen eines dritten Geschlechts bewachen lassen, den Hidschras, die Neugeborenen kraft ihres göttlichen Segens zu einem begnadeten Dasein verhalfen. Bald gab Forster es auf, mit listigen Argumentationsmanövern Eindeutiges in Erfahrung zu bringen. Schließlich waren jene beiden Worte, die er selber am seltensten verwendete, das Ja und das Nein.

»Wie nennt man uns?«, hatte ihn der Maharadscha von Chhatarpur gefragt, in einem plötzlich äußerst behänden Englisch: »Sodomiten. Gut. Aber in Sodom war ich nie. Uranier, nach dem Beinamen der Göttin Aphrodite. Europäer bieten ihre gesamte Mythologie auf, um etwas zu benennen, was man nicht zu benennen braucht. Wir sind, wer wir sind. Sie zwängen uns in Worte und glauben, es in unserem Interesse zu tun. Neuerdings sind wir homosexuell. So brandmarkt uns die Wissenschaft: Männer, die Männer mögen und Gemälde sammeln.« Später wusste Forster nicht, ob er diese Sätze dem Maharadscha in einem seiner lichteren Träume zugedacht hatte.

Benommen ließ er sich über träge Wasser durchs Schilfdickicht rudern bis zu jenem Punkt, wo der Ganges und der Yamuna sich vereinten und ein dritter Fluss unsichtbar aus dem Mittelpunkt der Erde stieg: Natürlich sah Forster ihn nicht, weil ausnahmslos strenggläubige Hindus ihn zu sehen vermochten, war aber bereit, an ihn zu glauben, da auch zwei Menschen, sinnierte er, zwei Flüssen glichen, aus deren Begegnung etwas Drittes entspringen konnte – ginge es in der Liebe nur einmal mit rechten Dingen zu. Doch holte ihn die alte Schwermut ein, als er am Ende seiner Reise in Bihar Syed wiedersah, der ihm eröffnete, dass er bald heiraten werde. Syed machte sich also nichts aus ihm. Ihre Zusammengehörigkeit war eine Illusion, war immer eine Illusion gewesen. Das Gegenteil zu beteuern hieß, nur die Kluft zwischen ihnen zu erweitern, die für immer bestand; und wenn Syed ihn wahrhaft liebte, erlaubte er es sich nicht. So altjüngferlich, so wenig begehrenswert: Mit wie vielen hätte Forster tauschen mögen. Vielleicht waren ihm nur erniedrigend linkische Zufallsbegegnungen in dämmrigen Hinterhöfen vergönnt, die griechischen Marmorskulpturen im British Museum und der Anblick von Ballett-Tänzern wie des fliegenden Vaslav Nijinsky im »Nachmittag eines Fauns«.

Vor seiner Mutter Lily breitete er am Morgen nach seiner Rückkehr zwischen brennenden Räucherstäbchen im Speisezimmer unter dem »Aha« und »Ah-Ja« der Bediensteten sorgsam Seidenballen aus, damit sie dann in Lilys ewig klemmender Kommode vor sich hin schimmeln durften. In England ging er sich verloren. Nichts schillerte hier. Alles war seinen weitgereisten Augen zu vertraut, verstaubt. Syed fehlte ihm. Syed hatte seine Verlobung bekanntgegeben, und Morgan schrieb ihm gefasst: »Ich muss Dich wohl so lieben wie mich selbst, wenn ich mich derart darüber freue, dass jemand anderer als ich in Dein Leben tritt.« Syed antwortete nicht. Mit seinem Roman über Indien kam Forster schlecht voran, und seine verfahrene Hilflosigkeit machte »Morgie« in den Augen der Mutter wieder zu jenem Fünfjährigen, den sie am liebsten in ihm sah: noch nicht belastet von der unmännlichen Seite seines frühverstorbenen Vaters.

3

Er war in Indien dem Verständnis des eigenen Wesens kein Stück näher gekommen, glaubte er, seine beste Zeit als Romancier schien vorüber, und so floh er vor seinem Ungenügen im Herbst 1913 in ein Tal Derbyshires zu Edward Carpenter und George Merrill, die auf ihn wie ein Leuchtturm wirkten.

Edward Carpenter, ein Geldaristokrat, der in seinen Schriften eine homosexuelle Weltgemeinschaft beschwor, und George Merrill, Sohn eines Stahlarbeiters aus den Slums von Sheffield, waren einander seit über zwei Jahrzehnten unentbehrlich und hatten sich dort draußen am Fluss eine Welt für sich erschaffen. Vorderhand erschienen sie Forster in ihrem Cottage und üppigen Garten wie zwei Märchenfiguren mit ihren schmucken Seidenschärpen, selbstgeschneiderten Knickerbockers aus erlesenem Tweed, Samtmänteln und Sandalen. Doch als sie auf das entrückte Indien zu sprechen kamen, erzählte Carpenter schockierend nüchtern von zwei mohammedanischen Studenten am College von Uttar Pradesh, die sich umgebracht hatten, als man sie trennen wollte: Der eine warf sich aus dem Zug, der andere ertränkte sich.

Forster dachte an Ernest Merz, den er vor fünf Jahren bei einem Dinner in Soho getroffen hatte. Nachdem Merz irgendeinem Burschen in die Londoner Nebelsuppe hinein gefolgt war, erhängte er sich noch in derselben Nacht. Ernest Merz hatte nicht nur verschwinden, sondern mit seinen siebenundzwanzig Jahren das ganze Leben auslöschen wollen, das hinter ihm brachlag. Vielleicht, munkelte man, war er erpresst worden; und vielleicht konnte die Liebe vorläufig nur in einer Art Waldeinsamkeit wie in derjenigen Carpenters und Merrills von Dauer sein, jenseits der Schuldgefühle, Zweifel, Selbstvorwürfe, Verleumdungen und Versteckspiele im Hyde Park und öffentlichen Bedürfnisanstalten.

Forster hielt den Atem an: Nach einem Mittagessen legte George Merrill ihm die Hand aufs Rückgrat, als wollte er ihn an etwas gemahnen, und mit einem Mal kamen ihm die bewährten Themen und Szenen seiner Romane – »Zimmer mit Aussicht«, »Howards End« – schal und gehaltlos vor: Diese Turteleien zwischen kultivierten jungen Damen und Herren mit unterentwickelten Herzen, Mütter, die Skandale mehr fürchteten als tödliche Krankheiten, die ihre Töchter von ungehörigen Heiratsplänen abbringen wollten und sich über den Schmutz in den Straßen von Florenz beklagten, die Smokings und silbernen Zigarettendosen und Teezeremonien und hintersinnig unterkühlten Konversationen. Was für ein blühender Unsinn dies alles doch war, behaglich und quälend unwesentlich, eine öde Vergeudung von Kraft.

Ohne Drumherum musste er Ernest Merz auf dem Papier das Leben verschaffen, das Merz verwehrt worden war, gegen die Morallaune seiner Zeit, die Geschichten von Homosexuellen allenfalls duldete, wenn jene am Schluss blass vor Reue von irgendeinem Balken baumelten. Er sollte berichtigen und gutmachen und überließ das Denken seinen Sinnen. E.M. Forster übte ein, was Syed »Taras« nannte, bis ihm die Hand wehtat; erlernte von neuem, die Nöte anderer zu erspüren und sich, Schmerz hin, Schmerz her, in Menschen hineinzuversetzen, damit sie sich umgekehrt in ihn hineinversetzten und ein Eigenleben in ihm führten.

Aus sich selber machte er den jungen Börsenmakler Maurice Hall: eine Gestalt, die er in einem anderen Leben hätte sein können, weniger vergeistigt, dafür umgänglicher, sorgloser und gutaussehend in einer Weise, dass man ihn, erblickte man ihn zufällig auf der Straße, vielleicht nach dem Weg gefragt hätte, um ihn etwas genauer inspizieren zu können. Syed, Merrill und Merz nahmen in den beiden Lieben von Maurice – Clive Durham und Alec Scudder – neue Persönlichkeiten an: Zwar waren sie Syed, Merrill und Merz verwandt, doch nicht dieselben, und bald drängte sich unsichtbar ein ganzes Gewimmel Bekannter um Forsters Schreibtisch, Goldsworthy Dickinson, Leonard Greenwood, John Maynard Keynes, Siegfried Sassoon, Lytton Strachey, Sydney Waterlow. Manche von ihnen gingen offen ihrer Neigung nach, andere verbargen sich verschämt in einer Ehe wie Syed Ross Masood.

Was nahm er sich da vor? Wozu er sich am meisten berufen fühlte. Einen Roman für bessere Jahre, da man seinesgleichen nicht mehr verfolgte: die glücklichste Geschichte der Welt, eine Heimat, den Ort eines strahlenden Exils.

Obgleich er das Buch vielleicht niemals veröffentlichen konnte, dachte er sich einen gütigen Leser herbei, der ihm einfach nur zuhörte, bis zwischen ihnen beiden, dem Autor, dem Leser, die letzte Schranke der Verständnislosigkeit gefallen war. Und so musste der Roman beginnen: wie absonderlich sich Maurice Hall bereits im Internat fühlte und wie er an der Universität Cambridge entdeckte, dass er mit diesem Gefühl nicht allein war.

4

Es war an seinem letzten Tag im Internat, als Mr. Ben Ducie, die älteste Lehrkraft, den fast fünfzehnjährigen Maurice Christopher Hall in das Geheimnis des Geschlechtstriebs einweihte.

Viel stecke ja gar nicht dahinter, meinte Mr. Ducie, sog an seiner Pfeife und zeichnete mit seinem Spazierstock groteske schematische Darstellungen in den Sand. Nachdem die handwerkliche Seite der ganzen Angelegenheit abgetan war, pries Mr. Ducie inmitten majestätischer Tabakwolken die Herrlichkeit der Frauen, als glichen sie den Seraphim aus der Heiligen Schrift. Hall gab ihm zu verstehen, wie wenig er sich aus Mädchen machte. »Heute in zehn Jahren«, wies ihn Ducie zurecht, »lade ich dich zusammen mit deiner Frau zum Dinner bei mir und meiner Gattin ein. Einverstanden?«

Einverstanden: Maurice Hall wollte, um der gesellschaftlichen Spielregeln willen, sein Leben geradlinig führen, ehrbar und ohne Widerstand. Er war auf der Hut. Sollte jemand erkennen, wie es um ihn stand, würde man ihn aus der Welt jagen wie einen herrenlosen Hund. Doch vermochte er Frauen auch weiterhin nichts abzugewinnen, und während seiner Zeit in Cambridge bemerkte er, dass junge Damen ein Widerwille durchzuckte, wenn er auch nur ihre Hand drückte, als stimmte irgendetwas mit ihm nicht.

Er verstand. Und es ließ ihn kalt. Was wirklich zählte, war, Eindruck auf seinen Kommilitonen Clive Durham zu machen, einen grüblerischen Atheisten von aufbrausender Intelligenz, mit dem er stundenlang über die obskure Dreifaltigkeit des Herrn herumalbern konnte, »Drei Gottheiten in einer und eine in dreien! Zur Hölle damit!«. Wenn sie sich irgendwo hinsetzten, hockte Durham meist zu seinen Füßen und lehnte sich an sein Knie. Aus Angst, den Zauber zu zerstören, genügte Maurice zunächst die Gewissheit, dass Durham ihn mochte, ihn vielleicht sogar anziehend fand und dass im Grau des Frühlings noch andere von seiner Art durch die steinernen Bogengänge der Universität schlenderten. Trotzdem: Er blieb auf der Hut. Als sich der Dekan dazu bereitfand, seinen Lieblingen unter den Studenten einen seiner Übersetzungskurse in Altgriechisch zu gewähren, wurden sie angehalten, die Passagen mit »dem unaussprechlichen Laster von Sokrates und Konsorten« zu überspringen. Clive erzürnte sich: Wer diese vermeintlichen Laster ignoriere, lasse die Grundpfeiler der Athener Gesellschaft und damit der gesamten europäischen Zivilisation außer Acht. Maurice las in den Ferien von der Liebe unter Männern bei Platon und war gleichwohl bis in die tiefsten Tiefen seiner Vorstadtseele erschüttert, als Durham ihm im nächsten Trimester zuflüsterte, er liebe ihn. »Ich weiß«, erwiderte Maurice, küsste ihn auf den Mund und verschwand durchs Fenster.

Diese Form von Liebe war, so hieß es, bei der Geburt Christi mit einem Schlag gestorben und laut Hochschulordnung erstens keine Liebe und zweitens ein arges Verbrechen. Aber seit Clives Erklärung konnte Maurice vor sich selbst nicht mehr verbergen, dass es für ihn nichts Schöneres gab, als Clives Haar zu streicheln und den Kopf an seiner weichen Schulter zu bergen und in der Biegung seines Arms. Mehr gestattete ihm Clive nicht, weil er sich dafür verabscheut hätte und weil Mitstudenten und Tutoren bereits ahnten, dass Unsägliches zwischen ihnen vorging.

Beobachtete man sie? Cambridge wurde ihnen zum Gefängnis, auch wenn es sich meist pittoresk verschlafen gab, und sie sprengten sich ins Freie: aneinandergeklammert auf einem Motorrad, das blindlings vorwärtsschoss und am entrüsteten Dekan vorbeiraste, die Kastanienblütenalleen entlang weit in die Marschen hinein und durch die Wälder. Schon lag wieder ein Städtchen hinter ihnen mit seinen verzagten Kirchtürmen, und in die Horizonte vor ihnen träumten sie sich das Meer. Sie waren auf einmal nichts als eine Staubwolke für die Welt und scherten sich um niemanden, so als rauschten sie durch ein Reich jenseits der Menschheit, einem unbekannten Sommer entgegen. Es war ein ganz gewöhnlicher Tag. Nur nicht für sie.

Er würde sich nicht wiederholen.

5

Am nächsten Morgen verwies der Dekan Maurice der Universität, da Durham und Hall allzu vertraulich miteinander umzugehen schienen und darüber sein Griechisch-Seminar versäumten. Weil Clive in den Altertumswissenschaften der beste Student seines Jahrgangs war, ließ der Dekan ihn unbehelligt und erinnerte ihn damit an seine Daseinspflicht. Clives auf Platon errichtete Lebensphilosophie zerbarst; das alte Sündenbewusstsein erwachte und kroch durch die Hallen der Universität. Er war froh, nicht in die Hände eines anderen Geliebten gefallen zu sein, der ihn erpressen oder der Polizei ausliefern würde. Seine Leidenschaft empfand er wie Sand: Man konnte nicht auf sie bauen. Er brauchte eine Frau, die ihr Einhalt gebot.

Als Clive Maurice eröffnete, er werde in Kürze eine gewisse Anne Wood heiraten, hätte sich Maurice, von Vereinsamung vergiftet, auf seinem gewohnten Weg nach London zur Börsenmaklerfirma fast aus dem Zug geworfen. Er hielt sich von Clive fern, doch aus seiner Fantasie verbannen konnte er ihn nicht. Er konsultierte einen Arzt, der von seiner Krankheit nichts wissen wollte, weil sie nicht existierte, dann einen zweiten, der sie kraft Hypnose zu kurieren versprach – mit fünfzig Prozent Erfolgsaussicht. Die Therapie schlug fehl: An ihm verzweifelte selbst die Wissenschaft. Was sollte nur aus ihm werden?

»Es läuft also darauf hinaus«, fasste Maurice seine Lage traurig lächelnd zusammen: »Es hat immer Leute wie mich gegeben, es wird sie weiterhin geben, und sie werden verfolgt.«

»So ist es, Mr. Hall. Doch sollten Sie daran denken, dass

Ihre Spielart von Persönlichkeit hierzulande vor nicht allzu langer Zeit zum Tod durch den Strang verurteilt worden ist.«

Sollte er dem britischen Königreich, das offensichtlich abgeneigt war, die menschliche Natur zu akzeptieren, dafür etwa noch dankbar sein? Und was für eine schlimme Zumutung erwartete sein malträtiertes Herz, als ihn Clive auf sein Gut Penge in Wiltshire einlud: Musste er sich jetzt auch noch an Clives Eheglück erfreuen? Er rang sich durch Nächte erbitterter Träume, in denen er immerzu ertrank, und in diesen Träumen tötete ihn nicht das Wasser, sondern die Kälte, die seine Muskeln zu schmerzhafter Unbrauchbarkeit zusammenzog. Dennoch besuchte er Penge. Eines Morgens wollte er Clives Wildtreiber Scudder fünf Shilling Trinkgeld geben, Scudder lehnte sie ab – und das wahre Leben von Maurice Hall fing an.

6

Alec Scudder sah es so: Er war beileibe keine fünf Shilling Trinkgeld wert, doch genauso wenig auf Almosen vonseiten eines Börsenmaklers angewiesen.

In seiner Familie fuhrwerkte seit Generationen die Willkür des Klassenschicksals, die ihr einen benachteiligten Rang in der Gesellschaft zugewiesen hatte und stur darauf achtete, dass sie dort auch verblieb. Sohn eines Schlachters aus Dorset, war er auf Penge das Mädchen für alles, versorgte als Jagdaufseher die Rebhühner, betreute die Hunde und Pferde, walzte das Kricketfeld und sprang sogar bei den Tennismatches der höheren Damen und Herren ein, wenn denen ein Partner fehlte. Täglich nahm er Aufträge von Clive Durhams Mutter entgegen, die sich seinen Namen erst gar nicht merken wollte: »Wie heißen Sie noch mal? Es ist mir eben entfallen.«

Er entfiel ihr immer, als hätte er keinen. Alec Scudder fristete das Dasein eines Kaninchens in einem drahtvergitterten Holzverschlag und sah die Gitter noch deutlicher vor sich, wenn Burschen wie dieser Maurice Hall in einer Limousine in der Kieseinfahrt vorfuhren, um ihm seine armselige Position mit einer hochnäsigen Geste vor Augen zu führen. Darum hatte er auch gerade gekündigt: Er wollte nach Argentinien auswandern, wohin ihm, hoffte er, das verwünschte Schicksal nicht folgen würde.

Doch seit Maurice Halls erstem Besuch beherrschte Alec Scudder eine Unruhe, die ihn beim Flirt mit Mädchen nicht befiel, und als er im Vollmondlicht eine seiner Nachtrunden drehte, das Gewehr geschultert, hörte er jemanden »Komm!« rufen, »Komm!«, sah die klapprige Leiter ans Fenster gelehnt, die die Arbeiter für die Erneuerung des Salonerkers benutzten, und stieg leise hinauf.

7

Hier stockte ihm die Feder: E.M.Forster hielt inne, da er etwas schildern sollte, was er aus eigener Erfahrung nicht kannte. Er hatte sich nie erlaubt, über diesen Punkt hinaus zu fantasieren. Doch dann schrieb er die Szene in einem Zug nieder.

»Alles brach ein. Sie vergaßen die Gesellschaft und das Gesetz und das fruchtlose Wissen, dass sie anders waren als die meisten Menschen. Die Welt wurde Dunst, ihr Tadel ein Gemurmel der Blätter. Von der flimmernden Nacht umschlossen, gelang ihnen Vollkommenheit, so etwas wie Vollkommenheit, Vollkommenheit auf Zeit.«

Nach dem Lunch mit der Mutter besah sich Forster die Zeilen: Sie holperten so dahin, zu knapp, abstrakt und verdruckst. Später würde er sie immer noch streichen können. Wichtig war ohnehin nur, was danach geschah: wie Alec und Maurice unbeschwert beisammenlagen, und dass sich Maurice vor dem Dunkel nicht mehr zu ängstigen brauchte.

Sie erwachten eng umschlungen, und Maurice erinnerte sich an die nutzlosen Karikaturen Mr. Ducies im Sand vor zehn Jahren. »Hast du jemals davon geträumt, einen Freund zu haben, Alec? Ganz einfach einen wirklichen Freund, der versucht, dir zu helfen, so wie du ihm? Jemanden, der dein ganzes Leben über da ist für dich – wie du für ihn. Ich glaube, so etwas kann für unsereins nur im Traum geschehen.«

Rasch und wie unter Trance schrieb Forster weiter, um diesen Traum, den auch Ernest Merz in seinen Briefen umkreist hatte, Wirklichkeit werden zu lassen. Die klägliche Realität zu korrigieren erfüllte Forster mit einem Machtrausch, der ihm neu war. Nur noch einen Widerstand galt es zu überwinden, der dem Roman bis zuletzt Spannung verlieh: die Furcht.

8

Maurice hatte sich außerhalb seiner eigenen Klasse umgetrieben. Er war der Einladung Alecs zu einem Rendezvous im Bootshaus von Penge nicht gefolgt, weil er von Alec loszukommen suchte, ohne wirklich von ihm loskommen zu wollen, worauf sich Alec von ihm, so schrieb er Maurice nach London, »wie ein Hund behandelt fühlte«. Es geschah ihm nur recht, sagte sich Maurice, wenn er jetzt fürchten musste, von Alec erpresst zu werden. Unter den Bediensteten auf Penge gingen Gerüchte um, und Alec drohte ihm: »Ich weiß über Sie und Mr. Durham Bescheid.«

Als er Alec Scudder im British Museum traf und die beiden schweigend von Marmorskulptur zu Marmorskulptur wanderten, während der prasselnde Regen draußen den Rauch aus einer Million Kaminen nach unten drückte, stießen sie ausgerechnet mit dem alten Mr. Ducie zusammen, der seinen ehemaligen Schüler Maurice Hall sofort erkannte. »Sie irren sich«, entgegnete Maurice heiter, »mein Name ist Alec Scudder«, legte einen Arm um Alecs Schultern, weil er es wollte und weil er in diesem Moment und schon immer Alec Scudder hätte sein können. Mr. Ducie ging von dannen, und Alec streckte seine Hand nach Maurice aus.

»Und jetzt werden wir nicht mehr getrennt«, entschied Alec, »und damit hat es sich.«

War dies das Ende? Am Ende fragte sich Clive Durham in seinem Arbeitszimmer noch, wie lange er die Wahrheit – über sich, Maurice und Alec Scudder – vor seiner Frau Anne würde verheimlichen können. Doch Forster dachte an Carpenter und Merrill, und ihm kam noch ein anderer Romanschluss in den Sinn: Maurice und Alec fanden eine neue Heimat in Englands Wäldern.

9

Carpenter und Merrill ruhten seit vier Jahrzehnten gemeinsam unter der Erde von Sussex, als sich an einem Novembermorgen des Jahres 1970 der Schriftsteller Christopher Isherwood und sein Lebensgefährte Don Bachardy im gleißenden Gegenlicht des Ozeans um Santa Monica über das Manuskript von »Maurice« beugten, das soeben aus Cambridge eingetroffen war: E.M. Forster hatte Isherwood zu einem seiner Nachlassverwalter bestimmt. Soeben waren in San Francisco dreitausend Männer wegen »Sex im Park« in polizeilichen Gewahrsam genommen worden. Isherwood und Bachardy sannen darüber nach, wo und wie sie »Maurice« herausbringen sollten.

Isherwood kannte das Manuskript: Es war Forsters geheimes Testament des Glücks unter Schwulen und noch 1970 revolutionär. Forster hatte es von zwei Sekretärinnen abtippen lassen, die immer nur Bruchstücke davon zu sehen bekamen und deshalb auch nicht in Erfahrung bringen konnten, worum es darin ging. Immer aufs Neue von spinnenfingrigen Korrekturen übersät, machten die mit grüner Tinte bedeckten Seiten unter Auserwählten die Runde, die den Roman nach der Lektüre fristgemäß in ein Schließfach des Reform Club in London retournierten. Ein Saaldiener des Clubs war mit der Aufsicht über das Schließfach betraut.

Manche der Leser hielten die Liebschaft zwischen Alec und Maurice für weniger überzeugend als die zwischen

Maurice und Clive, da eine klassenübergreifende Liaison nach ihrem Ermessen bestenfalls ein halbes Jahr währte; und manchen missfiel die Flucht von Maurice und Alec in die Wälder. Aber die meisten stimmten darin überein, der Autor hätte nicht bloß für sich, sondern für sie alle gesprochen, und Isherwood drängte Forster von Jahrzehnt zu Jahrzehnt, den Roman zu publizieren. Kein noch so kunstvoll gedrechseltes Zureden half: Stets fand Forster dafür die Zeit noch nicht reif.

Einmal wollte er seine Mutter nicht kränken, ein andermal hätte der unvermeidliche Tumult um »Maurice« die Existenz seines Geliebten gefährdet, des Polizisten Bob Buckingham, und damit auch seine eigene Seligkeit. Denn wenn er mit Bob zusammen war, gestand Forster Isherwood, glaubte er, die Schatten Millionen anderer vor sich zu sehen, deren Namen er nie erfahren würde: Sie mochten dann und wann wenigstens einen Schimmer von Glück erleben wie er. »Es ist vielleicht wert, festgehalten zu werden«, schrieb er später, »dass ich in den Momenten mit Bob mein Leben geliebt habe und dass die Stunde meines Todes dagegen an Gewicht verliert.« Schließlich gab Forster 1952 nach, bestand jedoch darauf, der Roman dürfe erst nach seinem Tod veröffentlicht werden. Und schrieb ihn, von vorn, wieder um.

In seiner letztgültigen Fassung, die nun auf dem massiven Buchenholztisch vor Isherwood und Bachardy ausgebreitet lag, fehlte das Ende im Waldidyll; Isherwood vermisste es nicht, da es ihm seit jeher zu resigniert erschienen war. Gern malte er sich für Maurice und Alec stattdessen ein Dasein aus, wie er und Don es seit zwanzig Jahren riskierten. Forster war ein solcher Alltag zu zweit nie zuteilgeworden, und noch nach dem Befreiungsschlag von 1967, als die private Begegnung zweier Männer über einundzwanzig nicht mehr verboten war, konnte sich in Großbritannien kaum jemand vorstellen, dass sich dort Schwule jemals offen auf der Straße zeigten: Weiterhin nutzten sie ihre Treffpunkte nur für ein paar Wochen, um nicht erwischt und verleumdet zu werden.

Der Anspruch auf Liebe blieb ihnen versagt. Was die Heterosexuellen für selbstverständlich nahmen – ohne Angst Hand in Hand durch die Parks flanieren, fürs Abendessen einkaufen, in einem Hotel ein Doppelzimmer beziehen … all das würde für sie wohl noch lange eine kuriose Ausnahme bleiben wie jener Tag, als Clive Durham und Maurice Hall auf ihrem Motorrad Cambridge den Rücken kehrten und ihrem ersten wirklichen Sommer entgegenfuhren.

KAPITEL VII

EBENSO GUT KÖNNTE MAN VERSUCHEN, MIT BLOSSEN HÄNDEN EINE EICHE ZU SPALTEN

Cathy, Heathcliff, Lord Byron und Emily Brontë

I

An einem Tag im Mai 1824 hatte der Butler des Verlegers John Murray sein geübtes Ohr seit einer Stunde an die Tür des Salons gedrückt, um dem Streit, der darin tobte, amüsiert zu lauschen, und als er auf Murrays heftiges Geklingel hin mit gespielt trauernder Miene in den Salon schritt, zwei schwere Manuskriptbündel in Händen, verstummten die sechs zänkischen Herren, so als trüge er die Reliquie eines Heiligen unter Glas vor sich her.

Fast wäre es unter den Gentlemen im Salon zu Handgreiflichkeiten gekommen. Sie alle hatten die unzensierten Memoiren von George Gordon Noel, dem sechsten Lord Byron, gründlich gelesen: oft angewidert, zumeist schockiert. Diese Blätter, grunzte Verleger Murray, hätten selbst eine hundertjährige Bordellbetreiberin erröten lassen. »Auch wenn ich über die Hälfte daraus streiche: Veröffentlichen können wir das nicht.« Auf den Ruf des Dichters bedacht, auf den eigenen und den von Byrons Gattin und Halbschwester, rissen sie Byrons Manuskripte in Fetzen und warfen sie mit nervöser Erleichterung ins Feuer.

Nur Byrons Freund Tom Moore blinzelte fassungslos auf das Häufchen glimmender Asche. Ohne Gruß ging er von der Bühne dieses ruhmlosen Schauspiels ab und trottete die Albemarle Street entlang, wo die Luft von feinem Nieselregen erfüllt war und der Himmel dennoch blendend hell.

Was für ein erschreckend merkwürdiger Tag. Immerhin hatte ihm Murray versichert, er und kein anderer solle die endgültige Biografie Byrons verfassen. Damit allen Hinterbliebenen Gerechtigkeit widerfuhr, suchte Moore die Witwe Lord Byrons auf, Lady Annabella, und Byrons Halbschwester Augusta Leigh. Doch sie verweigerten jede Auskunft. Was wenig verwunderlich war: Moore wusste, dass Byron am Morgen nach der Hochzeit Lady Annabella mit dem Schrei »Ich bin in der Hölle gelandet!« aus dem Schlaf gerissen hatte, um ihr von ungeheuerlichen Verbrechen zu berichten, die er begangen hatte. Welche Verbrechen? Dass er mit seiner Halbschwester Augusta Leigh allzu intim geworden war, dürfte Gattin Lady Annabella kaum verborgen geblieben sein, sprach doch noch immer halb London davon. Überhaupt hätte man aus den Damenlocken, die Byron in einem Schrankkoffer hortete, eine Allonge-Perücke fertigen können.

Eisernes Schweigen war die Taktik der beiden Frauen im Krieg um Byrons Erbe, Tom Moore aber focht das nicht an: Halb und halb hatte er die Memoiren Byrons noch gut im Gedächtnis bewahrt, und je älter er wurde, desto deutlicher erinnerte er sich an seine eigenen Erlebnisse mit Byron – deutlicher als an das, was gestern geschehen war. Allzu Skandalöses musste die Biografie ohnehin in Andeutungen hüllen. Rächen würde er sich dennoch an seinen Widersachern, die mit den Memoiren auch seinen Freund aus der Welt zu bringen suchten.

Geboren 1788, in dem Jahr also, da King George III. dem Wahnsinn verfiel und im Nachthemd durch die Amtsräume von Schloss Windsor rannte, betrachtete Byron seinen halblahmen linken Fuß als Bescheinigung dafür, dass er ein Abkömmling Luzifers war, den die Engel aus dem Himmel verstoßen hatten: Seine erste Liebe Mary wollte mit »diesem Krüppel« nichts zu schaffen haben, worauf sich Byron von jedem moralischen Gesetz ausgenommen fühlte. Ihm, dem »Hinkenden Teufel«, wie er sich von nun an nannte, war alles Verbotene erlaubt. In einer seiner Aufwallungen von Schwermut und Lebenskraft trug er sich mit dem Gedanken, die keuschen Elevinnen eines Tanzlehrers für einen Kinderharem zu erwerben; ein anderes Mal ersteigerte er bei der berüchtigten Madame D. eine fünfzehnjährige Prostituierte, steckte sie in Männerkleidung und gab sie auf der Reise durch England als seinen Bruder Gordon aus, bis Bruder Gordon in einer Familienpension zur Bestürzung der Zimmermädchen eine Fehlgeburt erlitt.

Was Byron nur recht war: Für Herodes, den Kindermörder von Bethlehem, brachte er größtes Verständnis auf, da die plärrenden Kleinen mit ihrem störrischen Eigensinn seine Amouren bloß störten. Als Gattin Lady Annabella in den Wehen lag, schleuderte Byron im Untergeschoss Wasserflaschen an die Decke, damit ihr einen Stock höher das Gebären nicht leichter als nötig fiel. Doch sowie die Tochter geboren war und mit ihrem Milchgeruch in seinen Armen lag, konnte er sich seiner Zärtlichkeit nicht erwehren, taufte sie – nach seiner Halbschwester – »Augusta« und erhob sie zu einem Überwesen aus einem unentdeckten Kontinent.

Wer Byron war? Er war der, als den er sich sah: von einem Gott verworfen, der sich mit seinem Engelsheer gegen ihn verschwor. Er war Kain, der seinen Schöpfer dafür verfluchte, das Leben geschaffen zu haben, nur damit es erstarb. Er war ein Kalif aus dem Haus der Abbasiden und Erbauer ruchloser babylonischer Türme, ein Vagant, Korsar, übermütiger Don Juan, versklavter Königssohn, Vampir und Menschenfeind, der die Fähigkeit besaß, jede und jeden in sich verliebt zu machen, um ihnen in Anfällen grüblerischen Grolls das Herz zu brechen, weil er rastlos auf der Suche nach seiner anderen Hälfte war, die seinem Exil auf Erden ein Ende machen würde.

Ein wahres Ich kannte Byron deshalb auch nicht: Es wäre nur in jener anderen Hälfte zu entdecken gewesen. Im Laufe seines Lebens hatte sich Byron in so ziemlich alles verwandelt, was der Gesellschaft zu ihrem verzückten Erschaudern missfiel, und hatte Leben und Literatur dabei derart durcheinandergeworfen, dass man zwischen Byron dem Menschen, Byron dem Dichter und Byrons Helden nicht mehr recht zu unterscheiden wusste.

Auch er selber nicht. Er schrieb, was zu sein er sich gerade vorgenommen hatte, und wurde zu dem, was er schrieb. Man musste leidenschaftlich geliebt und leidenschaftlich gehasst haben, um überhaupt etwas zu Papier zu bringen, was leidenschaftlich war: Für Byron kam Literatur aus dem Leben, den Menschen, die man liebte, hasste, betrog und verdarb, und nicht aus der Fantasie. »Ein schlechter Dichter wie der Trottel Bob Southey treibt es mit der Fantasie, ich treibe es mit Frauen und Knaben« – diesen Grundsatz äußerte Byron nicht nur dann, wenn er den Überblick über die genossenen Brandys verloren hatte.

Im Grunde waren ihm Verse ein Gräuel, und die Klingklang-Poesie des königlichen Hofdichters Robert »Bob« Southey konnte Byron nicht hören, ohne sich mit Inbrunst auf den Rasen einer Teegesellschaft zu erbrechen. Als eine Lady Liddell dieser unrühmlichen Berühmtheit im Petersdom über den Weg lief, hielt sie ihrer Tochter die Augen zu, da schon Byrons Anblick zu Erblindung führen mochte – während der Besitzer des Hôtel d'Angleterre in Genf seinen Gästen für ein Heidengeld Teleskope vermietete, damit sie die Orgien Byrons und seiner Entourage in der Villa Diodati über den Genfersee hinweg verfolgen konnten. Dass sie nichts zu sehen bekamen, auch wenn die Vorhänge weit geöffnet waren, einfach weil es nichts zu sehen gab, kümmerte sie nicht: Schon Byrons Name rief in ihnen pikante Bilder wach.

Aber niemand, sagte sich Tom Moore, hatte Byrons Prinzip innersten Verlangens begriffen, das sich hinter seinen – zugestanden oft wüsten – Rollen verbarg: eins zu sein mit dem, was man liebt.

Glaubte man Byron, verspürten Mann und Frau den unüberwindlichen Drang, Abbild des je anderen zu werden. Doch leider betonten Männer ihre Männlichkeit, Frauen ihre Weiblichkeit und erreichten somit die ersehnte Einheit nur in seltenen Augenblicken, die wie Illusionen verflogen. Sie überschritten die von ihnen selbst gesetzten Grenzen nie ganz. Byron wäre gern beides gewesen, Mann und Frau, und geglückt war es ihm lediglich hie und da in den Zeilen jener Gedichte, mit denen er seine Halbschwester Augusta Leigh umwarb: Von Anbeginn des Lebens bis zum Ende, erklärte er ihr darin, seien sie beide untrennbar verbunden, wie Zwillinge, »entwined«.

»We were and are – I am, even as thou art –
Beings who ne'er each other can resign;
It is the same, together or apart,
From life's commencement to its slow decline
We are entwined – let death come slow or fast,
The tie which bound the first endures the last!«
»Wir waren und wir sind – ich bin, und so bist du –
Zwei Wesen, die einander niemals lassen können;
Ganz gleich, ob wir zusammen, ob getrennt,
Vom Lebensanbruch bis zum Niedergang
Sind wir verschlungen – mag der Tod
Nun langsam zu uns kommen oder schnell:
Das erste Band wird auch das Letzte überdauern!«

Zwar schön und ergreifend und tiefempfunden, blieben selbst diese Zeilen Byrons eine Behauptung. Aber nachdem um 1833 die Gesamtausgabe seiner Werke in siebzehn Bänden mitsamt Tom Moores Biografie ihren Weg in das Haus eines literaturvernarrten Vikars in Haworth, Yorkshire, gefunden hatte, machte sich eine der Vikarstöchter, Emily Brontë, ans Werk und erfüllte Byrons Wunsch – und tat es kompromissloser noch, als er es sich je hätte erträumen können.

2

Ein Feind verfehlten Eifers, verzieh Vikar Patrick Brontë seiner Wollarbeitergemeinde alle Sünden vorab und hatte entschieden, dass ganz besonders auch diejenigen des verehrten Lord Byron nur Gott allein etwas angingen.

Nie wäre es ihm in den Sinn gekommen, Werdegang und

Werk des Lords könnten die Seelen seiner Töchter beflecken, und Emily hatte bereits als Elfjährige Byrons Stahlstichporträt aus der Biografie Moores in ihre Tagebuchblätter übertragen. Sie atmete Byrons Zeilen aus den siebzehn Bänden förmlich ein. Oft kam es ihr vor, als hätte sie ihn schon einmal gelesen, so vertraut waren ihr die Stimme, die Gebärden dieses jungen, alten Mannes – und durchsichtig wurden die Jahre, die sie von Byron trennten. Sie unterhielt sich mit ihm und erkannte sich in ihm wieder.

So stieg in ihrer Vorstellung auch das Inselreich Gondal aus den Fluten des Nordpazifiks empor, das auf keiner Landkarte verzeichnet war mit seinen hohen, kahlen Palästen und unterirdischen Verliesen, zwei zerstrittenen Königshäusern, ewigen Bürgerkriegen und verzwickten Intrigen aus Leidenschaft. In Gedichten über Gondal verwandelte Emily Brontë sich selbst und Lord Byron zu einer einzigen Gestalt, die beide Geschlechter in sich vereinte und die damals gängigen Rollenbilder zerschlug: zu Prinzessin Augusta Geraldine, auch benannt nach Byrons Halbschwester Augusta Leigh. Prinzessin Augusta Geraldine war spröde und stolz, weichherzig und willensschwach, drakonisch und böse – je nachdem, wie sich ein etwaiger Verehrer der Schwestern Emilys, Anne und Charlotte, gerade benahm. Unter anderen Namen landeten die Unwürdigen dann in Gondals Gefängnisgrotten und wimmerten um Gnade: ungehört. Doch leider lag Gondal fernab der irdischen Welt, die selbstsüchtige Männer beherrschten.

Auch darum behielt Emily Brontë Gondal für sich. Anders als ihre Schwester Charlotte wäre Emily niemals auf die Idee verfallen, Hofdichter Southey eine Auswahl ihrer Gedichte zu schicken, nur um sich von ihm sagen zu lassen, sie sollte sich auf Stickarbeiten beschränken. Ging es nach Southey, konnten Damen durchaus ansehnliche Gedichte verfassen – doch taten sie es nicht. Im Damenpensionat des Monsieur Héger in Brüssel widersetzte sich Emily Brontë nach Kräften den Anweisungen ihres Lehrers, Schriftsteller zu kopieren, die Héger als Genies anpries, da Emily glaubte, solche Abschreibselei gefährde ihre Originalität. Zu einer Dame machen ließ sie sich nicht; ließ sich nicht abrichten zur Wirtschafterin eines künftigen Gatten, damit der ungestört sein Jagdrevier im Moor leerballern konnte. Wenn jede andere Form von Zweisamkeit für eine Frau wie sie als unschicklich galt, ging sie eben ihren eigenen Weg und gehörte niemandem an. Bis ans Ende ihres Lebens zur Unfügsamkeit entschlossen, kehrte sie aus Brüssel nach Haworth zurück. Sie hätte sich lieber zu Tode gefastet, als künftig auch nur mit einer Zehenspitze die Marmorböden dieser Dressuranstalten zu berühren.

Auch saß sie lediglich der Predigten ihres Vaters wegen in der Kirche, abseits, aufrecht und bewegungslos wie eine Statue. Gott existierte für sie zwar weiter. Doch fiel ihr zu ihm wenig ein. Sollte Gott überhaupt den Gebeten der Menschen lauschen, hörten sie sich für ihn wohl an wie der Wind, der durch das Gefieder eines Falken strich. Sie weigerte sich, in der Sonntagsschule zu unterrichten. Stattdessen übernahm sie die Arbeiten im Haus, bügelte, legte die Wäsche zusammen, schälte Kartoffeln, knetete Teig in der Küche, hielt plötzlich inne dabei und kritzelte neben der Mehlschütte mit Bleistift einen Satz hin, als murmelte jemand Unsichtbarer ihr etwas zu: Sie hatte, hieß es im Städtchen, immer in bestem Einvernehmen mit den Toten gestanden. Auf manche wirkte Emily völlig in sich selbst verstrickt, gespenstergleich fahl, obwohl sie sich noch nie so belebt, noch nie so elektrisiert gefühlt hatte wie jetzt mit siebenundzwanzig Jahren, hochaufgeschossen alle überragend in ihrem mit Wolken und Blitzen gemusterten Kleid, die Augen ein Farbenrätsel aus Blau, Braun, Grau. »Ich wünschte bloß, jeder wäre so unverzagt wie ich.« Sie konnte nicht stillsitzen, wenn sie daran dachte, was sie alles im Schilde führte: gewiss weiter an Gondal bauen – in einem Roman vielleicht?

Eines Tages pfiff sie einen verwahrlosten Hund in den Garten, um ihm Wasser zu geben: Er biss sie wie toll, und sie eilte in die Küche, brannte die Wunde mit einem rotglühenden Eisen aus und versuchte es mit dem irren Herumtreiber ein weiteres Mal. Für die Geschwister verwaltete sie die Eisenbahnanteile, in die sie das von einer Tante geerbte Geld angelegt hatte. War sie für eine Weile mit ihrem Vater allein im Haus, stellte sie eine Zielscheibe am Ende des Gartens auf und ließ sich von ihm das Schießen mit zwei Pistolen beibringen, drückte ab, ging mit den Worten »Lade sie neu, Papa!« in die Küche, rollte Teig aus, kam wieder zurück und traf ins Schwarze. So vergingen die Tage zu zweit, wenn sie nicht für Papa am Piano Händel, Beethoven, Bach spielte oder ihm mit gebührlichem Pathos vortrug, wie Byrons Manfred den Geist seiner toten Geliebten anrief, bis die Wölfe in ihren Höhlen davon erwachten: »Wanderte ich doch über die Erde und fand nie deinesgleichen, oh so sprich doch zu mir, und sei's im Zorn, dies eine Mal, nur einmal noch!«

Emily war für den Vikar der Sohn, der ihr Bruder Branwell nicht sein konnte. Den zerrte Emily spätabends aus dem Pub Black Bull, wo Branwell die Erinnerung an eine unglückliche Affäre in Ozeanen von Gin ertränkte. Doch je hinfälliger dieser Nichtsnutz wurde, desto mehr Verständnis brachte sie für ihn auf. Gemäß ihrer Maxime, wonach alles Leben auch ein Recht auf Leben besaß, schleppte Emily ihn klaglos die schmalen Treppen hinauf ins Bett, wo er bis zu seinem nächsten Besäufnis verblieb. Dort stank es – man konnte die Kammer lüften, so lange man wollte – seltsam süßlich nach Eiter.

Verschuldet und trotz der Entziehungskuren in Liverpool vom Suff fast erblindet, würde Branwell für die Familie nicht aufkommen können. Was war da zu tun? Charlotte plante, im Hinterhaus der Pfarrei ein schlichtes Internat einzurichten, »The Misses Brontë's Establishment«, doch keine Annonce half: Schülerinnen stellten sich nicht ein. In der trübseligen Stimmung des Verfalls, die sich von der Pfarrei aus über ganz Haworth zu breiten schien, stand Emily kurz davor, Augusta Geraldine in die tiefsten Gefängnisgrotten Gondals zu verbannen, als an einem frostigen Tag im Oktober 1845 Charlotte durch einen Treuebruch ein Jüngstes Gericht auf sich herabbeschwor und für sie alle ein neues Leben begann.

3

Dabei fing dieser Tag an wie jeder andere auch. Mit einem drastischen Ritual tadelte Vikar Patrick Brontë allmorgendlich die weniger rühmlichen Seiten Gottes, der ihm ein schweres Los aufgebürdet hatte: Oft noch vor Dämmerung und Hahnenschrei feuerte er vom Fenster seines Schlafzimmers aus eine Kugel auf den Kirchturm ab, über die tausend

Grabsteine des Friedhofs hinweg, die sich in den rostigbraunen Moorkuppen verloren. Der Schuss weckte Wilkinson, Wirt des Black Bull, wo Branwell das väterliche Geld verspielte; weckte Greenwood, der die Familie mit Federn, Tinte, Papier und Kerzen versorgte; weckte Schreiner William, der die Särge für Patricks Frau und zwei seiner Töchter gefertigt hatte. Der Schuss brachte Annes Morgengebet aus dem Konzept und drang kurz sogar in Branwells Opiumträume ein, in denen Korsaren ganz Yorkshire in Schutt und Asche legten. Mittlerweile sah der Kirchturm dermaßen vernarbt aus, als hätte er die Pocken.

Als sich Emily und Anne vormittags zu einem Spaziergang ins Moor aufgemacht hatten, fand Charlotte Emilys Schreibpult mit ihren Gedichten auf dem Esszimmertisch offen vor. Wer sie ohne ihre ausdrückliche Zustimmung las, hatte für Emily Schlimmeres getan, als in einem Aufwasch alle Zehn Gebote zu übertreten. Charlotte zögerte – und war dann sprachlos vor Staunen über die Balladen von Gondal, etwa über die Gefangene im Kerker der Welt, der in Visionen ein Gesandter aus dem Himmel oder der Hölle die Freiheit verhieß. Endlich sah Charlotte eine Ausflucht aus ihrer Not.

Aber als Emily bemerkte, dass irgendwer ihr Schreibpult durchstöbert haben musste, benötigte Charlotte Stunden, um die vor Zorn bebende Schwester zu versöhnen, und dann noch drei Tage, sie davon zu überzeugen, die Gedichte in einem schmalen Band zusammen mit den ihren und Annes unter Pseudonym zu publizieren. Verkauft wurden davon lediglich zwei Exemplare. Diese Schlappe steigerte nur Emilys Entschlossenheit, die ersten Kapitel des Romans resolut in Angriff zu nehmen. Hofreimer Southey hatte in einem Brief an Charlotte die Dichtung als das beste Mittel gelobt, das weibliche Herz tröstend zu erheben. Was für ein Quatsch war denn das? Emily fasste das exakte Gegenteil ins Auge: einen Gewittersturm, der solches Gefasel hinwegfegen würde, ein für alle Mal.

4

Kaum war der Haushalt erledigt, wanderte sie nachmittags mit Schemel und Pult und dem Hund Keeper durch die Hügel und skizzierte Figuren, Schauplätze und Szenen für den Roman an ihrem Lieblingsort Ponden Waters – dort, wo inmitten fünffingriger Farne zwei Flüsse zusammenkamen. Nichts überließ sie bloßer Eingebung, trügerischer Augenblicksinspiration. Die Nachlässigkeit mancher ihrer Kollegen war ihr zuwider. Bis ins nebensächlichste Detail kalkulierte sie ihren Roman voraus. Weil sie den Schauplatz von Gondal nach Yorkshire verlegen wollte, ermittelte sie die Wetterlaunen aller Jahreszeiten in Yorkshire zwischen 1771 und 1802 und legte fest, wie lange man brauchte, um von Wuthering Heights über Blackhorse Marsh und die Kirche des Dörfchens Gimmerton – rechts der High Road entlang – durch den Park hinüber nach Thrushcross Grange zu gelangen: wenn man rannte, wenn man schlenderte oder wenn man sich durch einen Schneesturm kämpfte, worin man den festen Weg zwischen den Sümpfen zur Rechten und zur Linken nicht mehr fand.

Hatte sie die einstündige Abendandacht im Kreis der Familie hinter sich gebracht und die Uhr des Großvaters aufgezogen, deren Ticktock bis auf die Gasse hinaus zu hören war, arbeitete sie am Esszimmertisch weiter und durchlöcherte vor Erregung mit der Federspitze das Papier, wenn ihr schon wieder die vermaledeite Tinte ausging. Um Mitternacht las sie den Schwestern Charlotte und Anne den Ertrag des Tages vor. Wie konnte die unerfahrene Emily, rätselten die zwei, mit so beklemmender Wucht Seligkeit und Qual der Liebe schildern? Andererseits: Brauchte man das Meer gesehen zu haben, um von seiner Schönheit bewegt zu sein? Emily hatte zwar nie geliebt, nie geliebt wie die Schwestern – doch liebte sie jetzt, da sie Cathy und Heathcliff erfand.

5

Cathy und Heathcliff gingen ganz natürlich aus ihr selbst hervor, aus Byron und Gondals Prinzessin Augusta Geraldine. Leicht fiel Emily Brontë die Niederschrift trotzdem nicht: Verfasste ein Mann einen Roman, beurteilte man den Roman; verfasste ihn eine Frau, beurteilte man ihren Charakter. Obgleich sie das geschlechtlich unbestimmbare Pseudonym »Ellis Bell« gewählt hatte, fühlte sie sich von einem Rudel männlicher Kritiker beobachtet, die über sie zu Gericht saßen, und sie würde es ihnen so schwer wie möglich machen. Nicht in chronologischer Reihenfolge und nicht aus einem einzigen Blickwinkel wie Charlottes Jane Eyre würde sie die Geschichte des Romans entwickeln: Er sollte sich aus Tagebuchblättern eines gemütsarmen Städters namens Lockwood zusammenfügen, der sich 1801 in Yorkshire die Erinnerungen der Dienstmagd Nelly Dean notierte, aus Lockwoods Beobachtungen, aus Briefen und

Billetts. Nelly Dean erzählte Lockwood, wie ihr Cathy erzählte hatte, wie … – so ging es, verwegen labyrinthisch, fort.

Diese Komposition hatte ihren Hintersinn. Wie in Emilys Gedichten glich auch im Roman die irdische Welt einem von Mauern und abermals Mauern umringten Verlies, und als Abbild für dieses Verlies ersann Emily Brontë die vertrackte Bauweise des Gehöfts Wuthering Heights. Im Kern nämlich barg das Gehöft ein Haus für sich, worin wiederum eine geräumige Kammer war und darin wieder ein abgeschlossenes Schlafkabinett. Und das Fenster dieses Kabinetts führte nachts bei Sturm ins Geisterreich: 1801 erschien Lockwood darin ein Kind, das seine eiskalte Hand durch das splitternde Glas ins Kabinett streckte, »Lass mich ein, lass mich ein, ich bin wieder daheim, ich war nur vom Weg abgekommen im Moor« – wer war dieses Kind, wen suchte es, und warum wollte es gerade in dieses Schlafkabinett hinein?

6

Noch Jahre nachdem Emily an der Schwindsucht gestorben war, würde sich Charlotte der Stunden entsinnen, in denen sie und Anne überrascht waren von der geradezu heimtückisch komplexen und doch so eingängigen Architektur des Romans und entsetzt über seine kriegerischen, gespenstischen, gottfernen Kreaturen, die in die Welt zu setzen ihnen weder richtig noch ratsam vorkam. Ein wenig bangten sie manchmal um Emilys Verstand, etwa wenn die zwölfjährige Cathy an einer Stelle träumte, sie sei ohne Heathcliff in den Himmel gekommen und so verzweifelt darüber, dass die Engel sie aus dem Himmel warfen – hinab auf Wuthering Heights, wo Cathy schluchzend vor Freude erwachte.

In der Tat nahm sich gegen die wütende Leidenschaft Cathys und Heathcliffs das tragisch schmachtende Schicksal anderer Liebesheroen jener Jahre harmlos aus. Nur dass es eine solche Leidenschaft nun wirklich nicht geben konnte – und wenn es sie gab, nicht geben sollte, weil man doch unweigerlich sich selbst darin verlor. Jedenfalls wünschten die beiden Schwestern diese Leidenschaft nicht für sich. Doch Emily meinte es ernst. Liebe war Liebe nur dann, wenn sich zwei Menschen zu einem Menschen verbanden und, auseinandergerissen, wie Tiere litten und gemeinsam sterben wollten. So brachte »Wuthering Heights« die Schwestern um ihren Schlaf und ließ ihnen bald auch tagsüber keine Ruhe mehr. Ungestraft setzte man sich Emilys Zeilen eben nicht aus – und wollte doch Nacht für Nacht erfahren, wie es weiterging mit Cathy und Heathcliff, diesem unbeherrschten, unbeherrschbaren Paar.

7

Lord Byron verriet die Herkunft seiner Figuren nur selten, und auch Emily beließ diejenige ihres männlichen Helden im Dunkeln. Er sollte aus dem Nirgendwo kommen, sollte undeutlich bleiben, unfassbar. Vielleicht war er – mit seiner dunklen Haut und den schwarzen Augen, zerlumpt und ohne dass man aus seinem fremdländischen Gebrabbel klug werden konnte – das ausgesetzte Kind von Zigeunern, vielleicht einem der Sklavenschiffe entronnen, die in Liverpool vor Anker lagen.

Aus Mitleid brachte der Gutsherr Earnshaw den ausgehungerten Jungen im Sommer 1771 aus Liverpool auf sein Gut Wuthering Heights und taufte ihn »Heathcliff« – nach seinem Erstgeborenen, der ihm noch im Kindesalter weggestorben war. Geduldig ertrug Heathcliff die eifersüchtigen Prügel von Earnshaws Sohn Hindley, weil ihn die Tochter Cathy ins Herz geschlossen hatte so wie er sie, als wären die beiden seit jeher vertraut miteinander und nur vorübergehend getrennt gewesen. Heathcliff folgte ihr überallhin, und Cathy hätte sich lieber von Hindley totschlagen lassen, als Heathcliff fern zu sein. Sechs Jahre lang zogen sie oft den ganzen Tag durch die Moore und abends zurück nach Wuthering Heights und an der Kirche Gimmertons vorbei über den Friedhof, auf dem sie zum Spaß die Toten aus ihren Gräbern riefen.

Wie Geschwister schliefen sie in demselben Bett des eichengetäfelten Schlafkabinetts – bis Hindley nach Earnshaws Tod Herr auf Wuthering Heights wurde, die beiden trennte, Heathcliff zum Knecht erniedrigte und ihm den Unterricht beim Pfarrer von Gimmerton verbot. Eine Weile lernte Heathcliff noch bei Cathy mit; dann fiel er hinter sie zurück. Die Feldarbeit von morgens bis abends trieb Heathcliff die angeborene Neugier und Liebe zu den Büchern bald gänzlich aus. Sprach die Magd Nelly Dean ihn an, blickte Heathcliff nur flüchtig auf, mit den Augen eines geprügelten Hundes. Wie hätte er in seiner Verwahrlosung auf die sanfte Überheblichkeit Edgar Lintons vorbereitet sein können, der sich plötzlich in sein Leben mit Cathy drängte?

Denn oft rissen Cathy und Heathcliff aus und schlichen sich einmal auch durch den Park auf das Anwesen Thrushcross Grange, in dem die Lintons residierten, als wäre es ihr Windsor Castle. Kichernd schauten sie den Linton-Kindern Edgar und Isabella beim Spielen zu im Kerzenschimmer des Salons. Als die Bulldogge der Lintons die beiden angriff und Cathy am Knöchel verletzte, blieb sie mit Hindleys Zustimmung in Thrushcross Grange. Heathcliff jagte man fort.

Nach fünf Wochen war ihr Knöchel verheilt, und mit einem Hut aus Biberfell auf dem Kopf und im langen Tuchmantel, darunter ein schimmerndes Seidenkleid, ritt Cathy zu Weihnachten 1777 in den Hof von Wuthering Heights ein und stieg von ihrem hübschen Pony und war zu einer Lady gediehen, als hätte sie in jenen Wochen eine Modefee berührt. »Ist Heathcliff nicht da?«, erkundigte sie sich augenblicklich.

Hindley rief ihn herbei und weidete sich daran, dass Cathy ihn kaum erkannte. Sie klammerte ihre vom Nichtstun weißen Finger in die seinen, die schwarz waren – besorgt um ihr Kleid.

»Wie schmutzig du bist.«

»Du hättest mich ja nicht anzufassen brauchen«, schmollte er und zog seine Hand zurück.

Die Besuche Edgar Lintons häuften sich, und Heathcliff trug seinen Schmerz einsam ins Moor hinaus. Wer war er, ohne Cathy? Zufällig hörte er mit an, wie Cathy sich Nelly Dean anvertraute: Edgar Linton zu heiraten, sagte sie, entspreche ihrer Natur so wenig, wie im Himmel zu sein; doch eine Ehe mit Heathcliff wäre jetzt ein Abstieg für sie. Mehr wollte Heathcliff erst gar nicht wissen: Er machte sich auf und davon. Und so erfuhr er nie, dass Cathy beteuerte, nichts werde sie je von Heathcliff trennen, ebenso gut könnte man versuchen, mit bloßen Händen eine Eiche zu spalten – und dass sie Edgar Linton ihr Jawort nur gegeben hatte, um Heathcliff aufzuhelfen und ihn aus der Gewalt Hindleys zu befreien.

Im März 1783 führte Hindley seine Schwester in Gimmerton zum Altar, und sie zog als neue Herrin in Thrushcross Grange ein. Hindley muss stolz – und ausnahmsweise mal nüchtern – in der vordersten Reihe der Kirchenbank gehockt haben: Dank der Vermählung mit Edgar Linton hatte Cathy der Familie Earnshaw wieder zu Ansehen verholfen.

An einem milden Septemberabend drei Jahre später aber lehnte Heathcliff, elegant gekleidet, gepflegt und selbstbewusst, am Türpfosten von Thrushcross Grange. Eben noch hatte Edgar Linton mit seiner schwangeren Frau Cathy friedlich beim Fenster im Salon gesessen, als er vor Eifersucht erbleichte: Musste Cathy diesen Bauerntrampel begrüßen, als wäre er ihr leiblicher Bruder?

Im Salon von Thrushcross Grange setzte sich Heathcliff Cathy gegenüber, Edgar verschüttete vor Angst und Erregung seinen Tee; Cathy konnte ihren Blick nicht von Heathcliff lassen, als fürchtete sie, er würde verschwinden, sobald sie die Augen von ihm wandte. Noch waren sie beide allzu tief versunken in ihre Freude aneinander, um sich der Ausweglosigkeit ihrer Lage bewusst zu sein. Bald aber wünschte sich Cathy in ihren Fieberdelirien zurück in die Kindheit, zurück in die Haut der Zwölfjährigen, halbverwildert, unverwüstlich; schwor, Heathcliff die Seele zu entreißen und sie mit sich ins Jenseits zu nehmen, ihm keine Ruhe zu geben, bis er im Grab bei ihr lag, verschied bei der

Geburt ihrer Tochter wie ein Kind, das in Schlaf fällt, und suchte von da an als Gespenst in Gestalt eines Kindes die Moore heim, »Lass mich ein, lass mich ein, ich bin wieder daheim, ich war nur vom Weg abgekommen im Moor«.

8

Der Rest von Emilys Romanmanuskript wirkte auf die Schwestern Charlotte und Anne wie eine böswillige Halluzination, worin Diesseits und Jenseits verstörend ineinandergerieten. Er glich dem heulenden Gewittersturm, der nach Heathcliffs Verschwinden von Wuthering Heights mit solcher Wut herniedergerast war, dass er einen Baum gefällt und einen Teil des Dachs zertrümmert hatte.

Denn kaum zurückgekehrt, stürzte Heathcliff die Earnshaws und Lintons in einen Alptraum der Vergeltung. Seinen einstigen Peiniger Hindley Earnshaw, der längst dem Gin verfallen war, trieb Heathcliff durch dessen Spielsucht in den Ruin. Spielend bemächtigte er sich damit auch Wuthering Heights' und brachte nach dem Tod Edgar Lintons Thrushcross Grange und Edgar Lintons Schwester Isabella in seinen Besitz, die ihn schwärmerisch mit einem Romanhelden verwechselt hatte (nach der Art Werthers, höhnte Heathcliff). Erst als er sechzehn Jahre später in Hindleys Sohn und Cathys Tochter sich und seine tote Geliebte Cathy wiedererkannte, ging angesichts dieses abermals unbezwingbaren Paars seiner Rachgier der Atem aus. Nur noch zur Hälfte ein Mensch, von Hunger geschwächt und erschöpft von Einsamkeit, Trauer und Groll, starb Heathcliff regendurchnässt bei offenem Fenster in jenem

Schlafkabinett, worin Lockwood das Gespenst der zwölfjährigen Cathy erschienen war.

Fragte man das Landvolk, schworen sie auf ihre Bibeln, dass sie zwei Seelen über die Moore streichen sahen; selbst die furchtlose Nelly Dean wagte sich bei Dunkelheit ungern hinaus; und wenn sie alle sich nicht täuschten, würde Cathy Heathcliff nun jene Sätze sagen können, die Heathcliff vor seinem Verschwinden damals nicht mehr vernommen hatte, Sätze, die über jede Liebeserklärung weit hinausgingen und die Lord Byron, wo immer er sein mochte, in Himmel oder Hölle, mit großem Glück erfüllten.

9

»Alle meine großen Nöte sind auch Heathcliffs Nöte gewesen, und ich empfand und beobachtete jede von Anfang an – mein ganzes Sinnen und Trachten im Leben war *er*. Wenn alles sonst verginge und nur er bliebe, dürfte auch ich weiter sein, und wenn alles andere bliebe und nur er vernichtet würde, müsste das ganze Universum sich für mich zu einem ungeheuer Fremden wandeln, von dem ich kein Teil mehr wäre. Meine Liebe zu Linton ist wie das Laub auf den Bäumen. Die Zeit wird sie verändern, das weiß ich wohl, wie der Winter den Wald. Meine Liebe zu Heathcliff gemahnt an die ewigen Felsen darunter – nicht sonderlich schön anzuschauen, aber unverrückbar. Nelly, ich *bin* Heathcliff – er ist immer, immer in meinem Sinn – nicht zum Vergnügen, ebenso wenig, wie ich mir selbst zum Vergnügen da bin, sondern als mein eigenes Sein.«

KAPITEL VIII

DER REGENBOGEN IM BADEZIMMER

John Updike, Ruth Leonard und Harry »Rabbit« Angstrom

I

Herbst 2008. – Der Drehstuhl quietschte gequält, als der Arzt sich umwandte und, nach einer flüchtigen Fachsimpelei über den idealen Abschlag beim Golf, seinem prominenten Patienten das Röntgenbild an der Lichttafel vorführte. Er ließ seinen blitzenden Zeigestock über dieser Schneewüste kreisen, als wären Arzt und Patient zwei Staatsmänner, die Grönland dort an der Tafel endgültig untereinander aufteilen sollten. Patient und Golfkumpan John Updike verbarg seine Furcht hinter einem fügsamen Lächeln.

Nun hatte der Tod also doch eine Pforte in seinen Körper gefunden. Gemütlich richtete sich dieser unverwüstliche Widersacher unter dem Namen »Pneumonie« in seinen Bronchien ein. »Sich nicht überanstrengen, sich nur nicht überanstrengen«, murmelte der Doktor und kramte Antibiotika aus seinem Schränkchen. Aber Updikes medizinisches Nachschlagewerk zu Hause in Haven Hill gab ihm altmodisch zurückhaltend Bescheid, dass die Pneumonie »nicht ganz ungefährlich« sei »bei sehr alten Menschen (über siebenundfünfzig) und bei Kindern (unter zwei)«. Er ahnte, dass dieser Eindringling, der sich in seiner Brust breitmachte, sadistische Spiele im Sinn hatte, intravenöse Therapien, brennende Portkatheter, Übelkeit und Haarausfall, bis er am Ende dazu gezwungen wäre, einen Frieden mit der Vergeblichkeit auszuhandeln. Man könne, hatte Hemingway geschrieben, einen Menschen zerstören, besiegen jedoch nicht. Schriftstellersprüche, hohle Maximen: Bald darauf hatte sich Hemingway mit einer doppelläufigen Flinte den Kopf weggeschossen.

Updike blickte auf die Uhr, die Martha, Geliebte, Freundin, Ehefrau seit dreißig Jahren, ihm geschenkt hatte, mit einer Batterie, die mindestens ein Jahrzehnt zu halten versprach und demnach noch ticken würde, während seine Knochen im Sarg gleichmütig zerfielen. In Kürze musste Martha von ihren Besorgungen zurück sein: Nur wenn sie bei ihm war, war er nicht mehr nur er, sondern sie beide und weniger hilflos und winzig.

Haven Hill, ihr weißes, weitläufiges Haus in Beverley Farms, Massachusetts, verwandelte sich für ihn mehr und mehr zum Käfig, in dem er an diesen letzten Oktobertagen 2008 von Fenster zu Fenster irrte. Er empfand sich nicht mehr als der öffentliche, der marktgängige »John Updike«, fotogen weißhaarig, groß, hager, beherrscht wie vor wenigen Wochen während der Lesetour für seinen vierundzwanzigsten Roman, »Die Witwen von Eastwick«. Auch wenn er sich zwischen den Interviews ausruhen musste, war es ihm immer geglückt, mit ironisch erhobener Braue und einem listigen Blick aus seinen schildkrötengrünen Augen jede noch so dümmliche Frage mit einer schnittigen Gegenfrage wie ungeschehen zu machen. Jetzt aber piepste sein Brustkorb wie eines dieser Schmuseschweinchen aus Plüsch.

Er räusperte sich. Der Schleim in der Kehle ließ sich

nicht weghusten, animalische Angst ballte sich in seinem Innern. Er öffnete ein Fenster. Auf dem Meer war jeder Laut erloschen, ein Kranich strich, seine Beute im Schnabel, dicht darüber hin. »Mach dir«, hatte ihm sein Arzt im Mass General Hospital zugezwinkert, »keine unnötigen Sorgen«, doch Updike fragte sich, wie man mit siebenundsechzig Jahren nicht unablässig über den Tod sinnieren sollte?

Andererseits hatte er, seit er überhaupt denken konnte, an den Tod gedacht und sich mit dem Gedanken beruhigt, dass ein Gott, der so viel Liebe und Kunstfertigkeit auf die Flügel eines Schmetterlings verwendete, sich nicht damit abfinden würde, John Updike mit dem Tod einfach verschwinden zu lassen. Um sich diesen Gedanken zu erhalten, tauchte er jeden Sonntag im Licht eines Kirchenschiffs unter und skizzierte – bei langwierigen Predigten – Szenen und Dialoge für seine Romane auf den letzten Seiten im Gesangbuch, trennte sie im Orgelgedröhn am Schluss der Messe sorgfältig heraus und zerknüllte sie in der rechten Tasche seines Jacketts. Über die Woche drängten wieder Zweifel auf ihn ein, und mitunter kam es ihm dann so vor, als wäre er der Einzige auf Erden, der sich dem fundamentalen Grauen des Menschseins stellte.

Also: Wenn weder Gott existierte noch ein Jenseits, war er im Tod ausgelöscht, wie nie dagewesen, getilgt. Er würde nichts mehr schmecken, hören, riechen, sehen, berühren und lieben, nicht einmal mehr »John, du bist jetzt tot« zu sich sagen können. Und dieses Grauen vor einer Narkose, aus der vielleicht kein Mensch erwachte, verdarb ihm seine Träume, die vormals die schönsten Ejakulationen mit sich gebracht hatten.

Updike weigerte sich, an diesen finalen Tod zu glauben, weil ihm das Leben zu kostbar war, und die Hoffnung auf ein Leben danach entsprang keiner Selbstsucht, sondern der sinnlichen Leidenschaft zur Welt. Man konnte sie in einer Umarmung erfahren, bei der man ein donnernder Herzschlag war, der sich tief in der Geliebten verlor; beim ersten Zug aus der ersten Zigarette, der die Nerven derart erbeben ließ, dass sich der Gehsteig einem entgegenhob; oder in jenem kleinen Regenbogen, der im Verlauf eines Frühlingstages an den Wänden im Badezimmer entlanggeisterte, wenn sich die Strahlen der Sonne in wechselndem Winkel in der facettierten Rahmung des Schrankspiegels brachen.

Aus dieser Leidenschaft heraus hatte Updike seine Leser nie zur Ruhe kommen lassen und sie daran hindern wollen, ihr Dasein zu vertun. Er zwang sie, das Grauen zu fühlen und die herrliche Tatsache, jetzt, gerade jetzt – und gerade jetzt noch – am Leben zu sein. Für einige seiner Kritiker pflegte er einen ausgesprochen anstößig bemühten, überfrachtet dekorativen Stil. Schilderte er einen glücklichen Menschen nach dem Liebesakt, stand da nicht: »Er war glücklich.« Bei Updike war jenem Menschen stattdessen zumute, »als verzehre ein glühender Tumor ewigen Lebens die Zellen seiner Sterblichkeit«. So bekehrte Updike den Tod zum Leben, so überschrieb er das große Nein, das dem Tod zu allem einfiel, was atmete, mit einem noch größeren Ja. In seiner Verachtung für alles Maßvolle, Nette, Manierliche griff er seinen Lesern in Herz, Seele, Eingeweide, mit unumwundenen Liebesszenen, drastisch detailliert. Er malte ihnen aus, wie es den Tod bereits im Leben gab: als ein Leben ohne die große Liebe, ohne Vertrauen,

Geborgenheit, Überschwang und körperliches Begehren. Und für Updike zeigte sich das wahre Gesicht der Liebe nicht erst, wenn das Begehren geschwunden war.

Martha war noch immer nicht da, doch wurde es höchste Zeit, sich an die Arbeit zu machen: Er schluckte zwei der verordneten Tabletten und brachte wie jeden Vormittag mit einem Glas lauwarmen Wassers einen Toast auf die Welt aus. Dann nahm er die Treppen zum zweiten Stock hinauf in Angriff und bestaunte von dort das rostige Herbstgold der Ahornbäume und die Eichelhäher, die offenbar mit ihm ausharrten und im Buschwerk unten am Strand herumflitzten, anstatt vor dem nahenden Winter zu flüchten. Bewundernswert kraftvoll hoben sich die Kiefern gegen den übelgelaunten Himmel ab, und da gab es noch diesen zerzausten kleinen grauen Vogel, der auf dem Fenstersims des Arbeitszimmers mit seinem panischen Fiedergeflatter den Aufruhr teilte, der ihn selbst erfasst hatte. Ein alter Ehrgeiz kitzelte ihn wach. Mit guten Gedichten hatte er seine Karriere begonnen, mit seinen besten sollte sie enden, die seine letzten Jahre wie in Lichtpunkten festhielten.

»Einen Band noch« hatte er Martha versprochen, und dies gehörte zu den vielen Vorteilen, die man als Schriftsteller genoss: Von Buch zu Buch führte man ein zweites Leben, ein eigentliches Leben nebenher, schrieb an einer Parallelwelt und sich selber sogar seinen eigenen Schluss. Jeder Mensch bedauerte es irgendwann, nicht noch ein anderes Leben führen zu können, würde gern all die ungelebten Möglichkeiten durchleben. Deshalb war im Grunde jede Biografie ein aussichtsloses Unterfangen: Ein Schriftsteller umfasste, falls er etwas taugte, zu viele Menschen auf einmal.

2

Wenn er früher zum Arzt gegangen wäre – hätte er sein letztes Wort nicht noch um ein paar Jährchen hinauszögern können? Bereits ein Jahr zuvor nämlich, um Weihnachten 2007 herum, hatte Updike beim Kickball mit den Enkeln eine Atemnot von wahrhaft elementarer Bedrohlichkeit überfallen. Je heftiger er versuchte, Luft zu holen, desto enger schienen Brustbein und Rückgrat zusammenzurücken, als wollten sie ihn ersticken. Dabei fühlte er sich jäh an jene bösen Monate erinnert, als sich genau diese Atemnot zum ersten Mal über ihn hergemacht hatte, zur Zeit der Niederschrift seines Romans »Rabbit, Run«. Er hatte den Roman auch dieser Atemnot wegen geschrieben. Und gegen sie.

1959 war es gewesen, als er sich in seiner ersten Ehe, mit Mary und den drei Kindern, mehr und mehr eingesperrt sah und den Ausweg nur in diesem Roman zu finden glaubte. Er flüchtete sich in seinen Helden Harry »Rabbit« Angstrom geradezu hinein, während er in einem kleinen Eckzimmer saß, an einem Army-Klapptisch aus grünlackiertem Stahl. Die Sätze kamen nicht auf Zehenspitzen daher, sondern stürmten auf ihn ein. Der Bleistift flog über das Papier. Seine Füße wetzten vor Angriffslust und Erregung den Kiefernboden kahl.

Hätte er damals im Küstenstädtchen Ipswich mit Mary, den Kindern und den Freunden gleichen Alters nicht zufrieden sein müssen? Seine Generation war aus einer kärglichen Kindheit in die Unbeschwertheit der Nachkriegszeit hineingeglitten und besaß bald ein Schwimmbecken im Garten, ein Golfschlägerset aus Ebenholz, ein Zweitauto und den neuesten Kühlschrank und Terrassengrill.

Die Runde, die sich in dieser Vorstadtwelt Bostons um die Updikes scharte, bestand aus Börsenmaklern und Zahnärzten, Ingenieuren und Innenarchitekten, aber hauptberuflich mixten sie Spätnachmittagscocktails und spielten Golf. Es kümmerte sie nicht, wenn irgendeine Schwarze in Alabama sich weigerte, ihren Sitzplatz im Bus für einen weißen Fahrgast zu räumen, oder wenn Senator John F. Kennedy im Fernsehen bekundete, dieser fuchtige Rauschebart Fidel Castro gefährde den Weltfrieden weit mehr als Nikita Chruschtschow. Um etliches beunruhigender war da, wie Elvis Presley in der »Ed Sullivan Show« sonntagabends um acht vor der ganzen Familie sein Becken schwang, als litte er unter Tollwut und wollte ganz Amerika damit infizieren. Doch der grundanständige Ed Sullivan gab Elvis seinen Segen. Die Nation atmete auf.

»Was auch immer du tust, du bist in Ordnung« lautete das Motto jener Jahre niedriger Steuern und selbsterworbenen Glücks. Hugh Hefner riet in seinem »Playboy«, sich sattzuleben, und die Filterspitze an den Marlboro-Zigaretten schützte vor Lungenkrebs. Ganze Vormittage brachte Updike damit zu, die Wände mit den halbabstrakten Gemälden seiner Frau zu verhängen, Bücherregale aus Fichtenholz zusammenzuklopfen, fürs Mittagessen im Gezeitenschlamm nach Muscheln zu suchen und seine Schuppenflechte in Schach zu halten, indem er seine Haut in den heißen Dünenkuhlen von der Aprilsonne versengen ließ. Den Roman eines Konkurrenten und ein Transistorradio neben sich, beäugte er mit Kennerblick die Pracht vorbeiflanierender Damen am Strand.

Doch Zufriedenheit hieß Stillstand, und ein quälendes Gefühl des Ungenügens nistete sich in seiner Ehe ein, bis er sich eine Scheidung wie eine Hochzeit herbeisehnte: Gattin Mary bekam das Haus zugesprochen, und er feierte Flitterwochen mit sich selber, in der seligen Einsamkeit eines Bostoner Apartments.

An einem ihrer Urlaubstage in der Karibik schnappte sich Mary einen Band Proust, sein Heiligtum, überflog ihn und ließ als einzigen Kommentar hässliche Fettkreise von ihrem Sonnenöl auf den Seiten zurück. Winzige Miseren schossen zu Ehekatastrophen aus: Sie schnarchte, er redete im Schlaf. Es brachte ihn zur Verzweiflung, wenn Mary meinte, er könnte sich aus eigener Willenskraft seiner Erstickungsanfälle entledigen: Er musste doch wissen, argumentierte sie sachkundig, dass es nur seine grundlose Angst vor einem Erstickungsanfall war, die seiner Lunge den Sauerstoff verweigerte. Warum er diese Angst überhaupt zuließ, sah Mary nicht ein – und sie konnte es auch nicht, da sie ja die Ursache seiner panischen Verkrampfungen war.

Manchmal erschien sie ihm lediglich als eine seiner Figuren reizvoll. Die Welt um ihn her beutete er derart skrupellos aus, dass in seinem Werk oft nur noch die Namen von der Wirklichkeit abwichen. Updike sah im Supermarkt ein paar Mädchen im Badeanzug braungebrannt Lebensmittel einkaufen oder fuhr seine Tochter zum Klavierunterricht – und machte im Handumdrehen bestens bezahlte Geschichten daraus. Doch mit Rabbit Angstrom ging er aufs Ganze, ohne ans Geldverdienen zu denken, und schuf sich ein zweites Ich.

Rabbit Angstrom war, was aus Updike vielleicht geworden wäre, wenn er nicht in Harvard studiert und nach dem College kühn beschlossen hätte, jedes Jahr mindestens ein Buch zu publizieren. Rabbit war etwas jünger als er, athletischer, vitaler, wilder, empfindsamer und religiös aus purer Intuition: ein Jedermann, der – wie jeder – keiner war. Updike variierte sein Dasein um. Was wäre, fragte er sich, wenn er aus seiner lieblosen Ehe ausbrechen würde, um mit einer anderen Frau zusammenzuleben – und wäre es nur für wenige Monate, die in der Erinnerung später ein schillerndes Ganzes bildeten wie ein unauslöschlicher Regenbogen? Dann hätte man wenigstens gelebt, und es würde einem womöglich weniger ausmachen, einmal sterben zu müssen.

3

Harry »Rabbit« Angstrom – dieser Name hatte unter den Sportfans der Kleinstadt Brewer, Pennsylvania, 1959 längst keinen magischen Klang mehr. Den Spitznamen »Rabbit« verdankte Harry Angstrom teils einem nervösen, kaninchenhaften Zucken unter seiner kurz geratenen Nase, wenn er sich eine Zigarette zwischen die Lippen steckte, teils seiner hakenschlagenden Behändigkeit beim Basketball. Jeder, der ihm beim Spiel zusah, war angesteckt von der Begeisterung für die Perfektion, die in seinen gelassenen, fast zärtlichen Bewegungen lag; und gegen Schluss eines Spiels rannte er gar nicht mehr um des Sieges willen, sondern für sich, und es glückten ihm Würfe, als ließe er Kiesel in einen Brunnen fallen.

So hatte Rabbit Angstrom 1950 an der Highschool den County-Rekord aufgestellt, ihn 1951 selbst gebrochen, war dann aber für zwei Jahre in die Army nach Texas eingerückt, während ein neuer König der Korbschützen seinen Rekord überbot, und nun führte er in billigen Kaufhäusern alltagsmüden Hausfrauen einen Zaubergemüseschäler vor, den »MagiPeel«, der angeblich alle Vitamine bewahrte. Angstrom ging seiner Arbeit wie seiner Ehe nach: erfüllt von trauriger Hartnäckigkeit. Mit seinen erst sechsundzwanzig Jahren glaubte er, dass er bereits ein alter Mann sei und kaum noch zu irgendetwas tauge.

Am Abend seiner ersten Flucht Ende März 1959 fand er seine schwangere Frau Janice wieder einmal angetrunken auf dem Sofa vor dem Fernsehapparat, mit ihrem dünnen Haar, die Augen gerötet vom Glotzen. Man konnte die lädierte Tür des Kleiderschranks im Wohnzimmer nur zur Hälfte öffnen, weil dieser Quasselkasten davorstand. Der ewige Wirrwarr in der engen Wohnung beleidigte Rabbits Sinn für Ordnung, Schönheit, Ebenmaß: Er fühlte sich umzingelt von den Staubflocken unter den Heizkörpern, dem kaputten Spielzeug seines kleinen Sohnes, dem abgetrennten Bein eines Stofftiers, den rutschenden Stapeln ungelesener, schlapper Zeitungen, leeren Whiskygläsern und dem überquellenden Aschenbecher, dem vielleicht gerade in den Sinn kam, er könnte sich eigentlich auch von der schmalen Sessellehne auf den Teppich hinabstürzen.

Zwar beteuerte Rabbit Janice, wenn sie ihn danach fragte, weiterhin seine Liebe mit den berühmtesten drei Wörtchen der Welt – aber aus Mitleid und weil er sich vor ihr fürchtete, wenn sie betrunken war, verwirrt und verworren, fragil und unberechenbar. Er musste hier raus. Seine Pflicht war es, zu leben – und nicht, lebendig begraben zu sein. Er sehnte sich nach dem Meer in Florida, Salzwasserdunst, dem Sand, in dem er sich nach einer Fahrt durch die amerikanische Nacht ausstrecken konnte, um einfach den Tag durchzuschlafen unter der gewaltigen Sonne am Golf von

Mexiko. Deswegen holte er seinen Sohn Nelson auch nicht bei den Schwiegereltern ab, sondern machte sich aus dem Staub, ohne sich zunächst bewusst zu sein, dass er sich aus dem Staub machte. Bis zu diesem Augenblick hatte er nie daran gedacht, Janice zu verlassen. Es war, wenn es überhaupt eine Entscheidung war, keine reife Entscheidung. Doch reif zu sein bedeutete für ihn ohnehin dasselbe, wie tot zu sein.

Schwerelos fegte er in seinem rostigen Ford südwärts, immer weiter und weiter die Landkarte hinab, durch Philadelphia hindurch und endlose Wälder, bis er sich im Straßennetz von West Virginia vor der Grenze zu Maryland verfing und mit ausgebrannten, tränenden Augen umkehren musste, in den dumpfen Samstagmorgen der Industriewüste von Brewer zurück. Er parkte am Straßenrand; verkroch sich in seinem verriegelten Auto und meinte, im brummelnden Erwachen der Stadt das Rauschen des Meeres zu hören. Am Abend desselben Tages begegnete er in einem chinesischen Restaurant Ruth Leonard. Und seine zweite Flucht begann.

»Warum magst du mich?«, würde er sie am nächsten Morgen fragen.

»Weil du größer bist als ich.«

»Gibt es noch einen anderen Grund, warum du mich magst?«

»Weil du nicht aufgegeben hast. Weil du auf deine dumme Art immer noch kämpfst.«

Das stimmte. Er war Janice los und hatte sich Ruth erobert in den wenigen Stunden ihrer ersten Nacht.

Ruth Leonard hatte schweres dunkelrotes Haar: eine üppige Person und gutmütig, die Rabbit auch in ihrer Derbheit auf Anhieb gefiel, und wenn er ihren Namen in den Mund nahm, war es, als berührte er sie bereits, kühle, neue Haut, die sich in der ersten Nacht in ihrer Wohnung in der Summer Street Nummer 326 begierig an ihn schmiegte. Plötzlich sprangen ihre Schenkel auf und umklammerten ihn und weiteten sich wieder, dass er erschrak und meinte, sie wollte für ihn ihr Innerstes nach außen kehren: Er glaubte, in ihr Herz zu sehen, und bei jedem seiner Schauer lächelte ihr Mund in dem seinen. Am nächsten Morgen, Palmsonntag, strömten die Frommen in die Kalksteinkirche gegenüber mit der violett, rot, blau, golden ausgeleuchteten Fensterrose, und Rabbit betete still für Ruth, Janice, Nelson, bat Gott um Vergebung und senkte dabei unmerklich den Kopf.

Am Nachmittag blickten sie gemeinsam vom Mount Judge auf die Puppenhausreihen der Stadt hinab und auf die blumentopfroten Gebäudeklumpen, und er fühlte in der wehenden Stille, dass jetzt, gerade jetzt dort unten irgendwer starb. Und er sah, wie sich dessen Seele im sinkenden Sonnenlicht aus der Erdenschwere löste und sich erhob, hier herauf- und höherstieg in dieses Blau, das so ungetrübt blau war wie Ruths Augen in ihrer ersten Nacht. Jetzt konnte er sich die Welt ohne sie darin nicht mehr denken. Fest drückte Rabbit sie an sich.

Die Ahnung, aufgehoben zu sein und geborgen, versuchte er am folgenden Dienstag dem eifernden Reverend Eccles beim Golfspiel zu erklären. In seiner Ehe mit Janice hatte ihm etwas gefehlt, so wie einem Menschen Gott fehlen konnte. Sollte man es Liebe nennen, was ihm gefehlt hatte? Wie sah Liebe aus? Gab es sie überhaupt, oder war sie lediglich ein Tarnname für die Rührigkeit unserer Genitalien? Niemand vermochte Gott zu beschreiben – doch die

Empfindung, dass er fehlte, wurde man nicht los. War es mit der Liebe nicht genauso? Eccles entgegnete ihm barsch, ein wahrer Christ halte nicht nach Regenbögen Ausschau. »Ich verstehe nichts von diesem theologischen Kram« – Rabbit wies unbestimmt in die Landschaft hinaus –, »doch bin ich mir sicher, dass irgendwo hinter allem hier etwas ist, das darauf wartet, von mir entdeckt zu werden.« Als ihm Eccles Selbstsucht vorwarf und die Befriedigung seiner niedrigsten Triebe, wurde Rabbit das Spiel plötzlich egal. Mit weichen Knien stand er vor dem Golftee, schlug mit einem Schwung, ohne sich anzustrengen, mühelos durch den Ball hindurch, der eine perfekte Bahn beschrieb, so gerade wie die Kante eines Lineals. »Und genau das ist es!«, schrie er und drehte sich mit einem Lächeln zu Eccles um: »Das ist es.« Die überirdische Schwerelosigkeit – es gab sie also doch.

Die ganze Welt schien ihn zu lieben in jenen Wochen mit Ruth. Sie gehörte zu ihm, »süße Ruth«, wie er sie oft nannte. Und während Ruth sich im Schwimmbad neben ihm der Sonne hingab, dachte sie, dass Rabbit für sie der Mann war, nach dem sie sich immer gesehnt hatte, trotz seiner Eifersucht auf die oberflächlichen, dreckigen Spaßvögel, von denen sie sich hatte aushalten lassen vor seiner Zeit. Sie waren nicht so sanft gewesen wie er, der sie als Mensch sah und nicht lediglich als Frau: Von einem Tag zum nächsten zerflossen die anderen in Rabbits Schatten zu nichts, bis sie ihnen allen ihre Grobheiten verziehen hatte. Sie nahm ihren Job als Stenotypistin bei einer Versicherungsgesellschaft wieder auf, und er zog bei ihr ein. Sie wollte ihn jede Minute bei sich haben.

Im Mai arbeitete er morgens mit noch schlafverkrustenen Augen im Taugespinst des Gartens von Mrs. Smith, stutzte Hecken, Zweige, säte Samen von Mohn, Wicken, Petunien aus und fühlte sich ein bisschen wie im Paradies, in den ersten Tagen nach der Schöpfung der Welt, so als hätte er alle Lebensrätsel gelöst. In den letzten Maitagen brachen, zur Krönung seiner Mühen, die Blüten der Rhododendren auf.

4

Der biblische Adam wäre, sagte John Updike einmal, ohne den Sündenfall im Paradies ein Schimpanse geblieben: Wer einfach nur ist, eins mit seinem Schöpfer und mit sich im Reinen, hat keine Bedeutung und sucht auch nicht nach ihr.

So zerbarst im Sommer 1959 nach drei Monaten das Paradies in der Summer Street. Reverend Eccles rief Rabbit frühmorgens an und vermeldete blechern, Janice liege in den Wehen, und Rabbit begann zu zittern. »Meine Frau kriegt das Kind«, sagte er zu Ruth, die sich unter der Bettdecke nicht rührte, »ich glaube, ich sollte bei ihr sein, bis es vorbei ist, in ein paar Stunden bin ich wieder da, ich liebe dich«, und ging. Musste er zu Janice zurück? Irgendwie mochte er das dumme Ding ja doch. Und so kehrte er in sein Gefängnis heim.

Doch dann widerfuhr Janice das Schlimmste, was einer Mutter auf dieser Welt je widerfahren kann. Nach mehreren Gläsern Whisky ließ sie Wasser in die Wanne einlaufen, um darin die neugeborene Rebecca zu baden. Was danach geschah, konnte sie später niemandem erzählen. Sie würde sich erst gar nicht daran erinnern. Man gab Rabbit die Schuld am Tod der kleinen Rebecca: Wäre er nicht im

Streit davongelaufen, wieder einmal, hätte Janice ihre trostlose Einsamkeit nicht im Whisky ersäufen müssen, und das Baby wäre ihr nicht entglitten und im Badewasser versunken wie ein Stein.

Gab es überhaupt einen Schuldigen? Allerdings taugte Rabbit auch in seinen eigenen Augen nun zu gar nichts mehr, und er floh zurück zu Ruth, weg von der Begräbnisfeier seiner Tochter, durch Parks und Wälder, die nur ein böser Gott geschaffen haben konnte oder keiner. Ruth in der Summer Street nannte ihn einen Feigling: Er habe sich nie in sie hineinversetzt und so auch nicht bemerkt, dass sie von ihm schwanger sei. Sie zwang ihn zu wählen, mit Tränen im Kopf und zitterndem Kinn, »Du trennst dich von deiner Frau oder du kannst mich vergessen«, und Rabbit sah Scheidungsanwälte vor sich, Schlachten ums Sorgerecht, Unterhaltszahlungen, die er nicht begleichen konnte, was war nur zu tun? Alles wurde so unwirklich, und es war keine Entschlusskraft, die ihn sagen ließ: »Ich bin gleich wieder zurück.« Er rannte, von Panik beflügelt, um sein Leben ins Ungewisse, außer Reichweite allen Übels. Er gab sich geschlagen: Nie würde er es irgendwem recht machen können.

Es war Rabbit Angstroms fünfte und letzte Flucht.

5

Kaum war »Rabbit, Run« 1960 in Druck gegeben, fühlte sich Updike gerettet und aufgehoben wie sein Held im Roman an Ruths Seite auf dem Mount Judge. Das Gefühl währte nur kurz. Seine Atemnot hatte ihn bald wieder im Griff.

»Und wie denn auch anders?«, fragte er sich: Er war noch immer verheiratet. Manchmal trieb ihn die Atemnot bis an den Rand der Todesangst, die er nunmehr mit Seitensprüngen zu lindern hoffte. Wie seine Gattin Mary, die neuerdings halbgeheim hier einen festen Freund hatte und bald auch dort, stieß er in Ipswich dabei auf kein nennenswertes Hindernis. Unter den Ehefrauen in ihrer wachsenden Clique gehörte es bald zum guten Ton, mit John ins Bett zu steigen, der immerhin ein namhafter Schriftsteller war: Inzwischen raunten ihm sogar Fremde auf der Straße »Lauf, Rabbit, lauf!« zu, wenn er an ihnen vorüberging.

Selbst am Tag von Kennedys Begräbnis traf sich die Clique nach dem Tennis zum Hummeressen im Strandrestaurant: Unausgesprochen hatten sich alle, obwohl über dreißig, auf Peter Pans Prinzip geeinigt, nie erwachsen zu werden. Fast geistesabwesend schliefen sie miteinander kreuz und quer, und dank des Pillenpräparats Enovid, »der wichtigsten Erfindung der Welt« – wie ein Arzt der Clique ausrief –, brauchte man sich wegen möglicher Folgen keine Sorgen zu machen.

Eifersucht war verpönt: Die Paare diskutierten sie spätnachts in ihren Küchen aus, bis alles zerstört war, was sie je miteinander geteilt hatten. Gab es nichts mehr zu sagen, blieb als Zankthema immer noch der Krieg in Vietnam, und Updike stellte sich auf die Seite der Kriegsbefürworter oft nur, um Mary bei einem ihrer seltenen verbalen Trommelfeuer beobachten zu können. Sie zu solch hektisch-aufgekratzten Ausbrüchen zu reizen war seine Art, gegen die Kerkerhaft seiner Ehe zu protestieren. Ansonsten schloss er sich ins Arbeitszimmer weg. Die Clique fieberte dem Freitagabend entgegen, er dem Montagmorgen, da er sein eigentliches Leben am Schreibtisch endlich fortführen konnte. Auf den Partys, die der Clique halfen, die kommende Woche zu überstehen, rauchte man erstklassiges Marihuana zu Janis Joplin und den Sergeant-Pepper-Beatles, bis die Tanzschritte jede erkennbare Beziehung zur Musik einbüßten. Die Morde an Medgar Evers, Malcolm X, Martin Luther King, Robert Kennedy oder die russischen Panzer in Prag rauschten wie Horrorschimären einer deftigen Drogenhalluzination durch die Köpfe hindurch. Lediglich Mick Jaggers Bekenntnis »I can't get no satisfaction« blieb irgendwo in den verkaterten Ganglien kleben. Man konnte es bei der Morgenrasur sogar aus dem Summen des Rasierapparats heraushören, wenn der Song am Sonntagabend zuvor einmal zu oft aufgelegt worden war.

Wer sich an die sechziger Jahre noch erinnerte, witzelte jemand später, der hatte sie nicht erlebt. Updike aber würden sie immer und schmerzhaft deutlich im Gedächtnis bleiben: Sie waren die einsamsten und unglücklichsten seines Lebens. Weiterhin war er ruhelos auf der Suche nach dem Regenbogen im Badezimmer, dem kostbaren Augenblick wahrer Empfindung, aber statt frühmorgens nach einem Seitensprung mit einem vergnügten »Bis zum nächsten Mal!« ins Auto zu steigen, verwickelte er sich in schuldbewusst schwermütige Affären. Die fast zwanghafte Ungezwungenheit, mit der seine Frau Mary ihre Amouren begann und beendete, ging ihm ab: Er nahm die seinen ernst und forderte dadurch die Ehemänner in der Clique heraus.

So zitierte im Oktober 1962 der Gatte seiner damaligen Geliebten Joyce, ein Bauunternehmer, Mary und John mit der drakonischen Entschlossenheit eines Staatsanwalts zu sich nach Hause und stellte neben den vier Gläsern kalifornischen Rotweins ein Ultimatum auf den niedrigen Mosaiktisch vor sie alle hin. Entweder, beschied der Bauunternehmer mit entrüstetem Spott, sollte John Mary verlassen und seine Frau Joyce heiraten oder jetzt und sofort mit ihr brechen: so, »Punktum und basta«, sein letztes Wort. Schon zwei Tage später saß Mary in ihrem schwarzen Futteralkleid im Bostoner Büro eines Scheidungsexperten, während John daheim in Ipswich seine mittlerweile vier Kinder mit den Augen eines Vaters musterte, der sie einfach im Stich lassen würde – die Älteste war gerade mal sieben. Das Telefon im Anwaltsbüro klingelte: John hatte sich umentschieden. Er wollte das Schicksal seines hakenschlagenden Helden nicht teilen – jede Flucht aus der Verantwortung war, so hatte er in »Rabbit, Run« festgeschrieben, vergebens und zerstörerisch. Doch den Schmerz, den er sich selber damit zufügte, bewältigte er nicht mehr. Abends fand ihn Mary auf dem Fußboden im Wohnzimmer liegen: Hilflos rang er weinend nach Luft, und der Arzt der Clique bemerkte launig, John führe sich auf wie eine der Hysterikerinnen in den Romanen der Schwestern Brontë.

Der Ausweg aus dieser Not hieß abermals Rabbit Angstrom. Nach Vollendung von »Rabbit, Run« hatte Updike nicht geahnt, dass er am Ende jedes folgenden Jahrzehnts, 1969, 1979 und 1989, einen neuen Roman über Rabbit Angstrom verfassen würde. 1969 brauchte er ihn dringender denn je, um bei gesundem Menschenverstand zu bleiben. Er versuchte, sich mit seinem zweiten Ich in seinem Elend einzurichten, und verurteilte Rabbit zu einer noch kläglicheren Existenz: Seine Frau Janice verdiente in der Firma ihres Vaters mehr als er und ging außerdem mit einem Mitarbeiter fremd. Vor Fertiggerichten und Fernsehgeflimmer trank Rabbit mit noch und noch einem kräftigen Schluck Bier seine Daseinsverstumpfung nieder. Auf der Straße begegnete er eines Tages Ruth wieder mit ihrem schweren roten Haar und dem Himmel in ihren Augen, und als er sie nach dem Mädchen fragte, das vermutlich ihrer beider Tochter war, entgegnete Ruth nur kalt: »Rabbit, verzieh dich.« Freudlos fanden sich Janice und Rabbit miteinander ab: Eine zweite Chance war ihm nicht vergönnt.

Aber seinem Schöpfer, John Updike. Und diese zweite Chance hieß Martha Bernhard.

6

Der ganzen Clique in Ipswich kam Martha Bernhard wie eine russische Spionin vor, die es auf Updike abgesehen hatte, als witterte sie in ihm einen radikalen Linken, den sie für den KGB gewinnen konnte. Die Art und Weise, wie er sich in sie verliebte, schien einer präzise geplanten Strategie zu gehorchen, unergründlich und siegesgewiss.

In Wahrheit erfuhren John und Martha aneinander nur, was John für romanuntauglich hielt: die Liebe auf den ersten, zweiten und letzten Blick; eine Liebe ohne Gegenwehr und Widerstände, die bis zum Tod nicht versiegen würde. An so etwas Altmodisches zu glauben hatte die Clique längst verlernt. Martha begann, um sie beide eine Mauer zu errichten, und hielt damit die beflissenen Zeitvertreiber von ihm fern. Sie hütete sein Talent. Und als Updike im März 1974 Mary und die vier Kinder endgültig verließ, hörte seine Atemnot mit einem Mal auf.

Für John schuf Martha die Meeresfestung Haven Hill: Nur wenigen – und auch diesen nur unter merklichem Vorbehalt – gewährte sie darin Einlass. 1979 erwog Updike kurz, Rabbit ein Happy End mit Ruth zu gönnen. Dann überlegte er, was aus ihm wohl geworden wäre, hätte er mit Martha den Ausbruch nicht gewagt: Was wurde aus Rabbit? Was blieb ihm? Immer noch ein robuster Riese, ließ dieser nun wohlhabende Chef im Autogeschäft seiner Frau Janice seine Lebensunersättlichkeit an Erdnüssen aus, mit schlechtem Gewissen, in Dauerfurcht vor den Kaloriendämonen, und fing zeitgeistgemäß und zu seiner eigenen Verblüffung mit dem Joggen an, obgleich – belustigte er sich – fast täglich Fitnessfanatiker auf ihren Trimm-dich-Pfaden diätgestählt einem Herzstillstand erlagen. Er überwinterte mit Janice in Florida. Gereizt erduldete er Golfrunden, Casinobesuche, die unumgänglichen Partnertauschspiele und das belanglose Kauderwelsch von der »ökologischen Landwirtschaft«, dem »in sich ruhenden Lächeln des Dalai Lama« und der »Spiritualität«.

Vor seiner Bypass-Operation erkannte er in einer Krankenschwester seine Tochter mit Ruth, Annabelle, doch Annabelles Vorschlag nahm er nicht an, dass Ruth ihn nach der Operation doch einmal besuchen sollte: Er wollte Ruth so im Gedächtnis bewahren, wie er sich mit ihr eins gefühlt hatte, abgeschieden von der Welt, in den drei Monaten im Frühling 1959 in der Summer Street. Vielleicht würde er Ruth im Paradies wiedersehen, unter Birnbäumen, die ihn in Brewer, nicht weit von Ruths alter Straße entfernt, so aus der Fassung gebracht hatten vor Staunen – in einem Blütentunnel aus weißem Licht.

Updike ließ Rabbit Angstrom im Herbst 1989 sterben,

umgeben von Menschen, die er nicht liebte, damit ihm, John Updike, dieses Los erspart bleiben möge: So als folgte er den uralten Riten eines Abwehrzaubers, von denen nur Schriftsteller wussten.

7

Winter 2009. – Anfangs fand er es obszön, wie neugierig er wurde auf seinen Tod, als sich das Meer um Haven Hill im Januar nicht mehr glätten wollte und die Sonne wieder und wieder die Schlagschatten drohender Wolkenberge vertrieb. Was das wohl zu bedeuten hatte?

Jahrzehntelang war Updike vom Sterben besessen gewesen und dem möglichen Nichts danach. Doch jetzt zog Ruhe in sein Herz. Für ihn kämpften Sonne und Meer. Was er an diesem Leben neben Martha vielleicht am innigsten vermissen würde, war, das druckfrische Exemplar eines neuen Buches in Händen zu halten: wie es sich anfühlte; wonach es roch. Dazu sollte es nicht mehr kommen. Doch hatte er dafür zumindest die Vorarbeit geleistet und das Martha gegebene Versprechen gehalten, »Endpunkt« geschrieben, seinen letzten Band, und sich darin mit Wildem Wein verglichen: Ein nichtiger Windstoß riss ihn vom Stamm einer Eiche, und der Wein ließ es sich gefallen, weil er wusste, er würde in einem anderen Frühling zu einem blattreichen Nachleben denselben Eichenstamm hochklettern. Zu leben war gut, aber kurz loslassen zu können wie jener Wein war es auch. Sonderbar leicht wurde einem dieses Loslassen gemacht, wenn man erschöpft genug war, und es kostete keine Mühe, selbst für diejenigen Gutes zu ersehnen, die ihn einst beinah zum Ersticken gebracht hatten – jetzt, da er, nach ärztlichem Befund im Stadium IV, wirklich am Ersticken war.

Seine erste Frau Mary stand auf Marthas Liste jener Angehörigen, die Updike noch zu sehen wünschte, und an einem Morgen in jenem Januar 2009 fuhr Mary nach Haven Hill über die Eisenbahngleise und vorbei an holzverschalten Häusern – erbaut, als George Washington General der Truppen gegen die britischen Unterdrücker gewesen war. Auf den grünbraunen Wellen glitt ein Frachter geisterhaft ins Offene hinaus. Während ihres Gesprächs mit John hielt Mary unter der Decke einen seiner Füße fest. Sie sah ihn nie wieder.

Kurz vor der letzten Fahrt ins Hospiz fragte Updike Martha: »Bist du bereit für den Sprung?«

»Bist du es denn?«, fragte sie zögernd zurück, und sein »Ja« kam so entschieden, dass Martha erschrak. Niemand auf der Welt wusste, wie sehr sie ihn liebte: nicht einmal er.

Im Hospiz ließ sie sich ein Bett für die Nacht in sein Zimmer stellen. Die Enkel wurden ihr zu laut und bald auch die Gebete des Geistlichen, und sie sagte ganz ruhig: »Bitte geht jetzt alle hinaus. Ich will das Zimmer für uns beide allein.«

ZU ZWEIT ALLEIN

KAPITEL IX

BASILIKUM

George Eliot und George Henry Lewes

I

George Henry Lewes nahm die Feder zur Hand und tauchte sie mit Bedacht lange in das Tintenfass. Die Feder sollte vor Tinte triefen, damit sie so richtig klecksen würde.

Er wollte unerkannt bleiben und hatte es sich auf Reisen zur Gewohnheit gemacht, in das Melderegister eines Hotels seinen Namen und den seiner Begleiterin regelrecht hinzuschmieren. Selbst der Teufel hätte das nicht zu entziffern vermocht. Doch es war unvermeidlich: Der Rezeptionist hörte den Namen »Lewes« und gab ihn weiter, und ein banges Geflüster ging durch die Flure des Hotels, als wären Mr. und Mrs. Lewes ein steckbrieflich gesuchtes Giftmörderpaar.

Und als Gift galten sie. Ihre Moral war nicht einfach nur zweifelhaft: Nach Meinung gewisser Kreise hatten sie gar keine. Mr. George Henry Lewes und Miss Marian Evans lebten – wie einst der von beiden verehrte Goethe und seine Christiane Vulpius – seit über einem Jahrzehnt ohne Trauschein zusammen, als »Mr. und Mrs. Lewes«, und kamen dabei noch verheirateter daher als Queen Victoria und ihr Prinzgemahl. »Es ist eine große Liebe«, begeisterte sich die hübsche Louise, eine Tochter der Queen, »ebenbürtig der Liebe von Mama und Papa.« Solcher Beifall aus den obersten Adelsrängen erbitterte die minderen Ränge im Commonwealth: Sie weigerten sich von Herzen, nicht über ein Paar lästern zu dürfen, das sich wider allen Anstand verhielt und sogar noch stolz darauf war.

Also erwarteten Mrs. und Mr. Lewes überall auf dem europäischen Kontinent Abscheu und Faszination, und gerade wenn britische Gäste unter demselben Hoteldach logierten, erkannte sie immer irgendwer. Die darauf folgenden Szenen schienen einem billigen Theaterstück nachinszeniert und wiederholten sich ein ums andere Mal: Kaum eilten Mrs. und Mr. Lewes, in Andalusien etwa, durch den Säulengang des Foyers (sie in einer Spitzenmantilla aus schwarzer Seide, er mit Schlapphut, angegrautem Vollbart, drahtig und dürr), verstummten die Gäste mit einem Schlag wie ein Orchester bei der herrischen Taktstockgebärde des Dirigenten. Selbst die Luft im Foyer stand still. Doch auf einmal bat ein vorwitziges Mädchen »George Eliot« um ein Autogramm und zog einen von George Eliots Romanen hervor, und dieser Etikettenverstoß löste die Beklommenheit der Gäste in erleichtert lachendes Wohlgefallen auf. Sie applaudierten und umringten das Paar.

So waren sie: Sie hatten sich vor Jahren in George Eliots Romane verliebt und fanden sich in den Figuren wieder. Manche beteuerten gar, sie hätten für diese oder jene Modell gestanden. Aber als ruchbar wurde, dieser George Eliot sei eine gewisse Miss Evans und wolle als »Mrs. Lewes« angesprochen werden, stieg ihnen alles Blut zu Kopf, »Wer ist da wer?«, und viele Verehrerinnen glaubten sich von ihr betrogen: Sie hatte, hieß es, ihre geringe Herkunft und vulgäre Liebelei mit Lewes unter einem männlichen Pseudonym verborgen. Für die beharrlich Enttäuschten war sie von nun an die gewöhnliche Tochter eines Gutsverwalters aus den rückständigen Midlands, die sie nicht einmal als Küchenhilfe eingestellt hätten. Und dann beging diese George Eliot den schlimmsten Affront: Freiheraus erklärte sie den verheirateten George Henry Lewes zu ihrem Ehemann und erhob zu einer allgemeingültigen Wahrheit, dass Mann und Frau zusammen erst den wahren Menschen ausmachten und dafür keinen Segen brauchten, weder von Kirche, Familie, Freunden noch Staat.

Manche gingen ihr aus dem Weg und setzten sich demonstrativ in die andere Ecke des Speisesaals, und sie konnte zuweilen von Glück reden, wenn man sie in Restaurants überhaupt bediente. In der Schweiz hatte sie ein Gespräch zwischen zwei Damen mit angehört, die zwar wussten, dass George Eliot in der Nähe war, doch keineswegs, dass sie auch bestens Deutsch verstand.

»Entsetzlich, entsetzlich«, erheiterte sich die eine, mit einem Gesicht so rund wie ein Kohlkopf, »und da behaupte noch einer, das Äußere eines Menschen sage nichts über seinen Charakter. Das Luder sieht aus wie ein jüdisches Pferd. Diese Nase.«

»Bestenfalls«, ergänzte die andere, ihren Mund vor Widerwillen gespitzt. »Und er gleicht einem Affen.«

»Affe, Ratte, Hyäne: Der Mann ist ein Zoo! Und stellen Sie sich jetzt bitte mal vor, die beiden würden sich auch noch kreuzen … Man müsste das Erzeugnis an ein Monstrositätenkabinett verschachern.«

Dieses Gerede hätte, obwohl bei weitem eleganter, einem ihrer Romane entlehnt sein können. Doch tröstete die Autorin das wenig: Die Leute lasen sie zu Tausenden, doch lernen wollten sie daraus nichts. Marian war der Gedanke unerträglich, mit welch starrer Gehässigkeit sie alle an ihren Nächsten vorüberflanierten, ohne sich mit ihnen näher bekanntzumachen. Wie lange sollte sie noch in Expresszügen quer durch Europa wirbeln, nur um sich derlei menschenverachtende Idiotien gefallen lassen zu müssen?

Einzig hinter den Backsteinmauern ihrer »Priory« wähnte sie sich meist in Sicherheit, im klosterähnlich abgeschiedenen Haus am Londoner Regent's Park, wo ihre Empfänge sonntagnachmittags einem strikten Ausleseverfahren gehorchten: War man keine den beiden Gastgebern gewogene Größe wie Darwin, Dickens oder der Leibarzt der Queen, musste man schriftlich um eine Einladung ansuchen und durfte – so man eingelassen wurde – ihre Bücher nicht erwähnen, da sie weder Kritik noch Lob vertrug. Pünktlich um sechs war Schluss: Die Hausherrin hatte auch noch anderes vor. Ihr weißer Bullterrier Ben mit schwarzer Augenklappe bellte zum Aufbruch. Insgeheim ging ihr das ganze Gesellschaftsgetue auf die Nerven; doch versteckte sie es meisterhaft. »George Eliot« war eine bloße Rolle, die es mit dem wachsenden Ruhm immer besser zu spielen galt, um nichtige Albernheiten mit Würde zu ertragen: Mädchen knieten vor ihr nieder und küssten ihre Füße, Richard Wagner deklamierte – in voller Länge – seinen »Parzival«, und sie nahm es mit der Ruhe eines Forellenfischers hin.

Bei ihren Empfängen in der »Priory« schien sie ganz durchdrungen vom Bewusstsein ihrer Wichtigkeit. Während Lewes den Gästen Tee und Portwein nachschenkte, thronte sie in ihrem Lehnstuhl links vom Kamin ernst, feierlich und wie in das Florenz von 1492 entrückt. Die Gäste traten an sie heran – niemals umgekehrt –, nahmen nacheinander neben ihr Platz, sie senkte ihr schweres Haupt herab, und plötzlich breitete sich ein hingerissenes Lächeln bis in die strengsten Falten und Linien ihres Gesichts aus, als hätte sie auf genau diese Begegnung ihr Leben lang gewartet. Man befragte sie wie ein Orakel: Sie gab Rat und oft druckreife Maximen zum Besten und ließ die Bewunderung wie leichten Sommerregen auf sich niederrieseln.

Nur ein besonders skeptischer Beobachter aus den USA wollte bemerken, dass den Gästen die Liaison des Paars im Grunde so wenig behagte wie ihm – was ihn freilich nicht davon abhielt, »dieser Hexe« jeden Sonntag aufzuwarten, zuerst ohne seine Gattin, dann mit ihr und schließlich mit den Kindern, denen er eingeschärft hatte, beim Anblick der Hausherrin nicht zu erschrecken.

2

Als Marian Evans noch nicht George Eliot hieß und noch nicht Mrs. Lewes genannt werden wollte, litt sie unter nichts so sehr wie unter ihrer angeblichen Hässlichkeit. Sie versuchte, diesen Makel durch Frömmigkeit, Bildung und Weltklugheit auszugleichen. Aber als Einundzwanzigjährige brachte sie, nach der Lektüre der Bibel im Original, ihren Vater und ihr ganzes Dorf mit dem Entschluss aus der Fassung, in Zukunft auf den Kirchgang zu verzichten: Zu viel Erfundenes verdarb die ansonsten durchaus bedenkenswerten Ideen jener »Heiligen Schrift«. Die Empörung der Nachbarn vergab der Vater ihr nie. Sie pflegte ihn bis an sein Ende, und er vermachte sein Erbe den Söhnen.

In London fand sie Unterschlupf bei dem Verleger John Chapman, der ihr bald die Redaktion seiner Zeitung ganz überließ, zumal er am liebsten unter dem Titel »Warum sich rasieren?« – und dies einmal auf neunzehn Seiten – über die angemessene Barttracht eines wirklichen Gentleman schrieb. Obwohl Chapman verheiratet war, schlief er mit Marian, schwärmte ihr danach aber so lange Salbungsvolles von »weiblicher Schönheit« vor, dass sie begriff, wie wenig er sich aus ihr machte. Da half es nicht, dass der königliche Hirnvermesser an Marians Schädelform eine »fast übermenschliche Vermählung von Sanftmut und Scharfsinn« entdeckt hatte. Der nahm seinen Befund auch gleich wieder zurück, als ihm zu Ohren kam, Miss Evans sei mit dem Maulhelden und Allerweltsliteraten George Henry Lewes nach Weimar durchgebrannt.

Denn in aller Öffentlichkeit gab sich Lewes schamlos einem Lotterleben hin, das selbst Chapman als einen Mann von Ehre dastehen ließ: Lewes hatte die außerehelichen Kinder seiner notorisch untreuen Gattin sang- und klanglos als die seinen anerkannt und damit vor geltendem Gesetz jeden Scheidungsgrund verwirkt. Kein Gott würde diesen Bund heiligen können: Für Lewes und Evans kam nur eine Affäre auf Lebenszeit in Betracht. Freunde gaben ihr höchstens ein Jahr. Doch von seiner Marian ließ George nicht mehr ab. Er konnte sich nicht erklären, warum niemand anderer ihrem Zauber erlag.

War ihm denn jeder Schönheitssinn fremd? Diese Frage machte unter Freunden die Runde, so als hätten sie über den Wert eines neumodischen Gemäldes zu entscheiden. Andererseits stand Lewes seit jeher in Verdacht, der »jüdischen Rasse« anzugehören, da er sie unter Antisemiten so unbeherrscht in Schutz nahm, und musste sich wohl zufriedengeben mit dem, was das Schicksal ihm zuteilte – in seinem Fall eine Megäre, Schabracke, Medusa von Frau und kapriziös noch dazu, ohne Stil und Noblesse und dabei gebildeter, als es für einen Nichtjuden wünschenswert gewesen wäre. Und mit diesem Urteil wandten sich die Gerüchte neuen Sündern zu, und Mrs. und Mr. Lewes gerieten für eine Weile in gnädige Vergessenheit.

Marian und George war es recht: Gerade in ihren frühen Jahren zu zweit genossen sie die Heimlichkeit ihres Glücks. Von Richmond zogen sie in das noch unscheinbarere Wimbledon, mit wenig Mobiliar und ohne Dienstboten – raus aus einer Welt, deren Moral sich darin erschöpfte, den Schein eines guten Rufs zu wahren. Marian verließ tagsüber das Haus nur, um mit George die zoologischen Gärten Londons aufzusuchen. Seine neueste Passion war die Anatomie, und mit der Kunstfertigkeit eines klinischen Mediziners sezierte er Ringelwürmer, Raupen, Mollusken und Maulwürfe, beugte sich erregt über sein Mikroskop, unter dem der Embryo eines Salamanders in den letzten Zügen lag, und als Charles Dickens zum Dinner kam, hopste ihm ein bereits etwas entstellter Frosch entgegen. Einmal die Woche machte Lewes Besorgungen in der Londoner Innenstadt, »Bitte vergiss diesmal die Mausefalle nicht!«, und wenn er nachmittags heimkehrte, sah er Marian bei offenem Fenster in ihren Shakespeare vertieft und raunte ihr von draußen her zu: »Willst du mich auch diese Nacht wieder so unbefriedigt lassen?«

»Welche Befriedigung«, versetzte sie, »könntest du denn begehren?«

»Tausch den Schwur deiner Liebe gegen den meinen.«

»Ich gab dir meinen, bevor du darum gefleht. Je mehr ich dir gebe, desto mehr besitze ich.«

»Dann gib mir alles, jetzt sofort.«

»Romeo, ich glaube, du kommst vom Text ab.«

»Ganz genau, Julia. Und jetzt komme ich auch noch rein.«

»Nur zu.«

So waren sie. Und sie entdeckten, wie einfach das Leben war, wenn man einander noch in den alltäglichsten Belangen fragen konnte, »Was sollen wir tun?«, und mit einer klugen Antwort rechnen durfte. Sie benötigten niemanden sonst, wenn sie nur beisammenbleiben durften, und es sollte so weit kommen, dass sie sich um den eigenen Tod keine Sorgen mehr machten: Jeder fürchtete nur den des anderen.

George fing Marians Stimmungsstürze ab, er beschwichtigte ihre düsteren Selbstzweifel, wenn sie an das Schreiben am nächsten Morgen dachte. Bei nächtlichen Spaziergängen im Park sprachen sie die Lebensläufe ihrer Romanfiguren durch. Sie waren sich einig, dass andere Schriftstellerinnen und Schriftsteller oft bloß Dummheiten aufs Papier zerrten, bis zur Undurchschaubarkeit verworrene Geschichten mit »unbeschreiblich« schönen Menschen – vom Himmel füreinander bestimmt, von hinterlistigen Lumpen getrennt, am Ende wiedervereint und zu ihrem Erstaunen von hohem Adel, als Kinder verschleppt und um ihr Erbe gebracht. Eine der ersten Erzählungen, die Marian verfasste, handelte hingegen von einer Frau, die dem Alkohol verfallen war, und solcherlei hatte man weltweit noch nie gelesen. Aber sie würde es nicht unter ihrem eigenen Namen publizieren können, da sie in Schande lebte und man ihr Werk daran messen würde. Tagelang probierte sie Pseudonyme an sich aus: Ihr neuer Vorname stand von vornherein fest, und als sie eine Widmung an Lewes niederschrieb, »L. verdanke ich es«, hörte sie aus diesem Satz, »To L. I owe it«, als sie ihn schnell und schludrig vor sich hin sang, »Eliot« heraus, »George Eliot« – das war's.

Der andere George verhandelte unterdessen mit Verlegern und gab »George Eliot« als einen scheuen, ältlichen Geistlichen vom Lande aus, mit dem er selbst, behauptete er stur, nur brieflich verkehrte. Die Verleger glaubten es ihm, da sich Lewes als erster Biograf Goethes selbst in universitären Zirkeln den Nimbus eines Universalgenies erworben hatte. Doch als ein Hochstapler für sich reklamierte, George Eliot zu sein, um den Profit des Bestsellers »Adam Bede« einzuheimsen, gab Marian ihr Geheimnis preis, und von einem Tag auf den anderen war auch »George Eliot« aus dem Kreis der Achtbarkeit verbannt. Ihr Bruder Isaac ließ sie über einen Anwalt wissen, dass sie – wohl einem unwiderruflichen Schwachsinn verfallen – für ihn gestorben war.

Und das Commonwealth erschauderte. Zwar pflegten noch die respektabelsten Damen und Herren – oft kinderreiche – Liebschaften abseits ihrer Ehe, aber wenigstens ohne sie dermaßen impertinent zur Schau zu stellen. Doch lange hielt der Groll nicht an: Die Beliebtheit »dieses weiblichen Shakespeare« reichte bald so weit, dass man die Entschlossenheit, mit der sie ihren schlechten Ruf verteidigte, für den Anbruch eines neuen Zeitalters hielt. Die Einlasskarte zu ihren Empfängen in der »Priory«, wo die beiden mittlerweile wohnten, war beinahe ebenso begehrt wie zu denjenigen der Queen, die George Eliot schon mehrfach über Mittelsmänner um ein Autogramm gebeten hatte.

Nach ihrer Reise durch Europa 1869 aber ermüdeten die ewigen Empfänge Marian über Gebühr. Sie fürchtete, den Augenblick zu verpassen, da sie noch den Mut und die Kraft aufbrachte für ihren totalen Roman – einen Roman, der nahezu alles enthielt, was im Leben so geschehen und was man empfinden konnte, Leid und Aufschwung und Lust des Planens und Freude des Schaffens; und die Liebe, natürlich, vorneweg. Sie stand kurz davor, in den Midlands eine Stadt zu gründen, »Middlemarch«. Sie verbarrikadierte sich in der »Priory« vergebens, und als die Niederschrift keinen Aufschub mehr duldete, war sie mit Lewes über Nacht einfach verschwunden.

3

George und George nahmen Quartier bei Anne Gilchrist in Shottermill.

Anne Gilchrist hatte nach dem frühen Tod ihres Mannes Alexander sein Buch über den Kupferstecher, Dichter und Geisterseher William Blake vollendet und sich dabei derart in Blake hineinversetzt, dass sie zwischen Blake, Alexander und sich selber selten unterschied. »Er, der begehrt, aber nicht handelt, brütet die Pest«, »Morde eher ein Kind in der Wiege, als dass du unausgeführte Wünsche hegst« oder »Bei einer Ehefrau erhoffte ich mir, was ich bei Huren immer fand: die Züge des befriedigten Verlangens« – mit diesen drastischen Sprichwörtern Blakes war Annes Unbefangenheit bis zu jener Freimütigkeit gewachsen, die keine Gebote achtete außer den wenigen, die sie sich selber gab. Sie konnte Mr. und Mrs. Lewes nur darin bestärken, die moralischen Vorurteile der Zeitgenossen wie Adelstitel zu tragen. An der Verbindung dieser beiden war nichts Falsches, dachte sie: Unaufrichtig, ja wohlwissentlich verlogen benahm sich der Rest.

Die Ehe der Gilchrists hatte einer Séance geglichen: Ohne Annes Beistand – so war es Alexander oft vorgekommen – hätte er Blake nie aus dem Totenreich an seine Seite rufen können. Doch seit sieben Jahren war Alexander nun tot, und Annes schweigende Trauer um ihren Mann bekümmerte Marian, wenn sie ihren Tisch unter die Zeder im Garten des Cottage schob und für ihren Roman Skizze um Skizze, Szene für Szene die Provinzstadt Middlemarch errichtete, ein kleines Universum für sich mit massigen Kirchen, Apotheken und Billardkneipen, hintertriebenen Pferdehändlern, verschwenderischen Fabrikanten, frömmelnden Bankiers, einfältigen Baronets, mit doppelzüngigen Ärzten, dem aufrichtigen Doktor Lydgate und der einfach reizenden Rosamond Vincy. Aus Solidarität dachte sich Marian für die Bewohner von Middlemarch das genaue Gegenteil dessen aus, was ihr selbst zugefallen war.

Sie besaß in George, was Anne Gilchrist in Alexander verloren hatte, und wie viele Menschen besaßen es nie? Wie erging es all jenen, die eine solche Liebe nur so kurz wie Anne und Alexander oder gar nie erfuhren?

Für »Middlemarch« wurde »Mitfühlen« George Eliots Losungswort. »Hätten wir einen scharfen Blick und ein waches Gefühl für das Leben der gewöhnlichen Menschen, so wäre es, als hörten wir das Gras wachsen und das Herz des Eichhörnchens schlagen, und wir würden an dem Getöse sterben, das jenseits der Stille herrscht. So wie es ist, laufen noch die Empfänglichsten unter uns dick eingepackt in Stumpfheit herum.« Wofür lebte man, wenn nicht dafür, den anderen das Leben leichter zu machen? Sie wollte ihren Lesern die Gewissheit geben, sie seien mit ihren Freuden, Hoffnungen, Sehnsüchten und Nöten nicht allein.

Sie verwandelte sich in alle Figuren, die sie in »Middlemarch« erschuf. Doch keiner fühlte sie sich so nahe wie Tertius Lydgate, dem jungen Mediziner, der im Winter 1829 mit großen Plänen nach Middlemarch kam.

4

Worin genau diese Pläne bestanden, erfuhr die Stadt erst nach und nach und war davon wenig entzückt. Denn Doktor Tertius Lydgate gehörte nicht zu jenen praktischen Ärzten, die ihre Patienten bei jedem Wehwehchen sofort zur Ader ließen, ihnen Blutegel ansetzten und teure, selbstgebraute Tinkturen verkauften. Schon dieses grobe Hörrohr aus Holz, das Doktor Lydgate stets bei sich trug, ein sogenanntes Stethoskop, empfanden die Kollegen in Middlemarch als kränkende Kritik an ihrem redlich bewährten Tun. Doch Anfechtungen, die sich dem Fortschritt der Menschheit in den Weg stellten, spornten Doktor Tertius Lydgate nur an. Er war eines jener seltenen Exemplare der menschlichen Spezies, die von sich behaupten durften, zu ihrem Beruf auch wahrhaft berufen zu sein.

Bis ins Alter hielt Doktor Lydgate jenen zehnjährigen Tertius in Ehren, der an einem wildverregneten Wintertag in der kleinen klosterstillen Bibliothek von Verwandten auf einen Schemel stieg, um den Band »A bis AP« einer alten Enzyklopädie herunterzuholen. Zufällig stieß er auf die Seite unter dem Stichwort »Anatomie« und vertiefte sich, unbequem an das Regal gedrückt, in die Schilderung der

Herzklappen, ihr Auf und Zu, Auf und Zu: Wie kunstvoll das doch ausgetüftelt war. Dagegen ließen ihn die lasziven Passagen in den antiken Schulklassikern kalt. Er verwarf die Familienehre, die ihn zur Offizierslaufbahn bestimmte, und führte seine Studien in klinischer Medizin und Chirurgie – nach mühelosen Lehrjahren in London und Edinburgh – in Paris mit der Besessenheit eines Mystikers fort. Allerdings gab er eines Abends einer Erschöpfungslaune nach und entschied, sich und den Fröschen, die er beim Schein kümmerlicher Talgkerzen zu Forschungszwecken mit Stromstößen traktierte, etwas Entspannung zu gönnen.

Im Rückblick schämte er sich, im Théâtre de la Porte Saint-Martin den rundlichen, dunkeläugigen Reizen einer Schauspielerin erlegen zu sein, Madame Laure, und sprach darüber sein Leben lang kein Wort. In diese Madame Laure hatte sich Lydgate verliebt wie zum Zeitvertreib, dennoch eifersüchtig und etwas zerknirscht, so wie sich ein junger Mann eben in eine Frau verliebt, bei der er nie erwartet, sich ihr jemals nähern zu dürfen. Doch es kam anders. In dem Augenblick nämlich, da Madame Laure auf der Bühne die Erdolchung des Helden darstellen sollte, dessen Rolle ihr Gatte übernommen hatte, erstach Madame Laure den Herrn Gatten tatsächlich – nicht aus Versehen, wie sie die Welt glauben machte, sondern vorsätzlich, wie sie Lydgate offen eingestand. Ihr Gatte war ihr einfach zu langweilig geworden.

Lydgate kehrte zu seinen ratlos entsetzten Fröschen zurück. Diese Affäre aus seinem Gedächtnis zu tilgen vermochte er allerdings nicht. Zwar hinderte ihn sein gutmütiges Naturell, daraus zu schließen, Frauen seien samt und sonders unberechenbare Ungeheuer und für seinesgleichen entbehrlich. Aber als er sich mit siebenundzwanzig Jahren aus der Kutsche in den Straßenmatsch von Middlemarch schwang, dachte er ganz sicher nicht ans Heiraten.

Doktor Tertius Lydgate wollte das neu gegründete Fieberhospital von Middlemarch mit einer Abteilung für Cholera-Kranke versorgen, wollte beste Kleinarbeit in den Armenquartieren des Städtchens leisten und aus den praktisch gewonnenen Einsichten in nächtlichen Forschungen Großes für die Welt – fern der Intrigen an der Londoner Fakultät, wo Ignoranten Karriere machten, um auf den ausgetretenen Pfaden der Quacksalberei unbeirrt weiterzuschlendern. Jede Angelegenheit des Herzens, die jenseits der feinen Mechanismen dieses Muskels lag, wäre Lydgates Leidenschaft für Beruf und Patient nur im Weg gestanden. Für eine Ehe fehlte es ihm zudem an Geld: Er hätte eine reiche Erbin wie Dorothea Brooke heiraten müssen. Doch zur Verwunderung von ganz Middlemarch verlobte sich die blühende Dorothea Brooke mit dem ausgebleichten Geistlichen Edward Casaubon.

Das abstruse Paar lud zu einer Abendgesellschaft. Lydgate unterhielt sich lange mit Dorothea Brooke über seine Reformideen für das Hospital, und sie erzählte ihm, dass sie ihr Erbe nutzte, um Kindergärten zu bauen. Sie plante Häuser für die Arbeiter ihres Onkels. Einer solchen Frau war Lydgate noch nie begegnet. Er erblickte in ihr sein Spiegelbild und wandte sich irritiert weg: Am Ende fand er sie zu ernst und wenig erholsam für seinen Geschmack. Trotz der Zuneigung, die er in wenigen Minuten zu Dorothea Brooke gefasst hatte, glaubte er, sie sei für ihn nicht die Richtige, und spürte im selben Moment, dass ihm dabei ein nie wiedergutzumachender Irrtum unterlief. Seit seiner peinlichen

Gemütsverkrampfung in Paris erwartete er von einer künftigen Gattin aber nun einmal, sie möge wie Musik – beruhigend – auf seine Nerven wirken, so wie das ergreifend seelenvolle Klavierspiel Rosamonds: Auf den Partys der Familie Vincy konnte man seine Mußestunden bei geeistem Punsch, Kartenspiel und den Canzonetten der Tochter Rosamond ohne die geringste geistige Anspannung hinter sich bringen. Obwohl Lydgate diese Abende bald als Zeitvergeudung ärgerten, entging ihm Rosamonds graziles Wesen nicht. Und obwohl er genug Byron verdaut hatte, um wissen zu müssen, dass ein Flirt nur allzu rasch in Verliebtheit ausarten konnte, begann Doktor Lydgate – taktvoll und in aller Unschuld, wie er meinte –, mit Rosamond Vincy zu kokettieren.

Als Rosamond beispielsweise klagte, die Bewohner von Middlemarch müssten ihm, einem Mann von Welt, wie ein ordinärer Haufen vorkommen, überraschte er sich selber mit den Worten: »Ich habe in meiner nächsten Nähe Reize entdeckt, die viel größer sind, als ich erwarten durfte.« Das war galant dahingesagt; aber für Rosamond lag so viel Verlangen in dem einen Satz, dass sie dachte, es würde für ein ganzes Leben ausreichen können.

Rosamond Vincy war das begehrteste Mädchen der Stadt und ein Amethyst in den Augen jener, die schon an der Art, wie eine Dame einer Droschke entstieg, wahren Schliff auszumachen wussten. Miss Vincy hatte alle Männer von Middlemarch abgewiesen: Sie wartete auf den Einen. Sie wünschte sich, einen Fremden zu heiraten, der sie nach London oder an einen Kurort wie Bath entführen würde. Sie fühlte sich zu gesellschaftlich Höherem bestimmt, und Lydgate war ausersehen, sie in jenen adelsgleichen

Rang zu erheben, der einer Dorothea Brooke angeboren war. Zudem sah er, mit seinen dichten Augenbrauen, gerader Nase, dunklem Haar und diesen kräftigen, wunderbar gefährlichen Händen, einfach zum Herumzeigen prächtig aus. Seinen sonoren Bariton stimmte er in vertraulichen Momenten zu einer unerwarteten Sanftheit herab. Distinguiert, aufrecht und gewissenhaft, war Doktor Lydgate ein Mann von Talent und Vermögen: Wie sie diesen Fremden in ihren Bann ziehen konnte, beschäftigte Miss Vincys Gedanken Tag und Nacht.

Dass er längst in ihren Bann geraten war, ahnte sie nicht einmal. Doch wenn sich Lydgate vorstellte, jetzt und hier einen Hausstand gründen zu müssen, stieg in ihm ein Unbehagen hoch, das ihn, versicherte er sich, vor jeder Dummheit bewahren würde. Allerdings hatte auch die Stadt ein Mitspracherecht gerade in Liebesbelangen: Es gehörte sich nicht, ging das Geraune, einer jungen Frau von zweiundzwanzig wie Rosamond Vincy, die von Bewerbern umdrängt war, schöne Augen zu machen und sie danach über die eigenen Absichten im Unklaren zu lassen. Und tatsächlich hielt er sie hin, verbot sich die Partyabende bei den Vincys. Doch meiden konnte er diese zahlungskräftige Tuchfabrikantenfamilie als ihr Hausarzt auf Dauer nicht, und als er zu den Vincys gerufen wurde, sah er Rosamond von ihrer Stickarbeit hochfahren, ihr Gesicht zitterte hilflos, als sagte es, »Was soll nur aus mir werden?«, und Lydgate erkannte, dass das Leben dieses Geschöpfs von ihm abhing, und küsste ihr wie unter Trance die Tränen von den Wangen. Niemals wieder würde sich Tertius Lydgate so unerschütterlich gewiss sein, Rosamond zu lieben, wie in diesem Augenblick.

Es war höchste Zeit, dass sich die zwei Herren in ihm, der impulsive Tertius und der besonnene Lydgate, untereinander verständigten, und Tertius redete Lydgate mit wenig Aufwand ein, dass die Ehe einem Mann, der streng und beständig arbeiten wollte, erst die rechte Fassung verlieh. Bald konnte Middlemarch Miss Vincy und Doktor Lydgate nicht zusammen sehen, ohne sie für so gut wie verlobt zu halten. Einer formellen Ankündigung bedurfte es da gar nicht mehr.

Wer von den beiden Herren, der impulsive Tertius oder der besonnene Lydgate, den besseren Arzt abgab, stellte sich rasch heraus: Tertius engagierte Dienstboten, kaufte Tafelsilber an, zwei Pferde und eine ganze Galerie kostbarer Möbel für das neue Haus in Lowick Gate, verkrümelte sich dann fidel und ließ Lydgate in einem Morast von Schulden zurück. Seine Ausgaben waren doppelt so hoch wie seine Einnahmen. Da einer der neuen Maßstäbe, die er im Fieberhospital setzte, »die Hygiene« war, und da er von den Apothekern keine Rabatte einforderte, einer Geschwulst nicht mit der Queckenwurzel zu Leibe rückte und keine darmzerrüttenden Abführmittel verschrieb, machte er sich Feinde unter den Kollegen, die ihm seine letzten gutsituierten Patienten durch üble Nachrede abjagten. Er wirkte auf sie alle so bedrohlich wie die Eisenbahn, deren Gleise bald durch Middlemarch führen sollten, wo das Vieh friedlich graste. Hatte er vor Monaten noch als ein Arzt gegolten, der ohne langwierige Kuren »jede und jeden« heilen konnte, war er nun ein Scharlatan, so als brächte er seine Patienten mit Unmengen Opium heimlich an den Rand des Todes, um sie dann wiederzubeleben und sich selber als besonders tüchtig präsentieren zu können. Man sah ihn schon nachts auf Friedhöfen Erde hochschaufeln und die verschleppten Leichen in Kellern mit zärtlicher Bosheit sezieren. »Ich werde nur noch härter arbeiten müssen«, sprach er sich Mut zu – und enttäuschte damit seine Gattin.

»Du bist immer im Krankenhaus oder besuchst die armen Patienten, die dich erst gar nicht bezahlen können. Und wenn du einmal zu Hause bist, brütest du über diesen Phiolen und deinem Mikroskop. Gib's doch zu: Du liebst deinen Beruf mehr als mich. Ich wünschte oft, du wärst kein Arzt.«

Der letzte Satz verletzte ihn wie ein Schnabelhieb.

»Ebenso gut könntest du sagen, es wäre dir lieber, einen anderen geheiratet zu haben.«

»Aber ein schöner Beruf ist das nicht.«

Vielleicht hätte er sich nicht zufriedengeben dürfen mit jenen bequemen Weisheiten, die Männer einander im Zigarrengeplauder der Clubs über Liebe, Ehe und das weibliche Geschlecht weiterreichten: Plötzlich genügte es jedenfalls nicht mehr, wenn er sich abends bei Rosamonds Mozart-Arien gemütlich im Sofa ausgestreckt erholte. War seine Liebe eine Lüge, an die er glauben wollte, weil er sich darin gefiel? Sie lebten jeder für sich in einer eigenen Welt, von der der andere nichts wusste. Lydgate ahnte, dass zwei Liebende vielleicht ihr ganzes Leben miteinander teilen mussten, wenn sie die tagtäglichen Miseren gemeinsam durchstehen wollten. Im feinen Kristallglas ihrer Ehe war ein Sprung, und er fürchtete, das Glas zu berühren: Ein unvorsichtiger Satz nur über ihre Verschuldung, und es ginge zu Bruch. Des Öfteren war Paris der Ort, an dem er morgens gern aufgewacht wäre und entdeckt hätte, dass Middlemarch, das Fieberhospital, die Intrigen und leider, leider auch Rosamond nichts weiter gewesen waren als ein dummer Traum.

Auch Rosamond sehnte sich manchmal in jene Zeit zurück, als sie ihm noch nicht begegnet war; sie langweilte sich unsäglich, und seine Zärtlichkeiten nachts ersetzten nur vorübergehend jene erhabene Sorglosigkeit, die er in seiner Uneigennützigkeit als Arzt so fahrlässig verspielt hatte. Manchmal richteten sich ihre Nackenhaare auf, wenn er sie berührte. Und so ertrugen die beiden einander, indem sie sich den Rücken zukehrten. Sie verachtete seine Berufung; er hatte sie in Misskredit gebracht. Es war, als trieben sie wortlos auf einem Schiffswrack dahin: Eintracht herrschte zwischen ihnen nur insoweit, als jeder im Erdulden des anderen die eigene Würde bestätigt fand. Und die Bewohner von Middlemarch kamen überein, ihre Rosamond Vincy sei von einem blasierten Eindringling unter Vortäuschung falscher Zukunftsaussichten in diese Ehe hineinverführt worden.

5

Es war Dorothea Brooke, verwitwete Casaubon, die ihre Schulden beglich. 1832 verließen Rosamond und Tertius Lydgate Middlemarch. Dank schwerreicher Patienten praktizierte Doktor Lydgate mit großem Erfolg je nach Saison in London und einem Badeort auf dem europäischen Kontinent. Was ihm an wissenschaftlichem Enthusiasmus geblieben war, investierte er in eine Abhandlung über die Gicht. So hatte er zur Genugtuung Rosamonds doch noch Karriere und sie zu »einer Lady« gemacht. Für sich selbst war er ein Versager. In bitteren Stunden nannte er Rosamond sein Basilikum.

Und als sie ihn fragte, was das denn nun wieder zu bedeuten habe, erklärte er ihr, Basilikum sei ein Kraut, das auf dem Gehirn Ermordeter üppig gedieh. Sie erwiderte ohne Hast, dass er eben Dorothea Brooke hätte heiraten sollen, die er vor ihr ständig in alle Himmel erhob.

KRISE, VERRAT, TRENNUNG

KAPITEL X

YALLAH!

Jane und Paul Bowles, Kit und Port Moresby

I

Jahrzehnte später, als das Gerücht umging, Jane sei in Marokko mit schwarzer Magie um den Verstand gebracht worden, konnte sich kaum jemand erinnern, wie und wo genau Jane Auer und Paul Bowles sich zum ersten Mal begegnet waren. Doch stimmten ihre Freunde zumindest darin überein, dass Jane Paul instinktiv als ihren Feind empfunden hatte, ehe sie im März 1937 gemeinsam mit ihm und dem Ehepaar Tonny in den Bus nach Mexico City stieg.

Für Jane Auer war es kein Zufall, sondern ein übles Vorzeichen, als sie im Greyhound neben Paul Bowles zu sitzen kam: Sie fürchtete sich vor ihm. Sie fürchtete sich vor ihm mehr als vor Feuersbrünsten, Hunden, Brücken, Krokodilen, Schlangen, schlimmen Omen, Seetang und der Eisenbahn. Bowles war trotz seines offenen Lächelns derart mysteriös und finster, dass Jane beschloss, jedes Mal ihr Lorgnon vor ihre kurzsichtigen Augen zu halten, wenn er im Bus ein Wort an sie richten sollte, und ihn mit einem wegwerfenden »Ach ja, wirklich?« zum Schweigen zu bringen.

Paul Bowles, die schwarze Zigarettenspitze wie einen Bleistift gezückt, war mit Ende zwanzig hochgewachsen und blond und immer in helle Anzüge aus Cashmere gekleidet. Seinen scharfen blauen Augen schien nichts Bedeutendes zu entgehen, und selbst ihre Mutter Claire hatte er fast schon schlafwandlerisch für sich einnehmen können. Claire wollte eben nicht gelten lassen, dass Jane Männer wenig mochte – zur Not hätte sich Claire auch mit einem Nichtjuden als Schwiegersohn zufriedengegeben. Dass in dem nach außen hin charmanten Jungkomponisten ein zivilisierter Wilder steckte voll krimineller Energie, der für Jane vielleicht weit gefährlicher war als all die Damen, mit denen sie schlief, ahnte die besorgte Mama natürlich nicht: Paul war allzu geübt darin, anderen vorzuspielen, er sei zwar etwas exzentrisch, aber im Grunde ein guter Kerl. Nur Jane erkannte auf Anhieb, dass Paul Bowles nicht zu trauen war.

Hinter Jane und Paul lümmelte im Greyhound der Maler Tonny neben seiner misslaunigen Gattin auf dem engen Sitz und überlegte, wie er es anstellen sollte, das Koboldmädchen Jane mit dem reizenden Hinkefuß ins Bett zu kriegen. Ein gegensätzlicheres Paar als Jane und Paul war ihm noch nie untergekommen, sie rastlos, lebensfroh, er blass, reserviert und auf seine mondäne Art ziemlich langweilig. So bildete Paul für ihn bestimmt kein Hindernis, und Janie würde ihre albernen Lesben-Allüren nach zwei Flaschen Whisky in einer Hotelbar um Mitternacht überwunden haben. »Die schnapp ich mir«, versicherte er sich. »Spätestens in einer Luxusabsteige in New Orleans.«

Schiefergraue Geier blinzelten mit schäbiger Schadenfreude von den Bananenbäumen herab, sobald sie die Grenze passiert hatten: Tonnys Hoffnung auf ein skurriles Sexvergnügen zerfloss im glühenden Staub der mexikanischen Dörfer und mit jedem Schluck Bier der Marke »Moctezuma«, das er gegen die Hitze trank.

Da war Janes Furcht vor Bowles längst einer merkwürdigen Vertrautheit gewichen. Seine Geschichten schienen sogar gegen Durchfall zu helfen. Paul konnte so leichthin (und dazu auf Französisch) von den entsetzlichsten Dingen erzählen, als hätte er sie sich zu ihrer Ablenkung gerade erst ausgedacht: Kaum geboren, hatte ihn sein Vater Claude auf Long Island bei einem Schneesturm nackt ausgezogen und in einem Korb auf das Fensterbrett gestellt, bis das Kindermädchen ihn zugeschneit und halberfroren fand. Claude schlug seinem verweichlichten Sprössling die linke Hand fast zu Brei: Er sollte ein Rechtshänder werden wie die anderen, die normalen Menschen auch. Von da an verbarg Paul die rasch wieder wehrhafte Linke unter der Rechten und spielte desto freier mit beiden Händen Klavier. Wenn Ältere in der Schule über ihn herfielen, schlug er mit zwei Fäusten gleichzeitig zurück. Die Erziehungsmühen des Vaters taten ihre Wirkung: Früh lernte Paul Bowles die Angst – und wie sie auszuhalten war.

Er entwickelte sich zu einem Experten der Täuschung. Den Erwachsenen machte er vor, dass er verachtete, was er in Wahrheit liebte, den Jazz und Strawinsky und die Geschichten Edgar Allan Poes – bis zu jenem Tag, als der Achtzehnjährige die Heuchelei endgültig leid war, sich ins Bett legte und ein Fünfundzwanzig-Cent-Stück in die stickige Luft seines Schlafzimmers schnippte. Zeigte die Münze Zahl, würde er sich ohne Abschiedsbrief ins Nichts befördern. Stünde sie auf Kopf, über Europa hinweg in den Süden auswandern. Und die Münze entschied sich.

Sie entschied sich so, wie alle Münzen es tun, seitdem es Münzen gibt, wenn man sie nur oft genug in die Höhe wirft: Soweit sich Paul Bowles entsinnen konnte, hatte er immer das Weite gesucht vor all dem abartig Vertrauten, das ihn gefangen setzte, anwiderte und quälte, und sich weggewünscht an einen Ort, wo ihn nicht einmal mehr sein eigener Schatten erkannte, nach Tanger, in die taubenweiße muslimische Stadt überm Meer, und hinab dann, hinab in die Sahara, jenen Kontinent auf einem Kontinent, wo nur Stille herrschte, dein Atem, dein schlagendes Herz. Bei Sonnenuntergang stieg der Schatten der Erde in den Himmel und tauchte ihn in brennendes Blau.

In Paris war er von einer Ungarin und wenige Wochen später von einem ältlichen Onkel – eher gefühllos und lächerlich – verführt worden. In Marrakesch hatte er gesehen, wie sich ein Mann in eine Ziege verwandelte. In Tanger bot ihm ein Verrückter ein Gläschen Knabenblut an. In Agadir infizierte er sich mit Typhus und entrann dem Tod nur knapp. Von all diesen Wunderlichkeiten und Missgeschicken erzählte Paul Bowles Jane Auer in jenen Wochen ihrer Reise, und weil er ihr seine Ängste heiter eingestand, verlor Jane kurz die ihren, so als stünde sie unter seinem Schutz. Angst sei ganz natürlich, meinte er: Man müsse sich ihr nur mit steinerner Ruhe stellen. Und warum legte sie ihre Omen, fragte er Jane, eigentlich immer zu ihren Ungunsten aus?

Der Bus hielt mit einem erschrockenen Ruck in Mexico City. Der Fahrer war noch immer betrunken. Jane Auer hatte sich in Paul Bowles verliebt, sprang aus dem Bus, rief einen Gepäckträger herbei und verschwand wie auf Nimmerwiedersehen im Ritz.

2

Auch er sei froh, sie los zu sein, sagte Bowles den erleichterten Tonnys – und log. In Wahrheit ließ er es zu, sich ihr näher zu fühlen als jedem Menschen sonst auf der Welt.

Bald waren Paul und Jane einander verschworen; aber bereits auf ihrer Hochzeitsreise durch Südamerika ein Jahr danach – mit zwei Kleidertruhen, siebenundzwanzig Koffern, einer Schreibmaschine, einem Grammofon und dem auf Zahncreme versessenen Papagei Budupple – musste er sich auf Unvorhersehbares gefasst machen: Jane klaute Romane in den Buchhandlungen von Panama, da ihr das Kassageklingel auf die Nerven ging. Als sich Budupple durch das Blechgitter seines Käfigs fraß, ließ sie ihn in Antigua frei.

Doch Budupple fehlte ihr, und in Guatemala dachte sich Jane ein Spiel für sie beide aus: Paul war nun ihr Papagei, ungehorsam und missvergnügt, den sie als seine Gouvernante »Teresa« zu erziehen hatte. Selbstverständlich tarnte er sich in Gesellschaft weiterhin als der elegante Komponist Paul Bowles; aber wenn er seiner reichlich beschwipsten Gouvernante Teresa auf einer ihrer Stegreifpartys höflich zu verstehen gab, es sei jetzt Mitternacht und er zum Umfallen müde, war er plötzlich Budupple, dem sie befahl, sich gefälligst in seinen Käfig zu verziehen – und Budupple Paul ging allein zu Bett und lag die ganze Nacht wach.

Aufgekratzt, war Jane nicht nach Schlafen zumute. Mit zwei Studenten stahl sie sich aus Neugier in ein Bordell, wo der Bodyguard des Diktators von Guatemala in Jane eine Neuerwerbung des Etablissements entdeckt haben wollte und mit dem Lauf seiner Pistole auf das knabenhafte Wesen in der Ecke wies, »Ja, die dort drüben, die will ich haben«. Der Bordellbesitzer wiegelte fuchtelnd ab, »Es una turista! Una turista, señor!«, doch der Bodyguard glaubte ihm nicht – was hatte eine Touristin in einem Bordell für Männer verloren? – und suchte mit seiner Garde das ganze Viertel nach ihr ab.

Die Freudenmädchen hatten Jane unter einem Müllberg hinter dem Bordell versteckt. Frühmorgens, als der Nebel allmählich in Regen überging, irrte sie durchnässt und zitternd zurück zum Hotel und kroch wortlos ins Bett. Paul rührte nebenan bei der ersten Zigarette in seinem Milchkaffee und wagte nicht, Jane zu fragen, wo sie gewesen war. Dennoch stritten sie sich nie und wurden es nicht müde, zusammen zu sein. Länger als zwei Tage hielten sie es beide sowieso nicht an einem Ort aus, und ihm ging auf, dass ihr Unabhängigkeitstrieb eines Ankers bedurfte, an dem sie wahrscheinlich ihr gemeinsames Leben lang zerren würde: In Hotels verlangte sie gegen seinen Willen getrennte Schlafzimmer – doch die Verbindungstür stand immer offen, sperrangelweit.

3

Es folgte ein Jahrzehnt erbitterter Bewährung. Vor ihrer Ehe hatten sie abgemacht, keinen Besitzanspruch aufeinander zu erheben. Aber Jane begann in Paris schon nachmittags durch die Lesbenbars zu flanieren, und es tat Paul weh, wenn er abends ins Hotelzimmer kam und sie noch immer nicht zurück war und er vergebens auf sie wartete, bis eine Uhr in der Ferne halb vier schlug. Sie gestattete ihm nicht einmal, für sie da zu sein. Weil er aber auch wirklich jedem unablässig erklärte, die westliche Zivilisation sei dem Untergang geweiht (und immer so weiter und immer so fort), deprimierte seine Sauertöpfigkeit sie bald dermaßen, dass ihr das Universum in seiner Nähe vollkommen dunkel erschien. Sie ertrug ihn nur für kurze Zeit allein: Es wäre leichter, für ihn zu sterben, sagte sie einmal, als ein Leben mit ihm zu teilen. Es war schauderhaft, wie jeder irgendwann aus oft unerfindlichen Gründen zu lieben begann, ohne davor gewarnt worden zu sein – bis es kein Zurück mehr gab.

Eines Abends stolperte er aus seinem New Yorker Penthouse-Studio, erschöpft von der Arbeit an Orchesterstücken für Orson Welles, mitten in eine ihrer wüsten Trinkorgien hinein, bei denen Manhattans Bohemiens ihr hinfälliges Dasein in einem Gemisch aus Champagner, Gin, Whisky würdelos verrinnen ließen: Jane war – erkannte er bereits von fern – nicht mehr beschwipst auf eine zuversichtliche Weise, sondern regelrecht durchtränkt und obendrein von ihren Barbituraten wie außer Kraft gesetzt. Er bat die Gäste zu gehen. Jane saß auf dem Schoß eines Fremden, zupfte an dessen Nase und Ohrläppchen und stand plötzlich auf, die kurzen Locken ihrer Haarpalme zerzaust, den Mund zu einer wütend schmollenden Grimasse verzogen: »Meine Gäste gehen«, fauchte sie, »wann es mir in den Kram passt, du Spielverderber.« Er durchquerte das Zimmer und schlug ihr ins Gesicht: »Nimm dich bitte ein einziges Mal zusammen.«

Sie schlief nie wieder mit ihm. Sie liebte ihn weiterhin, beteuerte sie feierlich, aber mit dem Sex zwischen ihnen sei es aus und vorbei. Er nahm ihren Entschluss zunächst verlegen, dann wie eine Begnadigung hin, zumal er zwischen Sex und Liebe klar unterschied und Sex für ihn nur dem Fortbestand der menschlichen Gattung diente: eine Verrenkung wie der Stuhlgang, erniedrigend grotesk. Zuweilen fragte er sich, ob es sich wirklich lohnte, für Jane zu leben, und erwiderte störrisch: »Wofür denn sonst?« Er konnte zumindest dafür sorgen, dass sie sich bloß jede dritte Nacht in die Besinnungslosigkeit soff, damit sie ihren Roman »Zwei ernsthafte Damen« nicht für den Papierkorb schrieb. Und so fand er sich in Janes Roman als der selbstsüchtige Mr. Copperfield porträtiert, der seiner Frau Frieda ausreden wollte, in teuren Hotels abzusteigen, in denen sie doch nur von Touristen umgeben sein würden. »Billig und schäbig: Genau das liebte er.« Mr. Copperfield mochte eben Touristen nicht: Mr. Copperfield sah sich als Reisender, Globetrotter, Weltenwanderer – wie Paul Bowles. »Sie hat«, kicherte Paul beeindruckt und zufrieden, »aus mir einen kompletten Idioten gemacht.«

Fürs Erste werkelte er neben seiner erstaunlich harmonischen Musik für zwei Klaviere an Erzählskizzen nur so dahin: Er bestand darauf, Jane – und beileibe nicht er – sei zum Schreiben bestimmt. Im August 1945 aber las er in der »New York Times« die Schlagzeile »First Atomic Bomb Dropped on Japan« und setzte im Wartezimmer seines Zahnarztes die Kurzgeschichte »A Distant Episode« in die Welt. Mitten entzweigerissen war für ihn das hehre Bild, das sich der westliche Mensch vom Menschen gemacht hatte: Keine Zivilisation bändigte seine monströse Gewalt. Was trennte Atomphysiker, philosophisch hochgebildet und nobelpreisgeehrt, von den angeblich barbarischen Wüstensöhnen im Maghreb? So schnitt ein Nomadenstamm in »A

Distant Episode« einem französischen Linguisten, der die Dialekte des Stamms zu studieren gedachte, die Zunge heraus, behängte ihn mit scheppperndem Blech und verkaufte ihn an die Tuareg, für die er nach besonders reichen Festmahlen lustig tanzte und sich zur Begeisterung seines Publikums obszön auf dem Boden wälzte.

Sowie seine Kurzgeschichte veröffentlicht war, erschien Paul auf Janes Partys ausgelassener, als hätte ihn das Schicksal des Linguistik-Professors von seiner Untergangslaune kuriert. Wenn man sich danach erkundigte, wie ihm derart Grässliches einfallen konnte, wurde er grundsätzlich: Genau so nahm sich das ganze Universum aus, blickte man nur genau und ohne zu blinzeln hin – gleichgültig, grausam, unberechenbar. Überdies, dozierte er, gaben Fortschritt, Glück und Gelingen nur leere Seiten her. War es nicht spannender, einen Brief aus Marokko zu lesen, in dem ein Bekannter klagte, er liege typhuskrank in einem verfallenden Spital der Felsenstadt Mogador, als einen Urlaubsgruß, worin derselbe über bestes Wetter und herrliche Eintöpfe schrieb?

Manchmal betrachtete sich Paul auf diesen Partys, als stünde er neben sich, den Kopf lauschend schräg geneigt, und nähme sein Leben getrennt von sich selber wahr: Ein Roman über zwei New Yorker schwebte ihm vor, über Leute wie ihn und Jane, die sich für Reisende hielten und dennoch nichts weiter waren als zivilisationsflüchtige Touristen mit sehr, sehr viel Geld, unberaten, araberfeindlich, Amerikaner durch und durch (und insgeheim froh darüber) – und die darum, ähnlich dem Linguistik-Professor aus »A Distant Episode«, in der Wüste Algeriens verlorengingen.

Doch sprach er darüber mit niemandem ein Wort. Er wartete ab. Noch war ihm das Buch ein Geheimnis, das sich ganz allmählich enthüllen würde, unheimlich, märchenhaft, unmodern, zupackend melodramatisch, böse und kalt: »Wie kann man sich bloß so was ausdenken?«, sollten sich seine Leser auch künftig fragen. Jedes Kapitel, beschloss er, war in vollem Bewusstsein der übrigen geschrieben. Jede Szene war darin gesetzt wie eines von Janes Omen, das sich an anderer Stelle dann unausweichlich erfüllte. Warnungen wurden ausgesprochen – und fanden kein Gehör. Alptraumtrüb, doch dabei klarsichtig durchgeplant von Anbeginn, würde dieses Buch einer Geiselnahme gleichen. Doch dafür musste er weg von New York, von der starren Idiotie des Immerselben, musste sich fortmachen wie das Paar seines Romans. Und die Stadt, seine Stadt, in der er wie ein Spion unerkannt untertauchen wollte, kam Mai 1947 zu ihm in einem Traum.

Diese Stadt war Tanger. In seinem Traum sah er versteckte Terrassen hoch über dem Meer, Straßen, die eine einzige Treppe waren, dunkle Gassen, die nach verschiedenen Richtungen ins Irgendwo wegführten, Ruinen, Kerker und Klippen. Er hörte den Augustwind, der auf seinen Lippen brannte, an den Eukalyptusbäumen zerrte und in das Rohrdickicht fuhr. Er saß an der Place de France in einem Café bei einer Tasse süßen Pfefferminztees und lauschte dem hundertfachen Stimmengewirr von Tanger.

Er erwachte mit einem »Yallah!« auf der Zunge, »Auf geht's!«, und träumte im Halbschlaf mitgerissen weiter. Von Tanger aus würde er nach Fès reisen und dann nach Marrakesch und über Cádiz und Córdoba zurück nach Fès, von dort hinab nach Oujda, Colomb-Bechar, Taghit, Béni Abbès, Timimoun und Adrar in der Sahara Algeriens – wie vor so langer Zeit, ehe er mit Jane und den Tonnys in den Bus nach Mexico City gestiegen war.

Jane sollte ihn begleiten. Doch ihre Furcht hielt sie ab davon – die Furcht vor den Kindermeuten in der Medina, die Furcht vor den verwahrlosten Hunden, den abgehackten Ziegenbockköpfen, die, von Fliegen übersät, an Eisenhaken hingen, und vor Verwünschungen, die Passanten den Touristen zuraunten. Am Nachmittag seiner Abreise suchte Paul verzweifelt seinen Pass, den er vorsorglich auf das Bücherbord gelegt hatte. Der Pass war verschwunden, und als das Taxi, das ihn zu den Docks von Brooklyn bringen sollte, schon vor der Türe hielt, fand Paul ihn unter Janes Dessous.

Sie lachte wirr. »Na gut, ich werde ihn also versteckt haben müssen. Ich will nicht, dass du gehst. Das weißt du doch.«

4

Kaum in Marokko angekommen, fühlte er sich verfolgt.

Eine Zufallsbekanntschaft, die Perrins, ein inzestuös verbundenes Mutter-Sohn-Gespann aus Australien, reiste ihm überall hinterher. Er nannte sie »die Lyles«. Man hätte ihn tatsächlich für einen Spion halten können, dem der Geheimdienst der französischen Besatzer auf den Fersen war: So unnachvollziehbar rasch begab sich Paul Bowles ab Juli 1947 im Zickzackkurs mitunter von einem Tag zum nächsten von einer Stadt zur nächsten, von Casablanca nach Fès, von Fès über Cádiz und Córdoba nach Tanger, wo »die Lyles« ihn bald im Gedränge der Sūqs verloren. Von der Balustrade der Medina aus amüsierte er sich an der kuhäugigen Ratlosigkeit der beiden Wahnsinnigen und fuhr dann zurück nach Fès.

So wie Tanger in einem Traum zu ihm gekommen war, so erlebte Paul Bowles die Wirklichkeit ganz Marokkos als Kulissenzauber eines Traums. Er sagte und erwartete immer das Falsche, sodass ihm das Land unweigerlich falsch und verschroben vorkam. Wenn ein Marokkaner beteuerte, es sei bei weitem besser, sich Amerikaner nennen zu dürfen als Marokkaner, widersprach Bowles heftig und wurde nie wieder eingeladen, weil er damit zu verstehen gab, er hätte geglaubt, der andere meinte, was er beteuerte. In Marokko war Bowles heillos Tourist. Hatte er gehört, es gebe einen Bus in die Berge, und beharrte darauf, erwiderte der Besitzer eines Restaurants: »Aber natürlich, der Bus fährt täglich um halb sieben vom Bab el Guissa ab« – und nachdem Bowles dreieinhalb Stunden auf den Bus gewartet hatte, stellte er den Restaurantbesitzer zur Rede, der ihm entgegnete: »Bismill'lah, das habe ich doch nur gesagt, um Ihnen eine Freude zu machen.« Er hatte noch so viel zu lernen, wenn er plante, sich mit Jane auf Dauer in Marokko einzurichten.

Doch vorderhand genoss er es, nicht hierherzugehören mit seinen kostbaren Samtwesten und Tweeds. Jeden Abend rutschte er vergnügt die abgetretenen Treppen zur Medina el Qadima von Fès hinab. Er war seiner selbst enthoben und nahm sich mit den Augen der Störche wahr, die über der Medina el Qadima kreisten – wie im Haschischrausch, unwahrscheinlich und fern. Er sah sich und Jane auf den Partys in New York, so wie der leichtlebige Tonny sie beide womöglich sah, den eitel teilnahmslosen Paul, der stocknüchtern etwas von der »herrischen Gleichgültigkeit der Welt« daherbrabbelte, und die ihre verqueren Weltklugheiten quasselnde Trinkerin Jane.

Abends verriegelte man auch die inneren Tore in den

Gassen von Fès. Ein Tourist wie Bowles hätte sich auf dem Rückweg ins Hotel endlos verirrt, weshalb ihn sein sechzehnjähriger Gastgeber Ahmed Ben Driss el-Yacoubi nie ohne einen Diener ziehen ließ. Nach einem der fünf-, sechsstündigen Gelage in Ahmed Yacoubis Haus sprang Bowles endlich auf, von Haschisch beschwert und belebt, stolperte neben Ahmeds Diener vorwärts durch verwaiste Innenhöfe, Tunnel und Gassen. Und plötzlich standen die Gestalten seines Romans vor ihm, glitten schemenhaft auf den vom Vollmond grell beschienenen Mauern an ihm vorüber, Port und Kit Moresby und ihr Compagnon George Tunner, und gewannen an Farbe, Umriss und Persönlichkeit. Am nächsten Morgen würde Bowles sie in seinem Manuskript zum Leben erwecken. Noch hatten Port und Kit allzu viel Ähnlichkeit mit ihm und Jane – aber er würde die beiden nach Algerien verpflanzen und für sie eine eigene Reiseroute erfinden, Boussif, Aïn Krorfa, Bou Noura, El Ga'a und Sbâ. So, wie er sie wollte, existierten diese Orte in Wirklichkeit nicht. Doch er war der Gott seines Romans und duldete neben sich keinen anderen.

Als er am darauffolgenden Tag im Hotel Palais Jamaï in Fès aus einer langen Siesta hochschreckte, war sein erster Gedanke, das Fenster des kleinen, stickigen Zimmers zu öffnen, um in der kühlen Meeresluft vom Hafen Orans her seinen Atem wiederzufinden. Er war bereits derart tief in die Welt seines Romans hineingeraten, dass er sich in Oran an Algeriens Küste glaubte und nicht hinter den keramikblauen Toren der Altstadt von Fès. Er war Port Moresby, den er auf der ersten Seite aus dem Nichts eines Tiefschlafs ins Dasein geholt hatte: Im Zimmer nebenan hörte er Kit auf dem Fliesenboden leise umherwandern, obwohl Jane gerade am Rand eines Swimmingpools in Connecticut in der Sonne schmorte (und es vermutlich hasste). Auch später geschah es dann und wann, dass er sich mit Port Moresby verwechselte und Jane mit Ports Ehefrau Kit. War es nicht erstaunlich, wie gern sich Realität und Fantasie ineinander verirrten? Aber genau so musste es doch sein: Nur wenn er sich hin- und herwerfen ließ zwischen Nähe und Ferne, konnte das Paar Port und Kit Moresby mehr sein als lediglich eine Abwandlung seiner selbst und Janes. Nur dann konnte sich der Leser ins Herz getroffen fühlen, um die zwei plötzlich wieder von außen zu beobachten und die Manöver, mit denen sie einander verfehlten und verrieten.

Im Herbst 1947 hauste er in einem Bungalow auf den Klippen von Tanger und nahm zum ersten Mal Haschischmarmelade zu sich, und das reichlich. Für eine Szene im Roman wollte er sein Sterben an Typhus vor zwei Jahrzehnten noch einmal durchleben. Und so geschah es: Die Sonne holte nach ihm aus, als er über den Bungalow hinweg auf einen Felsen stieg, und stach wie mit Glasscherben auf ihn ein. Ein monströses Automobil raste hinter seinen fest geschlossenen Augenlidern schwarz auf ihn zu und riss ihn in Stücke.

Er war nicht mehr derselbe danach. Am Morgen brachte er Ports Sterbeszene wie eine Erleichterung für sich selber zu Papier. Jetzt war er im Tod gewesen, wie es ihm ein Wahrsager in der Medina von Tanger prophezeit hatte, und nichts Schlimmes würde ihm mehr widerfahren können, schrieb er an Jane.

Sie vermissten einander, und er erwarb für sie ein dreistöckiges Haus in Tanger an der Place Amrah, mit weitem Blick auf Minarette, blaue Dächer, das Meer. Doch für Jane war die Weissagung mit Pauls Haschisch-Vision nicht abgetan. Steckte dahinter ihrer beider Untergang? »Bitte, bitte gib acht auf dich und werde um Gottes willen nicht krank dort unten«, flehte sie ihn an und fragte ängstlich: »Werden Briefe auch in der Sahara zugestellt?«

Denn dort zog es ihn hin. In Tanger waren die Winter wolkig und feucht, und auch der hübsche Ahmed Yacoubi in Fès hielt ihn nicht länger. Bowles nahm im Schneesturm den taumelnden Zug über das Atlasgebirge ins durchglühte Taghit und schrieb in der Kälte der Wüstennächte warm zugedeckt im Bett weiter an seinem Roman »The Sheltering Sky«, dem »Himmel über der Wüste«, die Blätter auf den angewinkelten Knien, in den französischen Forts von Béni Abbès und Timimoun, wo er die Araber davon abbringen musste, dass sie mit ihren Steinschleudern Babarhio zur Strecke brachten. Denn Babarhio gab auf ihn acht.

Bowles hatte den Papagei auf der Place de la Kasbah in Tanger einem greisen Marokkaner abgekauft, der ihn als das Wunder des Amazonas anpries. Und Babarhio war ein Wunder – ein Wunder an Widerspenstigkeit. Zwei Käfige verbog er binnen einer Woche zu Drahtskulpturen, die auf einer Vernissage in Manhattan einiges Aufsehen erregt hätten. Für Bowles stellte er sich als der ideale Reisegefährte heraus. Wie er selber war Babarhio aufgewühlt vom Roman, der unter seinem neugierigen Blick entstand, hustete und keckerte wie ein Dschinn, dem es gelungen war, von diesem schwachsinnigen Amerikaner Besitz zu ergreifen. Allerdings weigerte er sich resolut, auch nur einen Satz aus dem Roman zu erlernen, sooft ihm Bowles auch Port Moresbys letzten Gedanken vorsprach, »Greif hinauf, durchstoße das zarte Gewebe des schützenden Himmels, finde Ruhe«, den

Satz, mit dem er Port ins Nichts zurückrufen sollte, »Reach out, pierce the fine fabric of the sheltering sky, take repose«.

Was mit Kit nach Ports Tod geschehen sollte, fiel ihm erst ein, als Jane telegrafierte, sie träfe am einunddreißigsten Januar in Gibraltar ein. Paul kam zu spät, weil die Zollbehörden für Babarhio ein Gesundheitsattest verlangten, so als hätte der Papagei eine Nachricht für den algerischen Widerstand in seinem Repertoire. Als Paul und Jane nach einem halben Jahr der Trennung schließlich in Tanger zusammentrafen, in einer eigenartig gespannten Mischung aus Besorgnis und aufgeregter Erwartung, hatte Paul guten Grund, ihr sein Romanmanuskript vorläufig nicht zu zeigen. Und sie fragte, ahnungsvoll, zunächst auch nicht danach.

5

Er war mit ihnen beiden scharf ins Gericht gegangen. Wenn er manche Seiten des Manuskripts überflog, erschrak er über die sachliche Unerbittlichkeit, mit der er ihre sentimentalen Selbsttäuschungen sezierte und zerschlug. Er entdeckte darin sogar Passagen, in denen Port Kit an den Gedanken gewöhnen wollte, mit ihm in Afrika zu bleiben. War das Buch am Ende klüger als sein Autor? Offenbar wusste es mehr über ihn als er selbst. Wie er es auch immer drehte und wendete: Port und Kit Moresby hatten einiges mit ihm und Jane gemein.

Port Moresby faszinierte die vage Bedrohlichkeit Nordafrikas. Er dachte es sich unberührt vom Krieg und den scheußlichen Verheerungen der westlichen Zivilisation – erfrischend einfach, auf eine unschuldige, gesunde Weise

»primitiv«. Er hatte alle Warnungen der amerikanischen Behörden, keine Ausflüge ins Landesinnere zu unternehmen, verächtlich in den Wind geschlagen und sich nicht einmal gegen Typhus impfen lassen: Er war kein Tourist. Andererseits hatte er Kit und George Tunner zu ihrer Reise nach Oran nur überredet, weil er von dort aus jederzeit in das sichere Spanien übersetzen konnte. Es erregte ihn seltsam, ja widersinnig, zu wissen, dass ihm hier unten niemand helfen würde, und als er mit Kit und Tunner auf dem schäbigen Dock von Oran herumstand, ratlos, unruhig, enttäuscht, und die algerische Sonne mit ungeahnter Kraft auf ihn niederbrannte, erwog er bereits die Überfahrt nach Istanbul. Doch damit hätte er sich vor Kit und Tunner, der Kit mit seinen Avancen behutsam belagerte, lächerlich gemacht. Und insgeheim wünschte er sich nichts weiter, als dass er und Kit nach elf Jahren Ehe in der Fremde wieder zusammenfanden.

Kit Moresby ging nicht so weit, Deutschland und ganz Europa von der Erdkarte getilgt sehen zu wollen. Sonst teilte sie die Verachtung ihres Mannes für das technisierte Zeitalter, worin die Menschen jedes Landes den Menschen jedes anderen immer ähnlicher wurden, ohne Schönheit, Charakter, Kultur. Dass die Oasenstädte der unermesslichen Sahara von der Krankheit des Westens nicht befallen waren, mochte sie Port zwar glauben; aber es hätte ihr besser getan, fand sie, wenn sie nach Italien gereist wären, wo die Städte über Kirchen verfügten, Taxis, fließend Wasser und niveauvolle Hotels. Doch sprachen sie mittlerweile nichts mehr ab untereinander, ließen es bei streitsüchtigen Andeutungen bewenden und Zurechtweisungen, »Hör um Himmels willen jetzt sofort auf, darüber zu reden!« – und lehnten sich dann unbehaglich in ihre Gereiztheit zurück. Sie hoffte, Port würde auf Tunner eifersüchtig werden, damit sie für ihn überhaupt wieder begehrenswert erschien.

Port kam mit der Welt zurecht, so wie sie für ihn war, Kit gelang das nicht. Sie besaß überhaupt kein Bild von »der Welt«. Sie fürchtete Ports beschaulich schwermütige Selbstbezogenheit, mit der er auf das Nichts starrte. Unendliche Nacht umgab in seinen Augen die Dinge, lag hinter dem Himmel auf der Lauer, im Tod und damit im Leben. Sie war sich schmerzhaft darüber im Klaren, dass er sich wünschte, sie würde von dieser leeren Weite so erschüttert werden wie er. Alle Mühen ergaben als Endsumme eine Null: Wie er sich damit abfinden konnte, war ihr unbegreiflich. Nichts war für sie einfach nichts – und machte ihr Angst. Wenigstens hatte sie das Gefühl, hier in Oran und auf ihrer Reise hinab in den Süden ohne Scotch und Champagner auskommen zu können.

Besonders in der Fremde hielt sie an ihrem System der Omen fest, das an den meisten Tagen völlig ausweglos war: Auch ein günstiges Vorzeichen konnte ein Köder sein, der sie in die Katastrophe lockte. Dieselbe Stimme, die sie warnte, wenn sie zu viel trank, sagte dann zu ihr: »Sieh dich vor. Übereile nichts.« Fühlte sie sich glücklich, war ihre Umsicht eingeschläfert. Also blieb sie vor jedem Glücksgefühl auf der Hut. War sie ein Feigling? Alles in allem wollte sie für keinen Schritt, den sie und Port zusammen unternahmen, verantwortlich sein – aus Sorge, es wäre der falsche. Vergebens suchte sie bei ihm Halt: Port fehlte es an Ehrgeiz und Energie, sein Dasein mit einem Sinn zu erfüllen, der es ihr erlaubt hätte, von ihrem Aberglauben Abschied zu nehmen, der der Welt zumindest etwas Sinn abgewann. Obgleich sie sich immer noch für den Gedanken begeisterte, Port könnte ein so großer Schriftsteller werden wie Proust und dadurch weniger unausstehlich, war er über ein paar schläfrige Zeilen nie hinausgekommen. Solange er ein triviales Leben führte, klagte er, konnte er nicht darüber schreiben, und außerdem lenkte ihn Tunner ab, der nicht von ihrer Seite wich.

Von der inneren Erstarrung, in der sich Kit und Port eingerichtet hatten, ahnte George Tunner selbstverständlich nichts. Aufrichtig bestaunte er dieses vielleicht etwas gelangweilte, verwöhnte, doch hochintelligente Paar, das die Welt sein Eigen nannte, Europa, den Nahen Osten, die Karibik, ganz Südamerika. Von manchen Städten, wie Täbris, hatte er noch nie gehört. Da er sie mit der Ehrerbietung eines Vaters behandelte, dessen Sprösslinge sich als Wunderkinder entpuppt hatten, waren Kit und Port wiederum – und dies zu ihrem uneingestandenen Ärger – eingenommen von Tunners Charme. Allerdings kam Kit das fest installierte Lächeln Tunners falsch vor, und sie nahm es Port übel, dass er sie beide nicht daran gehindert hatte, Tunner in letzter Minute nach Nordafrika einzuladen. Tunner, sagte sie Port denn auch mit nervösem Zorn am Abend ihrer Ankunft in Oran (während sie an ihren Fingernägeln feilte), sei mehr seine Angelegenheit als die ihre – und aufgebracht von diesem ziellosen Geplänkel, flanierte Port nachts allein durch die Straßen der Stadt.

Unversehens fiel er einem Touristenfänger in die Hände, der aus Erfahrung wusste, wonach Ausländer hier vor allen anderen Dingen Ausschau hielten. Er führte ihn über abschüssige, bald menschenleere Schotterwege in eine Zeltstadt am Rande Orans, wo sich Port nach lästigem Gefeilsche mit einer Prostituierten vergnügte. Es stand für ihn außer Frage, dass Kit mit einem Volltrottel wie Tunner nichts anfangen würde. Dennoch konnte er vor sich nicht vollständig verbergen, dass er mit seinem dummen Fehltritt Kits etwaigem Treuebruch vergeltend zuvorkommen wollte. Kit lag im Hotel den größeren Teil der Nacht wach und fand am Morgen Ports Bett noch immer unberührt.

Sie fragte ihn nicht, was er diesmal wieder angestellt hatte. Mittlerweile lag so viel Unausgesprochenes zwischen ihnen, dass sich ihre Gespräche in Phrasen erschöpften.

»Was ist nur los mit dir?«

»Was soll schon los sein?«

»Aber etwas ist doch nicht in Ordnung?«

»Wenn du mich weiter mit deinen Fragen löcherst, dann ganz bestimmt.«

Beide waren außerstande, den anderen spüren zu lassen, wie sehr sie einander brauchten: Wer zuerst einbekannte, dass er den anderen liebte, hätte sich eine Blöße gegeben, und so verfingen sie sich unaufhörlich in hässlichen Wortgefechten. Streit schien oft die einzige Form der Unterhaltung, die sie sich noch abringen konnten. Als der mit seiner Mutter reisende Eric Lyle anbot, sie beide im Auto nach Boussif mitzunehmen, sprach Port nicht aus, was er sich sehnlich wünschte, »Kit, ich möchte, dass wir jetzt zusammenbleiben« – sondern bemerkte nur trocken und knapp, im Auto sei es doch bequemer als in der Eisenbahn. Obwohl ihr vor Zügen graute, entschied Kit sich daraufhin für die Bahnfahrt mit Tunner. Port wünschte ihnen ein Zugunglück an den Hals. Und sein Fluch erfüllte sich.

Wenn auch anders, als er ihn sich dachte: Tunner hatte gegen Kits Eisenbahnphobie einen Zaubertrank bei sich.

Er lähmte sie auf der neunstündigen Fahrt mit Champagner in Thermosbechern, bis sie sich gegen den muskulösen Druck seines Arms um ihre Hüfte nicht mehr wehrte und neben ihm nackt in einem Hotelzimmer in Boussif aufschreckte, ihn mitsamt dem Gepäck auf den Patio scheuchte und die letzte der sechs Flaschen in einem Zug leerte.

Ohne Absprache waren sich Kit und Port nunmehr einig darin, Tunner loswerden zu müssen: Kit wollte sich von ihm trennen, weil seine Allgegenwart sie an die unselige Nachtfahrt nach Boussif erinnerte – und Port aus einem Gefühl stiller Zärtlichkeit für sie und einem Unbehagen heraus, einem Frösteln, einem Fieber, das seit einigen Tagen immer heftiger in ihm tobte. Eric Lyle hatte seinen Pass gestohlen, ihn seiner Identität beraubt: Die Götter, schien es Kit, waren endgültig auf Rache aus, verwickelten sie in ein Netz des Bösen, das sich nach und nach um sie zuzog. Sie beschloss, sich ihrem Schicksal zu fügen. Alles war vorherbestimmt.

Hingerissen bestaunte sie ungewöhnlich hochgewachsene, dunkle Gestalten in indigofarbenen Schleiern, die auf ihren Kamelen vorüberritten: Es war wunderbar, im Atomzeitalter noch solchen Menschen zu begegnen, so unverfälscht, so authentisch und wie vom Aussterben bedroht. Aber je weiter sie von Aïn Krorfa über Bou Noura und El Ga'a in die Sahara vordrangen und im Latrinengeruch der Hotels mit Eintöpfen vorliebnehmen mussten, in denen sich Mehlwürmer krümmten, desto hilfloser breitete Kit ihre Abendkleider auf den Betten aus wie Fragmente eines Talismans, ihre Schuhe, die Flakons Helena Rubinsteins, Schmuck und Schminkspiegel, die böse Blicke abwehrend zurückwarfen. Hinten auf dem dröhnenden Lastwagen nach Sbâ zog sie Port näher an sich heran, um sich an ihm zu wärmen, hielt seinen Kopf auf ihrem Schoß von sich weggewandt, damit er nicht in ihre Richtung atmete, stoßweise, als erbräche er sich in sein Inneres.

Aus schlechtem Gewissen rückte sie mehr und mehr von ihm ab. Anstecken wollte sie sich nicht. Sie ekelte sich vor dieser Kloake, in die Port sich zu verwandeln begann, wenn seine Hände kraftlos nach den ihren tasteten. Ihr Port, der Porter Moresby ihrer elf gemeinsamen Jahre, war das nicht mehr. Hin und wieder versäumte sie es, ihm seine Medizin gegen das Fieber einzuflößen.

»Ich habe Angst«, keuchte er in der Kammer, die der Hauptmann der Garnison von Sbâ ihnen zugewiesen hatte, »aber es ist nicht nur das«, und sie spürte seinen heißen Atem auf ihren Fingern: »All die Jahre habe ich nur für dich gelebt. Ich habe es nicht gewusst, aber jetzt – jetzt weiß ich es. Und jetzt gehst du fort von mir.« Er nestelte an seiner Decke, als sammelte er etwas ein. Als Tunner die beiden schließlich fand, ließ Kit Port für zwei Stunden allein. Sie streckte sich neben Tunner im Dünensand aus. Nun würde Tunner sich um Port kümmern. Zurück in der Kammer, in der Port verrenkt und bewegungslos lag, die Augen erstarrt, rührte sich nichts mehr in ihr. Benommen beobachtete sie zwei Fliegen, die sich rasend auf Ports Unterlippe paarten.

Tunner hämmerte gegen die Kammertür.

»Alles in Ordnung mit ihm?«

»Ja. Unverändert.«

Anderen in der Garnison log Kit vor, Port ginge es schon viel besser, und packte, über ihren leisen, regelmäßigen Atem beruhigt, einen kleinen Koffer zusammen, wenige Kleider, Scheckbuch und Pass und Ports tausend Francs. Sie fühlte sich dermaßen einsam, dass sie sich nicht erinnern konnte, wie es war, nicht einsam zu sein. Sie konnte keine Fehler mehr begehen, keine Reue mehr empfinden, keine Vergebung mehr erwarten: Sie würde in die Wüste wandern, ohne eine Spur zu hinterlassen. Sie schloss sich einer Karawane der Tuareg an, die weiter südwärts zog.

Zwei aus der Karawane vergnügten sich abwechselnd an ihr. In Adrar sperrte einer der beiden sie, als Araberjunge verkleidet, in einen niedrigen Raum. Aus Eifersucht versuchten seine drei Frauen, sie langsam zu vergiften, und halfen ihr zuletzt, im Tausch gegen ihren Lippenstift, aus den labyrinthischen Fluchten der Sandstadt hinaus. Das Aufheulen des Flugzeugs, das sie nach Oran zurückbringen sollte, ließ sie hochblicken. Sie starrte in die Sonne. Jemand hatte ihr einmal erklärt, dass der Himmel die Menschen schützte vor der Nacht dahinter, dem Nichts, das über ihnen drohte. Wer, das wusste sie nicht mehr.

6

Der Roman war ein Orakel für sie.

Als sie Pauls fertiges Manuskript Ende Mai 1948 in Tanger aus der Hand legte, war Jane von Entsetzen gelähmt: In seinen Briefen hatte er bescheiden, immer so bescheiden von seinem »kleinen Roman« gesprochen, mit dem er in den ungastlichen Wüstenoasen halbwegs vorangekommen war, bloß damit sie sich von ihrer eigenen Schreibmühsal nicht entmutigen ließ. In Wirklichkeit hatte er in kürzester Zeit auf beschwerlichen Routen Marokko hinab und Marokko hinauf einen Roman hingelegt, wie ein Händler in den Sūqs vor heiklen Touristen am Schluss mit fliegender Hand jenen einen Teppich auf den Fliesen entrollte – der durchgearbeitet war bis ins allerletzte prunkende Detail, sodass jedes Feilschen ungehörig schien. Jetzt bewahrheitete sich, was Jane schon immer gefürchtet hatte: Paul war der Begabtere von ihnen, origineller und berufen zum Erfolg. Sie taugte zu nichts – so war ihr zumute, als sie »The Sheltering Sky« noch einmal las.

Aber da war noch viel mehr.

Das Ende des Romans war offen geblieben, und als Jane Paul fragte, was mit Kit Moresby nach ihrer Ankunft am Flughafen von Oran geschehen würde (und ihre Stimme dabei angerauter war als sonst), versetzte Paul, Kit sei wahrscheinlich in irgendeinem Bordell verschwunden. Was wollte er ihr mit alldem nur sagen? Dass angesichts der Niedertracht der Menschheit die Gleichgültigkeit zwischen Liebenden die einzige Sünde war, vor der man sich fürchten musste? Sprach er eine Warnung aus? Wollte er ihr zeigen, wie es um ihre Ehe bestellt war, »So sind wir geworden, Janie, und müssen unser Leben ändern«? Waren sie derart nachlässig, derart leichtfertig und achtlos einander gegenüber wie Kit und Port? Warum hatte sich ihr Budupple in Gestalt Ports zu Tode gebracht? Port sei an seiner Stelle gestorben, weil er selber – gab Paul pathetisch kund – »dem wartenden Feind dort draußen, dem Tod«, ein Leben schuldete, seitdem er dem Typhus entkommen war. Wünschte er sich, dass sie, als Araberknabe maskiert, von Nomaden geschändet wurde, bis sie wie Kit sogar süchtig war nach dieser Erniedrigung? Was fiel ihm eigentlich ein?

Jane verstand durchaus, dass Paul ihre und seine Ängste im Roman vorab zu bannen suchte, ihre Furcht vor Marokko und seine Furcht vor ihrer Furcht und vor der ewigen Nacht um sie her. Doch sooft Paul ihr auch beteuerte, »The Sheltering Sky« sei schließlich nur ein Roman, ein Kunstwerk vielleicht, am Ende aber gewiss nichts weiter als eine erfundene Geschichte: Sie fühlte darin ihr ganzes Schicksal prophezeit. Paul hatte sie verflucht. Er trachtete ihr nach dem Leben.

Und ihr Entsetzen legte sich nicht. Eifersüchtig spuckte sie von nun an fluchend auf den Boden, wenn Ahmed Yacoubis Name fiel. Denn bald war es kein Rätsel mehr für sie, warum Paul mit seinem jungen Schützling aus Fès erster Klasse von Gibraltar über Bombay und Cochin bis hinab ins burmesische Rangun reiste. Paul zog sich den ansehnlichen Burschen zu seinem arabischen Lustknaben heran. Er kaufte die Insel Taprobane: Neben Ahmed wollte er Jane in der Nähe wissen, doch als seine Gefangene, wähnte sie, abgesondert von der Welt.

Kaum einen Monat hielt sie auf dem kleinen Eiland durch – einem achteckigen Anwesen ohne Türen, Wasser und Strom. Die Hitze in den Poren, musste man in regelmäßigen Kontrollgängen gegen Abend die Fledermäuse mit Taschenlampen verscheuchen. Jane fand erst etwas Schlaf, nachdem sie auf der gegenüberliegenden Küste von Ceylon Unmengen von Gin aufgetrieben hatte: Sie konnte schreiben, nur wenn sie trank, und wenn sie trank, schrieb sie Briefe an Verwandte und Freunde, worin sie erklärte, warum sie nicht schreiben konnte. Von der Bürde des Schreibens befreit, verfasste sie keine Zeile ihres neuen Romans, Paul indessen flugs seinen nächsten und bestrafte sie damit. Jede andere Erklärung schloss sie aus.

7

Sie kehrten nach Tanger zurück. Doch fand sich Jane dort ebenso wenig zurecht wie ein Geheimagent der Alliierten im Zweiten Weltkrieg, der mit Fallschirm am falschen Ort irgendwo in der deutschen Provinz abgeworfen worden war.

Paul hingegen wusste, er würde in Tanger stets ein Fremder bleiben, ein Tourist auf Dauer wie überall sonst; doch ihm machte das nichts aus. Marokko stand für die ganze Welt. Nirgendwo gab es Sicherheit. Tanger war eine Stadt der Spiegelungen, die seine Einbildungskraft reizte: Menschen der westlichen Welt, sagte er sich, glaubten an Bakterien, Marokkaner an Gespenster, an Geister, an Dschinns – und an die fürchterlichste von ihnen, Aicha Qandisha, die einen mit der Stimme der eigenen Mutter zu sich rief und unter ihre Herrschaft zwang. Er glaubte nicht *nicht* daran, und dieses »Nicht nicht daran glauben« prägte sich allem auf, was er in Marokko hörte und sah. Er hielt auf Abstand. Trotz seiner Neugier.

Doch was er mit Kit Moresby in Jane erkannt hatte, schien er vergessen zu haben: Janes panische Lebenslust wusste nichts von Distanz. Sie lieferte sich Tanger aus, weil sie Tanger erobern wollte, und ging schon in aller Frühe zum Markt Zouk ez Zra, wo die Kornhändlerin Lamina Bakalia in ihrer Betonbaracke hockte, hinter Hügeln von Hafer und Weizen, und sich offen lesbisch gebärdete und wie ein Mann. Jane himmelte sie an. Mit Whisky, Schmuck, Kaftanen, Geld und Zigarettenstangen wollte sie sich dieses unerreichbare Geschöpf gefügig machen, in dem für sie ganz Marokko verborgen schlummerte. Bald war Lamina Dauergast an der Place Amrah, und Paul fügte sich still, weil ihm in seiner Liebesfreundschaft zu Jane nichts über deren Unabhängigkeit ging – bis Jane beim Hausputz unter ihrer Matratze, in Blumentopferde und Kannen auf feinverschnürte Päckchen stieß, worin sich zerriebene Kristalle befanden, verbranntes Leinen, blutverkrustete Fingernägel und Schamhaar.

Natürlich war Ahmed Yacoubi, von seinem Vater in der Magie unterwiesen, der Erste, der in den Päckchen das Böse erkannte. Schrill bezichtigte er Lamina der Hexerei, Lamina drohte Jane, sie ein für alle Mal zu verlassen, wenn sie ihr nicht das Haus an der Place Amrah überschrieb, Jane beschwor Paul, ihrer Geliebten das Haus zu schenken, und Paul gab nach: Lamina hatte schon mehrfach, ein Klappmesser an ihrer Kehle, mit zwei Fingern ihrer Rechten auf ihn gewiesen, Augen und Herz.

Und dann starb er seinen zweiten Tod nach jenem ersten im Haschischrausch auf den Klippen von Tanger: Lamina verlangte mehr Geld, immer mehr, und während eines Streits erlitt Jane an ihrem vierzigsten Geburtstag im April 1957 einen Schlaganfall und wurde in eine katholische Klinik in Málaga überstellt. Selbst die abgeklärte Doktorin Yvonne Roux hatte Fälle behandelt, bei denen Menschen in Tanger schleichend vergiftet worden waren, und so verbreitete sich das Gerücht bis nach New York, Jane sei von einer Bäuerin hörig gemacht und mit Erbsenbrühe und schwarzer Magie ihres Verstandes beraubt worden. Andere winkten lässig ab: Jane hätte sich mit ihrer Angewohnheit, beim Ramadan nichts zu essen, aber mehrere Gläser Gin bereits am Vormittag zu sich zu nehmen, in ihren Schlaganfall hineingetrunken. Da er sich weigerte, ihr beim Suizid behilflich zu sein, war Paul jetzt tatsächlich zu ihrem Feind geworden, als den ihn Jane 1937 empfunden hatte. In der Klinik redeten innere Stimmen von allen Seiten auf sie ein.

8

Nachdem sie 1973 aus ihrem letzten Koma nicht mehr erwacht war, schien es Paul, es ereigne sich auch nichts mehr: Von Lamina in einen Neubau vor den Toren der Stadt getrieben, alterte er, vornehm, unmerklich, wie unter einem Glassturz aus angehaltener Zeit. Tagelang krümmte er sich hinter einem schweren grünen Samtvorhang in einer Ecke zwischen Teetassen und randvollen Aschenbechern, rauchte Kif und rührte sich nicht. Wenn Nachbarn ihn grüßten, antwortete er freundlich, als spräche er zu Fremden, und sie gingen verwundert ihres Wegs. Bis spät in die Nacht übersetzte er Erzählungen aus dem Arabischen, raffte sich mittags auf, wie von weit her zurückgekehrt, ließ sich von seinem Chauffeur Abdelwahab auf die Post und den Markt bringen und streichelte dort die streunenden Katzen, die sich seit Janes Abwesenheit weigerten, in seinem Apartment Zuflucht zu suchen.

Spätnachmittags umgaben ihn spießige, zenverzückte Hippies und Journalisten mit Jetlag und Magenverstimmung. In seiner Gegenwart stritten sich Biografen um die richtige Deutung seines Lebens und glänzten mit daseinsfeindlichen Zitaten, die sie aus dem Zusammenhang seines Werks herausrissen: Mit ihrem eingefrorenen Lächeln wirkten viele auf ihn wie die glücklichen Arbeiter auf den Propagandaplakaten der Sowjets und waren meist traurige Gestalten, humorlos bis ins Mark und ohne Esprit. Jane hatte sie schon immer gehasst; Jane hatte ihn schon immer zum Lachen gebracht. Von Bewunderern umschwärmt wie ein Rockstar, lauschte er nun vereinsamt von seinem winzigen Balkon aus dem Ostwind El Charqi, auf dessen gehässiges Fauchen und Zischeln in den Palmen immer Verlass gewesen war. Die Welt brodelte von Worten, weiterhin: Ihm gingen sie aus. Den einen Menschen, für den er sie alle geschrieben hatte, diese eine Hälfte seiner selbst, gab es nicht mehr. Er besaß keinen Grund, irgendwo zu sein.

Er war unendlich reich gewesen, sagte er, und wusste es erst jetzt. Er hatte gelebt durch sie und gearbeitet, um ans Leben sonst nicht denken zu müssen. Am Ende war der Tod ein Ereignis, dem man mit gefasster Freude entgegensehen konnte. Im Sterben würde man sich noch einmal einen Spiegel reichen lassen, um sich darin zu mustern und dem Greis darin zuzuflüstern, »Leb wohl, wir sehen einander nie wieder«, und das Spiegelbild würde erwidern: »Gott sei's gedankt.«

KAPITEL XI

DIE WAHRHEIT, UND WÄRE ES EIN VERBRECHEN

Robert Antelme, Dionys Mascolo und Marguerite Duras

I

Sie konnte sich in jedes Ding vertiefen und eine Geschichte daraus machen. Einmal hatte sie zur Einrichtung ihres neuen Hauses in Neauphle-le-Château nahe Versailles bei einem Antiquitätenhändler eine Kommode erworben und stieß darin auf ein Unterkleid aus feinstem Leinen, das hinter die mittlere Schublade gerutscht und peinlich sauber war bis auf zartrosa Blutflecken der Menstruationstage: Vor über zwei Jahrhunderten musste die Besitzerin das Mieder voller Scham wieder und wieder gewaschen und ausgebessert, in die Kommode gesteckt und dann tagelang gesucht haben, ohne sein Verschwinden je zu begreifen.

Marguerite Duras liebte es, Geheimnisse wie dieses ans Licht zu holen und sie mit kindlichem Lachen in nächtlichen Telefongesprächen Freunden zu erzählen. Doch als sie, mittlerweile sechzigjährig, 1975 in den blauen Schränken ihre im Krieg vollgeschriebenen Hefte entdeckte, fand sie vor Trauer und Erschrecken lange Zeit nur wenig Schlaf. Sie floh mit einer Flasche Rotwein unter die Decken und dämmerte für einige Stunden weg. Aber kaum graute der

Morgen, lagen die vier Hefte noch immer im Salon, der Umschlag des obersten Bandes feinrot geädert wie die Wange einer uralten Frau.

Sie hielt doch Ordnung in ihrem Haus: Sie konnte sich nicht erklären, wie die Hefte in die blauen Schränke gelangt waren. Sie wurde den Verdacht nicht los, jene junge Fremde aus der Zeit des Krieges, die sie einmal gewesen war, habe die Hefte hinter ihrem Rücken in die Schränke geschmuggelt, um ihr über die Jahrzehnte hinweg den Prozess zu machen und sie an all das zu erinnern, was sie einst vorsätzlich hinter sich gebracht und vergessen hatte, damit sie die Kraft zum Weiterleben wiederfand. Bis zur Entdeckung der Hefte hatte sie nicht gewusst, wie unnachgiebig gerade die verratene Liebe dem Verdrängen widerstand. »Aber habe ich Robert wirklich verraten?«, fragte sie das Haus, das ratlos schwieg.

Manche ihrer Freunde, die übers Wochenende aus Paris auf Besuch kamen, fanden es etwas verschroben, wie starrsinnig Marguerite in ihrem Haus ihrer Einsamkeit nachging. »Wie soll ich sonst solche Bücher schreiben?«, gab sie fahrig zurück, »Bücher, die es noch nie gegeben hat?« Die Spinnwebstille des Hauses in Neauphle-le-Château auf felsigem Hügel zog einen Kreis, der die Welt ausschloss. Alle ihre weiblichen Romanfiguren wohnten hier, in den Wänden: besessen, zerschmettert, aber nicht zerstört. Marguerite Duras ließ es sich gerade noch gefallen, dass die Dorfkinder in ihrem Park auf dem zugefrorenen Teich Schlittschuh liefen: Sie wachte über sie, und nachmittags wanderte sie mit ihrem Sohn Jean Mascolo auf den tiefverschneiten Wegen hinein in die Wälder von Rambouillet und Versailles, wo sich ihre Ahninnen im Mittelalter mit den Bäumen beraten hatten. Das Haus und der Park und die Wälder boten Zuflucht vor den Demütigungen ihrer Kindheit, Gewalt und Gebrüll und Schamlosigkeit. Fast machte es die Kindheit ungeschehen, manchmal löschte es sie aus.

Denn als sie das Haus in Neauphle-le-Château vor zwei Jahrzehnten für sich und ihren Sohn gekauft hatte, glaubte sie, es hätte schon immer ihr gehört, so vertraut war es ihr auf Anhieb: Als wäre sie hier geboren worden und nicht unter einer verschleierten Sonne im grünen Schwemmland um Saïgon. Erbaut vor der Revolution, erzählte das Haus eine Geschichte, die sich mit ihrem Erwachsenenleben verband: Den trockengelegten Steinbrunnen im Park hatten Widerstandskämpfer als Waffenversteck genutzt, ehe SS-Offiziere das Haus ab 1940 besetzt hielten, denen die ehemalige Scheune als Mülldepot gedient haben musste: Im Erdreich staken Messerklingen, grüne Scherben von Champagnerflaschen, Austernschalen, leere Dosen von Gänsestopfleber und Kaviar.

In jenen Jahren der Besatzung durch die Nationalsozialisten hatte sie die vier Hefte mit Erinnerungen an ihre Kindheit gefüllt aus Angst, sie zu vergessen, und mit Tagebuchaufzeichnungen, als ihr Ehemann Robert Antelme durch die Denunziation eines Gestapospitzels nach Buchenwald und Dachau verschleppt worden war. Auch Romanentwürfe fanden sich darin, die sie offenbar im Gedächtnis behalten und in den Jahren nach dem Krieg verwirklicht hatte in der Abgeschiedenheit des Hauses in Neauphle-le-Château, ohne auf die Zeit zu achten: Nur ein einziges Mal in ihrem Leben hatte sie die Stunden gezählt und die Tage, beim Warten auf die Rückkehr Roberts. Danach bedeutete die Zeit nichts mehr für sie.

Nun erinnerte sie sich sogar an all die Dinge, die in den Heften nicht verzeichnet waren. Sie blätterte wieder und wieder darin, las sich fest, geriet in einen Wortwechsel mit sich selber und brach zu ihrer Entrüstung in Tränen aus, und die dahineilenden Zeilen schleuderten sie fünfzig Jahre zurück an die Ufer des Mé Kong und in den Regen, der über das Land herabstürzte und die Elefantenberge verhüllte. Sie spürte die Faust des Bruders an Schläfe und Hals. Sie roch ihren Ekel vor dem Vietnamesen, den sie sich als Liebhaber genommen hatte, nachdem der Reisanbau ihrer Mutter gescheitert war. Sie sah erneut ihre Visionen von Robert auf dem Todesmarsch von Buchenwald nach Dachau und die Verhöre von Faschisten und Kollaborateuren in den Katakomben von Paris. Sie bestaunte die Loyalität und Liebe ihres Freundes Dionys Mascolo zu ihr und zu Robert, und Roberts grenzenloses Verzeihen, das sie noch immer, noch heute nicht verstand.

2

Sollte man sich unter einer Mutter einen Menschen vorstellen, zu dem man gelaufen kommt, wenn einen etwas bedrückt, war Marguerites verwitwete Mutter Marie Donnadieu eben keine. Als Marguerite in den Ferien an der Küste des Südchinesischen Meeres 1925 ihre erste Periode hatte und der Blutfluss nicht aufhören wollte, sagte ihre Mutter kein Wort. Madame Donnadieu hatte Wichtigeres vor, als ihre Tochter aufzuklären: Sie besaß heiligen Respekt vor dem Geld und wollte die Reiskönigin des Pazifiks werden, und die korrupte französische Kolonialverwaltung drehte ihr für die Ersparnisse von vierundzwanzig Jahren Lehrerinnenfron ein Stück Land an, das jedes Jahr für sechs Monate überschwemmt war. Die Dämme, die Madame Donnadieu im Jahr darauf errichten ließ, brachen ein, von Zwergkrabben angenagt, und in nur einer Nacht war die ganze Reisernte von den Salzfluten des Chinesischen Meeres zerfressen und versank.

Aus Rache fielen die Mutter und der opiumsüchtige Bruder Pierre im Wechsel über die schmächtige Marguerite her. Nachdem die Fünfzehnjährige auf der Fähre über den Mé Kong einem reichen, pockennarbigen Vietnamesen mit Diamantring und schwarzer Limousine samt weißlivriertem Chauffeur begegnet war, beschworen sie Mutter und Bruder Pierre: Schlafen sollte sie mit ihm nicht, da eine Heirat zwischen einer Französin und einem Gelben anstößig war – aber sich die Brüste streicheln und »dort unten« berühren zu lassen für das Geld, mit dem sich die Not der Familie lindern ließ, das ging doch an? Als der Vietnamese sie einmal küsste, fühlte sich Marguerite bis in ihre Seele hinein vergewaltigt.

Immer wenn sie sich für ihr Tun und die Gier von Mutter und Bruder schämte und in ihr Zimmer einschloss, prügelte die Mutter sie mit einem Stock heraus und reichte sie erschöpft an Pierre weiter, der das Geld des Vietnamesen konfiszierte und Marguerite dann mit Fausthieben dafür bestrafte, sich von dem Gelben aushalten zu lassen: Sie war eine Hündin, Schlampe, Fotze, die jüngste Nutte Saïgons, und jeder Hieb würde sie wieder in eine Jungfrau zurückverwandeln.

Marguerites Vorrat an Scham war für immer aufgebraucht. Klein, energisch, zäh und zugleich verletzlich, mit wachen

Augen und goldbraunem, straff zurückgekämmtem Haar, kam sie als Wrackgut dieses Familienschiffbruchs achtzehnjährig nach Paris. Zuerst verliebte sie sich in Robert Antelmes Hände, dann in seine Sanftmut, Empfindsamkeit und Intelligenz: Um die drei Jahre älter, gehörte er zu den wenigen Männern, die sie als Schriftstellerin achteten und die Abgeschiedenheit, die für ihre Arbeit vonnöten war.

1939 erhielt Robert ein Telegramm: »Komme morgen zurück nach Paris. Möchte dich heiraten. Stop. Marguerite.« Ihr Trauzeuge war ihr damaliger Liebhaber nebenher, ein britischer Journalist, und der Ehering das Wahrzeichen einer sexuellen Freiheit, die sie einander vor dem Altar schweigend gelobten. An ihrer Liebe füreinander änderte das nichts. Als sich der Verlagslektor Dionys Mascolo unsterblich mit Robert anfreundete, empfand es Dionys als Treuebruch gegenüber Robert, wann immer er mit Marguerite schlief: Er liebte sie, aber sprach es nie aus, um in dieser Verstrickung so zumindest ein Stück Selbstachtung und Treue zu Robert zu bewahren. »Es muss sie geben«, sagte Dionys Jahrzehnte später, »die Liebe zwischen Männern, ohne diesen sogenannten homoerotischen Unterton, einfach so, es gibt sie, ich habe sie gelebt, die Liebe zu Robert, wissen Sie, ich habe Robert geliebt, ohne Verlangen, einfach nur geliebt.«

Wie Robert und Marguerite kam auch Dionys mit den Großintellektuellen jener Jahre, Jean-Paul Sartre, Albert Camus, Simone de Beauvoir, nicht zurecht: Sie sprachen von »Engagement«, hatten dann aber keine Ahnung, so Sartre, »was tun«, und veröffentlichten mit dem taktischen Segen der nationalsozialistischen Propaganda-Bürokraten ihr alles durchdringendes Unbehagen an sich selber als den

»Mythos von Sisyphos« und »Das Sein und das Nichts«. Auch aus Protest gegen diese Verzagtheit traten Marguerite und Robert unter dem Decknamen »Leroy« mit Dionys der Résistance um François Mitterrand bei.

Nach Roberts Verhaftung wussten Dionys und Marguerite lange nicht, wo in Deutschland Robert überhaupt war. Tag und Nacht blieb Dionys in der Rue Saint-Benoît bei Marguerite, schlief auf dem Sofa und hörte auch dann nicht auf, an Roberts Rückkehr zu glauben, als Marguerite in ihren Visionen Robert tot an einem Wegrand in Bayern liegen sah, mit einem Kopfschuss hingerichtet von einem SS-Offizier. Sie wollte nicht mehr leben, wenn Robert nicht mehr lebte; sie organisierte einen Suchdienst und harte Verhöre französischer Kollaborateure.

In ihrem Schmerz hätte sie alle Bücher, alle Theorien in Stücke reißen mögen, die da sagten, die Liebe sei nur ein von Film und Literatur abgekupfertes Nichts. Den Hass gab es ja auch, den Hass auf achtzig Millionen Deutsche, die sie in Träumen in ihrem Schweineblut zwischen den Ruinen verbrannter Städte krepieren sah.

Nach der Befreiung von Paris 1944 schleppte sie sich über zehn Monate an die Bahnhöfe, überflog dort die Listen der Verschollenen, stellte sich vor die Hoteleingänge mit den Fotos ihres Mannes, durchkämmte Auffanglager; vergebens. Schließlich fand Dionys Robert in Dachau unter Toten liegen, erkannte ihn an seiner Stimme, die »Dionys« murmelte, »Dionys, hier bin ich, hier«. Danach erzählte er, im Jeep zurück nach Paris; er stellte Fragen an Dionys und an die Menschheit und beantwortete sie gleich selbst. Damit niemand vergaß, weil er wusste, dass er jetzt, gleich jetzt sterben würde, erzählte er von einem Dreizehnjährigen, der in Buchenwald so abgemagert war, dass es ihm nicht gelang, sich zu erhängen: Zum Erhängen braucht es Gewicht. Er erzählte von dem Frauenkorps, das eigens beauftragt war, jüdische Kinder zu erwürgen. Dass er immer an Marguerite gedacht hatte, um zu überleben, und wie schmerzlich es gewesen war und wunderbar wie Brot, das Brot, das es irgendwann nicht mehr gegeben hatte, nur ihren Namen zu flüstern, auch jetzt, da er starb. Wenn jemand von Nächstenliebe sprach, dann müsste der immer Marguerite sagen und Dionys und Dachau und der Kommunisten gedenken, die in Dachau die Schwächsten geschützt hatten, und Marguerite. Und Marguerite. Verachtung war das Übel in uns allen. Man durfte nicht anklagen. Auch die Henker gehörten derselben Menschenfamilie an.

Das war die Geschichte, die Marguerite Duras 1975 las in ihren Heften und aus ihrer Erinnerung in ihrem Haus in Neauphle-le-Château und worüber ihr der Schlaf verging.

3

Zehn Jahre später hatte sie den Vietnamesen in ihrem Roman »Der Liebhaber« zu einem eleganten Chinesen umgeschaffen mit einer Leichtigkeit, als spreche sie im Rausch. Das verbotene Verlangen der Figuren teilte sich unmittelbar den Lesern mit, als könnten die Worte bei Berührung des Papiers auf ihre Körper übergreifen. Obwohl Marguerite Duras betonte, der Roman beruhe auf keiner wahren Geschichte, schickte sie sich bald in die Rolle jenes fünfzehnjährigen Mädchens, das in der Wohnung des Chinesen in Saïgon behutsam entjungfert worden war, und der

Roman hatte ein klassisch schönes Ende: Jahre nach dem Krieg, den Ehen, Kindern, Scheidungen, Büchern rief der Chinese sie an und sagte ihr, »dass es wie früher sei, dass er sie immer noch liebe, dass er nie aufhören werde, sie zu lieben, dass er sie lieben werde bis zu seinem Tod«.

Ihre Biografie war nicht mehr, was sie gelebt hatte, sondern das, woran sie sich erinnern wollte, um davon zu erzählen. Sie konnte nachträglich werden, was immer sie gewesen sein wollte, und daran glauben. In Interviews über den Millionenerfolg sprach sie von sich in der dritten Person, »Ich jedenfalls weiß nicht, ob ich die Duras ertragen würde«. Kritik ließ sie nicht mehr zu. Jeder Vorschlag eines Lektors, dieses Wort oder jenen Satz zu streichen, prallte an ihr ab. Sie war so begehrt, dass man es ihr nachsah, wenn sie betrunken vor die Fernsehkameras trat. Männer legten sich vor die Schwelle ihres Hauses, wenn sie sich weigerte, mit ihnen ins Bett zu gehen.

Dann kam sie wieder zur Besinnung. In ihr regte sich eine Art perverser Leidenschaft für die Wahrheit, und wäre es ein Verbrechen. Sie war, das wusste sie, für viele von zweifelhafter Moral, und, ja, sie wollte reizen und irritieren, zuallererst sich selbst, wollte Rechenschaft geben und setzte jede Freundschaft und die Sympathie ihrer Leser aufs Spiel, als sie ihr Buch über den »Schmerz« aus den Heften der Kriegsjahre ab- und umschrieb dabei: über den Schmerz des Wartens auf Robert, den Schmerz der Lust an der Gewalt und der Einsicht, zu den Opfern wie zu den Tätern gehören zu können, den Schmerz schamloser Redlichkeit. Sie versprach sich, nichts als die Wahrheit zu erzählen – doch die ganze Wahrheit zu erzählen versprach sie nicht.

So würden die Leser erfahren, beschloss sie, wie sehr sie

es genossen hatte, die Denunzianten bei Verhören in den Kellern der Résistance foltern zu lassen; sie verschwieg jedoch, dass sie dabei auch an ihre Mutter gedacht hatte, den Bruder, an jeden KZ-Aufseher und an den Gestapospitzel Charles Delval. Den hatte sie – war im »Schmerz« zu lesen – in sich verliebt gemacht (im Glauben, damit die Begierde von Dionys anzustacheln), traf sich mit diesem Verräter ihres Mannes mehrmals die Woche, bis ihre Freunde in der Résistance um François Mitterrand glauben mussten, dass sie mit ihm schlief. Würde sie durch Delval ermitteln können, in welchem Lager Robert war? Im Café Flore stellte Delval sie vor die Wahl: Wenn sie ihm Mitterrand ausliefere, komme Robert noch in derselben Nacht frei. Sie ging nicht darauf ein und sah Delval erst vor Gericht wieder, das ihn auf ihre Zeugenaussage hin zum Tode verurteilte.

Sie erwartete Robert auf dem Treppenabsatz im ersten Stock der Rue Saint-Benoît, und als sie ihn erblickte, stürzte sie in die Wohnung zurück und versteckte sich zusammengerollt in einem Schrank. Nachbarn schütteten Rum in Marguerites Schreie. Sie erkannte Robert nicht wieder, eine Kreatur aus Hunger, die nagellosen Hände, die Beine wie Stelzen, die Haut wie Zigarettenpapier. Ihre Person bestand über Wochen nur aus dem Wunsch, an Roberts Stelle zu sein. Sie verheimlichte in ihrem Buch jedoch, dass sie neben Mitleid auch Abscheu empfand. Aber das war nicht das Schlimmste. Das Schlimmste stand unverhohlen mitten im Buch.

Dort, wo sie mit einer Entscheidung schockierte, die mancher Leser in der Tat für ein Verbrechen, sie selbst indes bis zu ihrem Ende für eine Geste der Aufrichtigkeit hielt. Robert war nicht mehr der Mensch, den sie einmal geliebt hatte. Und als er wieder zu Kräften gekommen war, aber nicht wusste, wie er seelisch in die Welt zurückkehren sollte, sagte sie, dass sie mit ihm nicht weiter zusammenleben wollte: Ihre Liebe war ausgelebt.

Im April 1947 ließ sie sich von ihm scheiden. Sie blieben zwar befreundet und sahen sich oft, doch eine Frage kam nicht zur Ruhe in ihr: Hatte sie ihn dadurch verraten? Dann ließ sie die Frage auf sich beruhen, da sie sie ohnehin nicht beantworten konnte. Sie musste weiter. Sie war schwanger von Dionys und würde immer allein tragen müssen, was sie gelitten hatte und litt, wie Robert. So viele Gesichter von sich sollte sie in Spiegeln noch vorbeiziehen sehen, gealtert und verbraucht und verjüngt und wieder verliebt. Nachdem sie 1975 die Hefte in den blauen Schränken entdeckt hatte, fiel der Alkohol abermals über sie her. Als »Der Schmerz« 1985 publiziert war, lag Robert hilflos im Krankenhaus: Roberts zweite Frau lehnte das Buch ab, weil sie es pietätlos fand, wie indiskret Marguerite Roberts Leiden zur Schau stellte, und Dionys Mascolo verurteilte es, weil darin die Erhabenheit ihrer abgöttischen Liebe zu Robert nicht zum Ausdruck kam.

Marguerite Duras blieb nur der Trost, dass in ihrem »Schmerz« die Geschichte dreier Menschen festgeschrieben war, deren Treue zueinander die Liebe lange überdauert und ihnen zur Tapferkeit verholfen hatte. Auch wenn der Krieg für sie alle niemals zu Ende ging, als stünde die Zeit seit Dachau still: Der Park um ihr Haus in Neauphle-le-Château verwilderte, in dem Dionys Mascolo einst Pfingstrosen und Kamelien für sie gepflanzt hatte.

Sie überließ das Haus ihrem Sohn und zog ans Meer.

KAPITEL XII

KOMM ZURÜCK ZU MIR, WENN AUCH NUR FÜR EINEN TAG

Malcolm Lowry und Jan Gabrial

I

Dies ist die Geschichte eines Menschen, der nie wusste, wer er wirklich war, in seiner Kindheit neben drei älteren Brüdern wie unsichtbar und für seine Familie nicht zu gebrauchen. Es ist die Geschichte von Malcolm Lowry, der ahnte, dass nur das Lügen ihn am Leben erhalten konnte. Darum wurde er Schriftsteller. Manchmal bezweifelte er die eigene Existenz, so als wäre er das Gespenst in einem Alptraum, das der Schläfer mit aller Gewalt wegscheuchen will. Eine Angst trieb ihn um, die so groß war, dass er nirgends ein wahres Zuhause fand. Früh fing er an zu trinken und hörte bis zu seinem Tod nicht damit auf.

Da er bei Dante und Shakespeare seine Angst nicht wiederfand, schrieb er ein Jahrzehnt lang an einem Roman, »Unter dem Vulkan«, der von einem britischen Konsul in Mexiko handelte, dem der Glaube an die Liebe abhandengekommen war. Im Konsul Geoffrey Firmin porträtierte Malcolm Lowry sich selbst. Aber im Gegensatz zum Konsul glaubte Lowry weiter an die Liebe, als wäre sie der liebe Gott. Malcolm Lowry wünschte, er könnte das biblische Paradies zurückgewinnen, und schrieb nach »Unter dem Vulkan« Tausende von Seiten weiter an einem siebenbändigen Romanzyklus von einer »Reise, die niemals endet«. Wer seine Geschichte erzählen wollte, könnte sich der Wahrheit nie ganz sicher sein: Zu viele, oft widersprüchliche Versionen gibt es davon.

1909 geboren in England, auf ewiger Sauftour durch Europa, die USA, Mexiko und Kanada, erbrach er sich 1957 in seine Lunge und erstickte daran. Sein Roman »Unter dem Vulkan« überlebte ihn als einer jener Klassiker, die man gelesen haben sollte. Seine legendäre Gestalt jedoch geriet bei vielen in Vergessenheit, bis der Verdacht aufkam, es könnten bei seinem Tod andere die Hand im Spiel gehabt haben – aus Liebe vielleicht oder aus Hass, aus Notwehr oder Barmherzigkeit.

2

Wenn er ein Bankangestellter um die dreißig gewesen wäre, hätte er davon geträumt, seinen Chef tüchtig übers Ohr zu hauen, Gelder zu veruntreuen und nach Südamerika zu türmen. Doch da er erst siebzehn war und in Herman Melvilles »Moby-Dick« hineingelesen hatte, packte ihn die Sehnsucht nach dem Meer. In seinen Landrattenfantasien sah sich Malcolm Lowry Menschen von kenternden Schiffen retten und den Verzweifelten mit trockener Kehle Mut zusprechen in einem kleinen Boot mitten im Ozean. Jahre später, so hoffte er, würde er die ehrfürchtige Verwunderung genießen, mit der ihn Kommilitonen in Cambridge musterten, wenn er am Tresen eines Pubs von seinen Abenteuern erzählte. Zu jener Zeit beschloss er, sich mit Bedacht in gefährliche Situationen zu manövrieren, damit er – immer mit sich in der Hauptrolle, ob beim Schnaps oder in der Liebe – darüber schreiben konnte.

Da mit dem linkischen Jungen nichts anzufangen war, warf sein Vater, ein wohlhabender Baumwollhändler, seine moralische Missbilligung über Bord, und Mitte Mai 1927 fuhr Malcolm Lowry in einer Limousine mit Chauffeur im Hafen von Liverpool vor und trat unter den empörten Blicken arbeitsloser Matrosen seinen Dienst auf dem Frachter »Pyrrhus« an. Der reiche Fatzke nahm einem besseren Kerl den Job weg: Die ganze Mannschaft hasste ihn.

Sie nannten ihn »Miss Lowry« und »Her Ladyship«, lasen sein Tagebuch, stahlen ihm sein Geld und die Kleider, die er mit kläglichem Feilschen zurückkaufen musste. Lowry hegte den Glauben, dass den unteren Volksschichten, nach einer längst fälligen Weltrevolution, die Zukunft gehöre und nur bei ihnen der wahre Sinn für die Wirklichkeit zu entdecken sei. Doch der kinnlose Küchenchef Andy betrachtete den zweiten Koch als ein minderwertiges Wesen, das eine Stufe über den Kakerlaken rangierte; der Oberbootsmann verachtete alle Handwerker, weil er selber keiner war. Lowry überlebte – in der blaugrauen Meeresöde vor Langeweile und Hitze halb verrückt – als Kammersteward und Hilfsheizer die Fahrt von Shanghai über Hongkong nach Yokohama eigentlich nur, weil der knabenliebende Quartermeister seine Hand über ihn hielt, um ihm nach zwei Flaschen Gin nachzustellen, wo auch immer er ging und stand. Als sich die Mannschaft auf Landgang für ein Bordell in Schale warf, blieb Lowry aus Furcht vor der Syphilis verzagt an Bord, und die Mannschaft entschied, »Miss Lowry« könne es sich wohl nur selbst besorgen: »Mit der

Rechten oder der Linken, Miss? Schaust du dir im Spiegel zu dabei?« Lowry rächte sich, indem er sie später alle in seinen ersten Roman »Ultramarin« übernahm, ohne ihre Namen zu ändern.

Zurück in Cambridge, prahlte er mit Taifunen, die Melville nicht wiedererkannt hätte. Eine Woche, log er, hatte er auf Barbados mit seiner Ukulele das Publikum eines Bordells in Erstaunen versetzt. In Stambul spielte er Schach mit der Schwester des Sultans, der sie daraufhin verstieß. In Laos rauchte er jede Nacht Opium in der Pfahlbaumhütte von Madame Chantal, doch verfiel er als Einziger ihrer Schönheit nicht. Mit tiefer Stimme, die Augen glasig blau, konnte er eine Runde von Freunden nächtelang einspinnen in seine Großmonologe und sie dabei vergessen machen, dass sie auf keine ihrer Fragen je eine richtige Antwort erhielten. Zuweilen sah er sich nach allen Seiten um, als befürchtete er, noch vor dem Ende einer seiner Geschichten verhaftet zu werden. Sein Publikum lauschte ihm reglos, so wie eine endzeitversessene Gemeinde den Untergangsszenarien eines uralten Pastors lauschen mochte, selbst wenn Lowry verkündete, Regent's Park sei nach dem Grundriss von Dantes neun Kreisen der Hölle erbaut worden. Im Augenblick glaubte er selbst daran. Er trug seine Absonderlichkeit wie eine Uniform, und es lohnte sich: Noch bevor er nur eine Zeile seines weltberühmten Werks geschrieben hatte, tauchte Lowry plötzlich in Romanen seiner Zuhörer auf als das junge Genie, das im wiegenden Matrosengang durch Cambridges Straßen strolchte und an Land nie wieder glücklich sein würde.

Meist erwachte er am frühen Nachmittag auf den Dielen seiner Wohnung und stolperte durch ein Wäldchen leerer Flaschen und ungewaschener Teller zu einem Frühstück aus Erbsen, Dosensardinen, abgestandenem Whisky und Pulverkaffee. »Ultramarin« vollendete er an den Nachmittagen im Halbrausch, ließ das Manuskript im Taxi liegen und setzte danach in Umlauf, es sei ihm von einem abgefeimten Konkurrenten gestohlen worden, er aber hätte den Roman in zwei Wochen aus dem Gedächtnis neu geschrieben. In Wirklichkeit hatte ein Freund eine Durchschrift davon aufbewahrt.

Doch um der Wahrheit wenigstens in einer Hinsicht die Ehre zu geben: Lowry las zu jener Zeit noch mehr, als er schrieb. Sein literarisches Gedächtnis war enzyklopädisch. Es war derart enzyklopädisch, dass ein Verleger, dem er »Ultramarin« zuschickte, sprachlos war vor Entrüstung. Denn der Verleger, nebenher Schriftsteller, fand ganze Absätze aus einem seiner eigenen Romane in »Ultramarin« wieder. Und zu viel von Melville war auch darin. Lowry zuckte die Achseln: Bücher wurden auch aus Büchern geschaffen. Mit »Ultramarin« begann schließlich ein neues Kapitel in der Geschichte der Literatur. Ungerührt schwadronierte sich Lowry die Abende und Nächte weiter durch Cambridges Kneipen, verfeinerte die Kunst, sich in die Nüchternheit zurückzutrinken, und sackte dann doch unter einem der Tische leise schnarchend weg, seine Ukulele wie einen Teddybären an sich gedrückt.

Er verwahrloste, aber, so seine Meinung, er verwahrloste heldenhaft und mit Stil wie Scott Fitzgerald, Faulkner und Joyce. Jeder große Schriftsteller trank Alkohol bis zum Exzess, und wenn man ihm diesen Nährstoff nahm, ließen die Musen kaltblütig von ihm ab. Und für sein Erbgut konnte er nichts: Sein Großvater, ein Kapitän der britischen Handelsmarine, hatte sich an Bord seines sinkenden Schiffes mit Rum tapfer ins Jenseits hinüberbefohlen. Als Lowry senior von diesem Geflunker erfuhr, bestellte er einen Aufpasser und Mentor an die Seite seines Sohnes, den trügerisch vornehmen Romancier Conrad Aiken, der Malcolm zur Ausnüchterung durch Europa bis nach Granada begleiten sollte. Schon nach wenigen Tagen legte die Guardia Civil eine Akte über »El borracho Malcolm Lowry« an, da sie in diesem krakeelenden Säufer einen Anarchisten sah. Der Haftbefehl war vorsorglich bereits unterzeichnet. Die Bekanntschaft mit Gefängnissen aber schloss Malcolm Lowry erst später und auf einem anderen Kontinent.

3

Eines Mittags im Mai 1933 trabte Lowry in Granada zur Terrasse der Villa Carmona hinaus, sah schon von fern seinen Mentor Conrad Aiken, erwog für Sekundenbruchteile eine Rückkehr in die Bar der Pension, folgte dann aber Aikens hingerissenem Blick. Und der galt Jan Gabrial.

In der Erinnerung kam es Lowry später so vor, als hätte sich die amerikanische Reisejournalistin Jan Gabrial wie ein von innen leuchtender Paradiesvogel soeben von einer der Palmen herabgeschwungen. In waghalsigen Stöckelschuhen wandelte sie unter dem beifälligen Nicken der Gäste die Treppen der Pension hinauf: eine Diva, die im dritten Akt eines Broadwaystücks endlich die Bühne betrat.

Am nächsten Morgen bat Lowry sie um einen Spaziergang durch die Gärten des Generalife-Palasts und brachte sie, nach außen hin völlig nüchtern, auf Wegen jenseits der

Gärten durch Unterholz, Bäche und Dorngestrüpp derart zum Lachen, dass ihr noch während des Fünf-Uhr-Cocktails der Bauch wehtat, wo er ihr mit ungekünstelter Überschwänglichkeit das Manuskript von »Ultramarin« überreichte: An ihrer Begegnung habe das Schicksal mitgewirkt, heiße sie doch »Jan« wie die Geliebte des unglücklichen Matrosen in seinem Roman. Was für ein Wald von Symbolen die Welt doch war.

Lowrys Charme überwältigte sie, sein gebrechliches Selbstvertrauen und die zärtliche Hingabe, mit der er, den Kopf leicht geneigt, jeden ihrer Schritte bewunderte, als hätte sie gerade das Laufen erlernt. Sie erinnerte sich Jahrzehnte danach, in wenigen Stunden ganz gebannt »Ultramarin« Satz für Satz studiert und sich dabei in den Autor verliebt zu haben. Sie glaubte an Lowry, als Schriftsteller, als Mensch, worin bestand der Unterschied? Nach ihrer Abreise sprach Malcolm sie in Briefen mit »Jan Gabrial Lowry« an, »ohne die mir die Kraft zum Atmen fehlt«. In der Kathedrale von Granada habe er vor den Augen der Jungfrau für ihre Liebe gebetet, die selbst den Tod überwinden werde.

Als sie einander in London wiedersahen, nahm er sie auf eine seiner wüsten Touren durch Soho mit, als wäre seine Trinkfestigkeit Londons größte Touristenattraktion. »Ach Gott, wie romantisch!«, seufzte Jan Gabrial zermürbt in sich hinein – bis Lowry in Pub Nummer fünfzehn all die Lügen wie Karten einer Patience vor ihr auslegte, mit denen er sich vor anderen wichtig gemacht hatte.

Er schwor Jan auf die arme Seele seiner Mutter (die noch lebte), dass er sie nie beschwindeln würde, und um seiner Ehrlichkeit den letzten Schliff zu verpassen, gestand er Jan ein, was zu beichten er bislang nicht über sich gebracht habe. In Cambridge hatte sich ein Student in ihn verliebt, der drohte, sich zu töten, wenn er ihn nicht erhörte, und Malcolm war, stockbesoffen, grundsätzlich geworden: »Vielleicht wäre der Freitod ohnehin das Beste für Leute wie euch.« In derselben Nacht hatte der Student sich umgebracht. (In Cambridge kursierten mehrere Fassungen derselben Geschichte aus Lowrys Predigermund.) Nach ihrer Heirat in Paris würde endlich Schluss sein mit der Trinkerei, versprach er Jan, brachte sie ins Hotel zurück und erschrak: Er hatte sein Notizbuch wohl in einem der Pubs vergessen, zog allein los und fand es nirgendwo, weil es im Hotelzimmer lag, nahm schamgequält einen Umweg auf ein letztes Gläschen und war dann für Tage verschwunden.

Jan suchte nach ihm sogar im Leichenschauhaus, während Lowry gerade gegen die Schwingtür des Hotels krachte und, von einem Pagen gestützt, bewusstlos ins Bett kippte. Jan hätte sich glücklich geschätzt, ihn einmal aufrichtig zu erleben. Noch in seiner gespielten Niedergeschlagenheit wollte er bestaunt werden, und manchmal hasste Jan ihn so sehr, dass sie ihn sich tot wünschte, um ihn nicht mehr lieben zu müssen.

Wann immer sie ihn allein ließ, strauchelte er – in Paris zertrümmerte er etwa Jans Hochzeitsgeschenk, ein Grammofon, und den Spiegel, steckte den Teppich in Brand und behauptete hinterher, das Apartment sei während seiner Abwesenheit von Einbrechern verwüstet worden. Zuletzt hoffte Jan, eine Reise durch Mexiko könnte ihn auf Gedanken bringen, die nicht dem nächsten Glas galten, auf schöpferische Gedanken, auf Ideen für einen neuen Roman. Weil sie mit unverwüstlicher Entschlossenheit die Rolle seines

Mentors übernommen hatte, würde es auf dieser Reise auch keinen Conrad Aiken geben, der Malcolm, immer wenn ihm ein paar Tage Nüchternheit geglückt waren, wieder ins Trinken trieb.

4

Als Mrs. und Mr. Lowry Anfang November 1936 ihr Hotelzimmer in Acapulco bezogen und vom Balkon aus dem fröhlichen Trauerzug für ein Kind in weißem Sarg zusahen, kam ihnen diese Welt wie ein Irrenhaus vor: Was gab es am Tod groß zu feiern? Verstört schlenderten sie an den verbleibenden zwei »Tagen der Toten«, den »Días de Muertos«, die mit Knochen und Chrysanthemen gesäumten Straßen entlang und über den Friedhof, wo zwischen Weihrauchschwaden Kinder an Totenschädeln aus Zucker und Schokolade knabberten, zur »Schlucht des Todes« hinüber, »La Barranca del Muerto«, bis Lowry ein rettender Einfall kam: Wenn ganz Mexiko die Wiederkehr seiner Geister begoss, sollte auch er sich endlich an das tödlichste aller Getränke wagen, den örtlichen Agavenschnaps, Mescal. Er leerte gerade die dritte Flasche, als der Bus in Cuernavaca in der Sierra Madre hielt, einer Stadt auf einem Hügel, beherrscht von zwei Vulkanen, die vor Urzeiten eins gewesen waren wie – befand Lowry – die ersten Menschen vor dem Sündenfall.

In einer der stilleren Straßen, der Calle Humboldt, ließen sie sich nieder. Wenn sich Jan und Malcolm abends im Dunkel auf der Veranda in ihren Korbschaukelstühlen wiegten, sandte einer der beiden Vulkane sein rotes Glühen zum anderen hinüber, der nur mühsam qualmte, Jan sagte,

»Die beiden sind wirklich einsam und gehören zusammen«, und Malcolm nickte in sich hinein: In solchen Stunden des Friedens war seine Existenzangst verschwunden.

In einer der Cantinas von Cuernavaca entdeckte er, dass der Mescal, wenn er ihn langsam trank, seine Schreibkonzentration förderte. In der hintersten Ecke kritzelte er spätnachts in Satzfetzen die Geschichte von einem versoffenen Konsul nieder, der sich nach seiner Frau sehnte, weil er wusste, dass man nicht leben konnte, ohne zu lieben – »No se puede vivir sin amar«.

Am frühen Morgen schleppte er sich, von den feixenden Jungen des Viertels verfolgt, die seinen tapsenden Gang nachäfften, in die Calle Humboldt, wo Jan diesen ersten, lange ersehnten Entwurf von »Unter dem Vulkan« sogleich ins Reine tippte: Ein Anfang war gemacht. Dann stolperte unangekündigt Conrad Aiken über die Schwelle ihres Hauses, besetzte den Swimmingpool, und als der Keller leergetrunken war, soff Lowry alles, was nach Alkohol auch nur aussah – sogar eine Flasche Olivenöl, das er für Haarwasser hielt.

Welchen Sinn und Zweck hatte ein solches Leben? Jan packte ihre Koffer, weil Aiken ihre Ehe aus eitler Eifersucht zu Scherben warf und sie allmählich selber zur Trinkerin verkam. Sie begann, erst Mitte zwanzig, zu altern. Sie bat Malcolm um eine Trennung auf Zeit. Beim Abschied wehrte er ihre Umarmung ab. Auf keinen ihrer flehenden Briefe aus Hollywood kam eine Antwort: Er schrieb ihr ebenso flehend zurück, schickte seine Briefe jedoch nicht ab. Im Gefühl, gegenüber Jan versagt zu haben und dem Werk, das er sich immer bloß vornahm, blieb ihm als einzige Hoffnung nur noch der Mescal, mit dem er sich auch für sein Versagen bestrafen wollte. Immer tiefer glitt er ab in Halluzinationen, schlafwandelte am helllichten Tag durch die Straßen und sah riesige Schildkröten auf dem Rücken zappelnd verbluten. Einmal stürzte er in den Abwasserkanal hinter dem Haus, ein anderes Mal stieg er in einer Cantina voller Faschisten, wie es sie auch in Mexiko gab, auf einen der Tische, hielt eine Brandrede gegen General Franco und fand sich mit einem Mörder und einem siebenjährigen Trunksüchtigen in einer Zelle wieder. Kurz nach seinem vierten Hochzeitstag ließ man ihn frei.

Bei seiner Ankunft in Los Angeles 1938 sprach Jan von einem Neuanfang, doch unter der Bedingung, dass er sich nicht länger weigerte, bei einem Psychiater in der Schweiz Hilfe zu suchen. Lowry ließ sich nicht täuschen: Sie wollte ihn loswerden. Mit Leichtigkeit hatte Mentor Aiken ihm eingeredet, Jan hätte sich seit ihrer ersten Begegnung in Granada nebenher mit anderen Männern vergnügt und – so hätte er, Aiken, auch zu seinem eigenen Leidwesen erfahren müssen – auf einem ihrer letzten Ausflüge in Mexiko mit zwei Ingenieuren zugleich, im selben Bett. Die Roheit, die in ihm aufstieg, als er Jan nach drei Monaten gegenüberstand, benebelt, ratlos und zornig, schockierte und beglückte ihn. Die Streitigkeiten, in die sie einander verwickelten (Jan immer nüchtern, Lowry natürlich nie), gerieten außer Kontrolle, bis Jans Mitleid an seinen dahingenuschelten Beleidigungen zerbrach, »Lutsch bitte doch weiter die fetten Schwänze in Hollywood«. In nur einem Augenblick stürzten die letzten Ruinen ihres Selbstbetrugs in sich zusammen: »Mein Gott«, dachte sie, »was für ein kleiner, gemeiner Mensch.« Es war das letzte Mal, dass sie ihn sah.

Als sie ihn danach noch einmal anrief, hörte sie im Hintergrund eine Frauenstimme: »Ist das diese Jan Gabrial? Sag ihr, sie soll zur Hölle fahren, verflucht noch einmal.«

5

Es war die Stimme Margerie Bonners, einer Schauspielerin aus der Stummfilmära, die vier Jahre älter als Lowry war, aber Jan, sagten Freunde verblüfft, zum Verwechseln ähnlich sah. Ihr hatte Lowry erzählt, er lebe zwar von monatlichen Zuwendungen seines Vaters, doch nach dessen Tod würde er ihr Juwelen schenken können von unschätzbarem Wert. Margerie glaubte ihm kein Wort, war aber der duldsamste Mensch, den Lowry sich nur wünschen konnte: Was man landläufig Liebe nannte, war bei ihr Vergötterung. Alle Fenster seiner Sinne standen Tag und Nacht über sperrangelweit offen, und so verwunderte es sie nicht, wenn er »hie und da« zu viel trank, damit sich die Fenster schlossen.

Kaum war Lowry 1940 von Jan Gabrial geschieden, fand Margerie in einer Strandhütte an der Küste Vancouvers »unter den Engelsschwingen der Möwen« für ihn die Ruhe, die er brauchte für die Niederschrift seines Romans: An manchen Tagen war der Himmel so klar, dass man den Eindruck gewann, den Alten dort oben ausspionieren zu können. Anfangs hielt Margerie beim Saufen mit, schränkte sich dann aber systematisch ein, bis sich auch Lowrys Sucht mit wenigen Flaschen Bier zufriedengab. Er pflanzte Hecken und besserte das Schindeldach und den Boden ihrer Veranda aus. In diesen praktischen Dingen war er ein Neuling, aber er lernte, und er lernte beflissen wie ein Schwarzer –

so Margerie –, der soeben ein Stipendium an der Alabama State University erhalten hatte, und sein Wille zur Arbeit holte ihn ein. Seine Tage waren von einer feinen Ausgewogenheit, durch Margeries geradezu zeremoniös sorgfältige Einteilung der Stunden. Sie spürte, wie sehr es ihn reute, die große Liebe zu Jan Gabrial so bedenkenlos verpfuscht zu haben: Ihr war es gleichgültig, dass er manchmal Jan in den Armen hielt, wenn er mit ihr schlief. Sollte er dieses Gespenst Jan Gabrial doch im Roman zu sich zurückholen, um die Trümmer seines alten Lebens abzuräumen. Alles, was ihn aufrecht hielt, war ihr willkommen: Sie brauchte jemanden, den sie bewundern konnte.

Im Herbst wurde er wie die Seevögel vom unruhigen Drang nach dem Fliegen erfasst, und Margerie half ihm, »Unter dem Vulkan« von der zweiten bis zur vierten Fassung reifen zu lassen, indem sie seine ornamentalen Exkurse zusammenstrich. Sie bestärkte ihn sogar darin, die große Liebe des Konsuls Geoffrey Firmin, Yvonne, Jan Gabrial nachzubilden und seine damals nicht abgesandten Briefe an Jan in den Roman zu übertragen: »Komm zurück, komm zurück. Ich höre zu trinken auf, alles, was Du willst. Ich sterbe ohne Dich. Um Jesu Christi willen, Yvonne, komm zurück zu mir, höre mich, es ist ein Schrei, komm zurück zu mir, Yvonne, wenn auch nur für einen Tag.«

6

Und als hätte Yvonne diesen Hilferuf gehört, kehrte sie im Roman an einem der »Tage der Toten« 1938 tatsächlich zu Firmin zurück und dem Garten ihres Hauses, den der Konsul verwildern ließ. Im Gestrüpp hatte er Flaschen versteckt, die er sogar im Vollrausch fand.

Bei einem Stierkampf sah er, seinen Kopf wie ein Kind an ihr Haar gelehnt und seine Hand in die ihre verschlungen, sie beide irgendwo hoch im Norden, in Kanada vielleicht, einer im anderen paradiesisch glücklich und geborgen.

»Yvonne?«

»Ja, Liebling?«

»Ich hab versagt, weißt du … Ein wenig.«

»Ist schon gut, Liebling.«

»… Yvonne?«

»Ja?«

»Ich liebe dich … Yvonne?«

»Ich liebe dich ja auch!«

»Mein Liebes … Mein Schatz.«

»Ach, Geoffrey. Wir *könnten* glücklich sein, wir *könnten* – «

»Ja … Wir könnten.«

Aber glaubte Geoffrey Firmin daran? Er konnte Yvonne ihre Untreue nicht verzeihen, die er mit seiner Eigensucht und Treue zum Alkohol selbst herausgefordert hatte. Er verzieh es sich selber nicht, keinen ihrer Briefe beantwortet zu haben, die sie geschrieben hatte, bis ihr Herz gebrochen war. »Mescal!«, rief der Konsul in einer menschenleeren Cantina dem Spiegel über der Theke zu. Er war zu Hause, hier blieb er: Eine Enthüllung, bezwingend, doch schlicht, stand unmittelbar bevor. Alle Rätsel um Leben und Tod, Liebe und Verdammnis seit der Vertreibung aus dem Paradies würden sich mit einem Schlag lösen: Endlich lieferte die Welt ihm ihren Sinn aus. Dieses eine Glas noch und das nächste, und das Gefängnis in seinem Kopf war zersprengt. Yvonne; Yvonne würde sich nur wieder einmischen in seine Mysterien. Er aber war weit, oh, über sie alle so weit hinausgelangt – und knobelte, mit Brocken von Shakespeare und Melville und der Kabbala, dämmernd weiter. Sehnte sich weiter, in einer zum Teufel gehenden Welt.

Und gab mit dieser Welt auch sich selber auf: Am Ende erschossen ihn Faschisten und warfen ihn in eine der Barrancas und einen toten streunenden Hund hinterher.

Der Roman beschrieb nicht nur die Unfähigkeit eines Säufers, erklärte Malcolm Lowry einem Verleger, einer wahren Liebe gewachsen zu sein, die zum Greifen nahe vor ihm stand wie ein volles Glas Mescal. Im Grunde spreche er durch den Roman zu allen, die vergaßen, dass zuletzt – eine unumstößliche Binsenwahrheit – wenig zählte außer dem Leben mit jenem Menschen, den man liebte, außer jenem umfriedeten Garten, den man nicht verwildern lassen durfte. No se puede vivir sin amar.

Für ihn kam diese Wahrheit zu spät. Doch das schrieb er nicht hin.

7

Nachdem der vollendete Roman, »Unter dem Vulkan«, 1947 als ein Jahrhundertwerk bejubelt worden war, fürchtete Margerie, Malcolm würde nichts Ebenbürtiges mehr gelingen. Margerie wich keinen Augenblick von seiner Seite, liebte und harrte aus: Lowry lebte dem Konsul nach. »Unter dem Vulkan« drang in ihr Leben ein und zehrte es auf. Lowry fühlte sich überall am Körper wie leckgeschlagen: Er war nicht mehr imstande, sich selbst zu rasieren, eine Zigarette anzuzünden, die Schuhe zu binden, einen Bleistift zu halten. Er diktierte ihr, an sein Schreibpult gekrümmt: verschlechterte, verbesserte, verwarf. Keines der vielen Werke, an denen er gleichzeitig arbeitete, gelangte zur Vollendung. Sein einstiger Verbündeter, der Alkohol, hielt seine Dämonen nicht länger in Schach: Er winkte sie heran.

Lowry glaubte, Gott hätte von ihm abgelassen und sich anderen Elenden zugewandt, die würdiger waren als er. »Selbst in der nächsten Welt will uns keiner mehr haben«, sagte er oft mit bitterem Grinsen; in einer Entzugsklinik schlich er sich an der Wache vorbei und versuchte, Margerie zu erdrosseln.

Selbst immer seltener nüchtern, machte sie es sich zur Gewohnheit, in seinen abendlichen Gin immer höhere Dosen Sedativa zu mischen. An einem Junimorgen 1957 lag er auf dem Rücken im Bett, reglos, das Gesicht von Erbrochenem verschmiert, Essensreste auf dem Boden verstreut und eine leere Flasche Schlafmittel neben sich. Margerie gab der Polizei zu Protokoll, Lowry müsse spätabends, als er sie mit einer zerbrochenen Flasche Gin attackiert und sie bei der Nachbarin Zuflucht gesucht hatte, aus Versehen zu viel von ihren Schlafmitteln geschluckt haben.

Hastig pflichtete die Nachbarin Margeries Aussage bei.

8

Jan Gabrial wurde neunzig Jahre alt. Sie heiratete ein zweites Mal, liebte Malcolm weiterhin und vergaß ihn nie. Es ärgerte sie ein bisschen, im »Vulkan« ihre Briefe als diejenigen Yvonnes entdecken zu müssen und sich als ehebrecherisches Scheusal. Als sie von den Umständen seines Todes erfuhr, sagte sie sich gern, dass Malcolms Herz zu schlagen aufgehört hatte, weil es beim besten Willen keinen Grund mehr dafür fand.

Doch schlich sich ein Verdacht in ihre Trauer: Malcolm, der mit seinen immerzu zitternden Händen am Ende keinen Scheck mehr unterschreiben konnte, wäre unfähig gewesen, ohne fremde Hilfe den vertrackten Drehverschluss einer Flasche Schlaftabletten zu öffnen. Doch machte Jan Margerie keinen Vorwurf, Malcolms schluckweisem Selbstmord nachgeholfen zu haben: Wäre sie nicht im letzten Moment davongekommen, hätte sie vielleicht dasselbe getan.

WIEDERVEREINT

KAPITEL XIII

FÜR VÉRA

Irina Guadanini und Vladimir Nabokov

I

»Und wo ist eigentlich der Zar?«, erkundigte sich Volkskommissar Trotzki bei einem Gespräch mit Sverdlov, Staatsoberhaupt der Sowjetunion, mal so nebenher.

»Der ist erschossen worden.«

Natürlich. »Und die Gattin?«

»Die auch.«

»Und die Kinder?«

»Alle weg. Wieso fragen Sie?«

Sverdlov glättete seine Nase mit Daumen und Zeigefinger, als wäre da was zu berichtigen, und tat bedrohlich verwundert; Trotzkis Gesichtszüge sammelten sich, Sverdlov stand auf: »Genosse Lenin meinte, wir sollten das Pack nicht in ein Lager sperren und unseren Gegnern damit ein lebendes Symbol hinterlassen.«

Trotzki stellte keine weiteren Fragen: Terror, so verkündete er ja selbst unablässig, musste gegen eine dem Untergang geweihte Klasse angewendet werden, die nicht aus eigenem Antrieb untergehen wollte.

Bald nach diesem Triumph der Humanität, von vielen Linksintellektuellen auf der ganzen Welt als Morgendämmerung der Menschheit gefeiert, begann auf einer Brücke in Berlin eine andere Geschichte, ganz im Stillen und unbeschwert, die Liebe zweier russischer Exilanten, die mehr als fünfzig Jahre andauern sollte. Allerdings stand dieses Paar eine Katastrophe durch, die sie beide beinahe zerstörte. Sie verschwiegen die Katastrophe später, in den Jahren des Ruhms. Sie brachen sogar Interviews ab, wenn die Rede darauf kam.

Die Katastrophe erst hatte ihre Liebe unantastbar gemacht. Ohne sie wäre auch keiner seiner wunderbar und schwindelerregend exzentrischen Romane geschrieben worden. Und als das stählerne Netz zerbarst, das die Sowjetunion über halb Europa geworfen hatte, kehrte mit diesen Romanen etwas Fröhliches, befreiend Unbefangenes und fast schmerzhaft Glückliches in die verhärmte Literatur Russlands und des ehemaligen Ostblocks zurück.

Der Name des Paars war Véra und Vladimir Nabokov.

2

Kaum war Véra Slonim zwischen 1918 und 1921 mit ihrer Familie vor den Bolschewiken aus St. Petersburg über Odessa, Jalta, Konstantinopel, Sofia nach Berlin geflüchtet, hatte sie in einem Keller bei einem Scharfschützen das Schießen gelernt, um Trotzki zu ermorden. Und so trug die damals Achtzehn-, Neunzehnjährige in ihrer Lackhandtasche zwischen Puderdose und Spiegel stets eine Pistole der Marke Browning bei sich.

Auch zu ihrem Schutz. Auf den Straßen der Viermillionenstadt trieben sich genug Diebe und andere Strolche herum, die sich an Mädchen wie ihr vergreifen wollten. Berlin war zu jener Zeit für viele der dreihunderttausend Exilrussen eine etwas beängstigende und eher trostlose Stadt. Sie teilten sie ein in ihre Bezirke, das russische Berlin (Charlottenburg, Wilmersdorf, Schöneberg), und den fremden, deutschen Rest. Als Staatenlose blieben sie unter sich. Sie wollten die Sprache nicht lernen, es lohnte sich nicht. Noch glaubten sie, bald in die Heimat zurückkehren zu können. Vertriebene Aristokraten hielten auf Freiluftmärkten Hermelinmäntel und diamantenbesetzte Perlmuttkämme hoch, andere verdingten sich mürrisch als Taxifahrer im hoffnungslosen Straßengewirr; ehemalige Großgrundbesitzer und standhafte Demokraten wie Nabokovs Vater gründeten Zeitschriften, in denen verbitterte Schriftsteller ihre Gedichte publizierten.

Doch ließen sich die literarisch begeisterten Kreise selten einen Vortragsabend des jungen Vladimir Nabokov entgehen: Der machte seine kultivierte Überheblichkeit dadurch wett, dass er seinen Entschluss, ein großer Schriftsteller zu werden, mit geradezu sakralem Ernst betrieb. Sein Misstrauen gegenüber allem, »was sich leicht ausdrücken ließ«, besaß Würde, die einen Vorschussapplaus verdiente. Auch Véra Slonim nahm an diesen Abenden teil, sprach dabei stumm Nabokovs Verse mit, flachsblond, hochgewachsen, doch zum Durchfüttern hager, wenig damenhaft und ohne Universitätsabschluss. Was hatte die hier zu suchen?

Die Affäre, die sich vor den inquisitorischen Augen der stammbaumbewussten Exilrussen zwischen dem Genie und Véra Slonim abspielte, missfiel. Die beiden gehörten einfach nicht zusammen, und zwar aus drei Gründen. Erstens würde sie, Tochter des Chefs einer Import-Export-Firma für Landwirtschaftsmaschinen und eines Verlags für nichtrussische Literatur, den Ansprüchen eines Elegants wie Nabokov nie genügen. Dessen Familie war, behauptete man, immerhin einer ganzen Zarendynastie zu Diensten gewesen. (Obendrein hatte ein Onkel Nabokov junior ein Millionenvermögen vermacht, das durch die Revolution null und nichtig geworden war und dennoch irgendwie zählte.) Zweitens war Nabokov von weitaus ansehnlicheren Damen geradezu umzingelt, ja, er sammelte sie, hieß es, wie seine Schmetterlinge von Jugend an – aufgespießt und ab in den Glaskasten damit. Er verliebte sich nur allzu gern, ohne einem Mädchen länger als eine Woche treu zu sein. Drittens – und von allen Gründen wog dieser am schwersten – gehörte Véra Slonim als Jüdin jener Rasse an, die Russlands Seele verdorben und den Bolschewismus über die Heimat gebracht hatte wie einen Heuschreckenschwarm.

Also musste »die Slonim«, ging das Gerücht, Nabokov ihre Browning auf die Brust gesetzt haben, damit er sich zu einer Ehe mit ihr bereitfand, und lange währte so was sowieso nicht. Es wäre zwecklos gewesen, hätte man die erhabenen Kreise vom Gegenteil überzeugen wollen.

Dabei war Nabokov hin und weg, seitdem er Véra Slonim an einem Abend im Mai 1923 nach einem Wohltätigkeitsball für Kriegsinvaliden auf einer Brücke getroffen hatte: Sie war die Namenlose, Erwartete. Sie trug eine Maske aus schwarzem Satin und nahm sie nicht ab. Sie war in sein Leben gekommen, schrieb er ihr, als hätte sie ein Königreich betreten, in dem alle Flüsse auf ihr Spiegelbild warteten und alle Straßen auf ihre Schritte. Trotz aller Amouren hatte er an dem Glauben festgehalten, dass es die Wahre gab, die für ihn und nur für ihn immer da sein würde, bei jeder Schicksalswitterung.

Also dachte er sich aus, wo sie einander hätten begegnen

können und durch einen niederträchtigen Zufall nur um ein Haar verfehlt hatten. Auch legte er ihr eine Liste seiner bislang achtundzwanzig Eroberungen vor: Mit ihr begann eine neue Zeit. Es tat ihm um jede Stunde leid, die er in der Vergangenheit ohne sie verbracht hatte. Von Werk zu Werk wuchs an ihrer Seite sein Ehrgeiz, ein immer noch besseres Buch zu schreiben. Jede seiner Ideen zu Erzählungen und Romanen, auch wenn sie noch im Larvenstadium steckten, besprach er morgens mit ihr, und was ihr nicht auf Anhieb gefiel, schlug er sich aus dem Kopf.

»Wolodja, so kann man das nicht sagen«, unterbrach sie ihn beim Diktat, und er rieb sich verärgert die Stirn.

»Doch, kann man.«

»Beim besten Willen nicht. Lass dich nicht gehen. Wie wäre es zum Beispiel mit … –«

Sie stritten sich, er verzog sich auf den Diwan, formulierte es um, und danach korrigierte Véra seine Grammatik.

Nebenher arbeitete sie als Sekretärin in einer Autofirma, einer Anwaltskanzlei, einem Ingenieursbüro. Er gab Privatstunden (Russisch und Französisch), brachte Berlinerinnen mit Pagenhaarschnitt Tennis bei, ersann Schachprobleme für Zeitschriften und trat als Statist in Filmen auf: Die Handlungen seiner Romane glichen oft den später so genannten Noirs aus dem Kino und der Kriminalliteratur. Da gab es etwa James M. Cains Thriller, dessen Titel beteuerte, Briefträger klingelten immer zweimal, »The Postman Always Rings Twice«. Der Schicksalsbote, jener »Postman«, ließ dem Täterpaar ein Verbrechen zuerst einmal durchgehen, schlug dann aber desto unnachsichtiger zu.

Auch bei Nabokov verschworen sich betörende, gierige, ehrlose Frauen – Gegenbilder Véras – mit nicht weniger boshaften Männern, um ihre Ehegatten in Wahnsinn oder Tod zu treiben, nur dass sie in Nabokovs Romanen am Schluss zuweilen triumphierten. Er nutzte Motive des Noir; doch seinen Gesetzen beugte er sich nicht.

Mit dem Roman »Lushins Verteidigung« über einen Schachbesessenen war Nabokov um 1930 ein Autor geworden, über den in den russischen Kreisen von Berlin und Paris ein jeder sprach. »Ich versage es mir, zu fragen«, so gab sich ein großherziger Kollege schlau, elegant und gewunden geschlagen, »ob jemand so schreiben muss wie er. Aber derzeit ist er der Einzige, der es kann.« Nabokov erweckte fast religiöse Ergebenheit bei den wenig Selbstbewussten, Neid bei älteren Autoren und Abscheu bei den Poseuren, die ihre schöpferischen Stunden in den Cafés vertranken und sich ausführlich über nichts unterhielten.

Doch mochten sie sich damit beruhigen, Nabokov hätte es ohne Véra nie so weit gebracht: »Eine solche Frau«, hieß es auf einmal, »kriegt nicht jeder.« In seinen Memoiren, die er ab Kapitel sechs mit einem »Du« an Véra richtete, sollte sich Nabokov Jahrzehnte später mit einem Meteor vergleichen, der über den finsteren Himmel des Exils gezogen und dann plötzlich nach Amerika verschwunden war.

3

Doch bevor er verschwand, geschah etwas, das seine Welt bis in die Grundfesten erschütterte und in seinen Memoiren nicht einmal anspielungsweise Erwähnung fand: Meteor Nabokov verliebte sich derart erbarmungslos in eine andere Frau, dass er fast erlosch.

Anfang 1937 war er wieder nach Paris gekommen, um Kontakte zu pflegen, besuchte Verleger wie Gaston Gallimard und plauderte etwas schüchtern mit James Joyce über dessen schwindendes Augenlicht. Schon seit längerem plante er, nach Paris umzuziehen, weil das judenhassende Deutschland für Véra und ihren zweijährigen Sohn Dmitri lebensgefährlich geworden war. In den russischen Salons drängte sich, ganz Lebhaftigkeit und Temperament, stets eine gewisse Irina Guadanini in seine Nähe, und Nabokov drängte es mächtig zu dieser Russin hin mit dem klangvollen Nachnamen, obwohl »La Guadanini« zunächst wie einem jener Gesellschaftsromane entsprungen schien, die Nabokov so gar nicht leiden konnte: Manche Gäste der Salons sahen in Irina Guadanini »eine heidnische Göttin«, nannten ihre Gestalt »biegsam«, ihre Augen »unergründlich«, ihr Lächeln »schattenhaft«, ihre Lippen »sinnlich und süß«. Drei Jahre jünger als Véra, fristete Irina Guadanini ihr Dasein als Friseuse von Pudeln und galt als eine Femme fatale – mit einem für Femmes fatales freilich untypisch kindlichen Sinn für Humor. Und sie war ja auch keine: Erst Nabokovs schlechtes Gewissen machte sie im Rückblick dazu, als die Affäre vorüber war.

Und der brauchte sein bisheriges Werk nicht erneut zu studieren, um rasch zu erkennen, dass er sich beim Ehebruch in eine seiner alptraumhaft besessenen Figuren zu verwandeln begann. Wie einem dämonischen Zwang verfallen, war er mit einem Mal seiner Souveränität beraubt. Er kostete die Affäre mit Irina aus und ekelte sich gleichzeitig wie vor jener Figur in dem Roman »Die Gabe«, an dem er gerade schrieb: Ein schäbiges Ungeheuer wollte sich darin an seine Stieftochter herantätscheln und malte sich aus, wie er seine Gattin ermordete, um die Kleine ganz für sich allein zu haben. So gelang es Nabokov manchmal noch, sich mit den Augen eines anderen zu betrachten, der schon bei dem Gedanken an seine betrügerische Existenz erschauderte. Dann sah er sich in einem Spiegel, an dem er jeden Tag seines Lebens vorübergegangen war und der ihm jäh etwas Fremdes, Verstörendes zeigte – fiel dann aber in Irinas Laken zurück und in eine Benommenheit, bis sie nicht mehr von ihm wich. Konnte man eine Frau lieben und verliebt sein in eine andere? Man konnte. Er würde sich von Véra trennen, sagte er sich und wusste ganz genau, dass er dazu nicht in der Lage war. Auf seiner Haut bildete sich eine juckende Schuppenflechte und wanderte wie eine Armee Feuerameisen hoch bis zum Hals.

An seinen nicht mehr ganz so zärtlichen, oft gereizten Briefen fiel Véra auf, dass ihr Wolodja sie keinesfalls in Paris haben wollte: Er bestand auf Südfrankreich. Auch schob er seine Rückkehr nach Berlin hinaus. Irinas Mutter schickte Véra anonym einen vierseitigen Bericht über die Affäre, mit pikanten Details, die dafür sorgen sollten, dass Véra von sich aus der Ehe ein Ende setzte. Doch Véra gab sich nach außen hin unbeeindruckt. Sie fuhr in die Gegenrichtung, zu Wolodjas todkranker Mutter nach Prag, und Wolodja folgte ihr.

Die Nacht in Cannes, in der er Véra später den Ehebruch beichtete, war für ihn so entsetzlich wie jene, in der sein Vater von einem ehemaligen Zarenleutnant erschossen worden war. Véra drohte, ihn mit Sohn Dmitri zu verlassen, wenn er die Liaison nicht auf der Stelle abbrach und Irina gefälligst untersagte, ihm unter dem Namen »Nina« postlagernd Briefe zu senden: Was man liebte, gab man nie auf. Entweder pflegte man das Paradies, in dem man vierzehn

Jahre lang gelebt hatte, oder man schändete es, dann jedoch nicht ohne lebenslanges Bedauern. Seine Frau, schrieb Nabokov an Irina, lasse ihn nicht los, und Irina klemmte sich in den nächstbesten touristenschweren Zug nach Cannes.

Der Tau trocknete noch auf den Pinien, als Irina am zehnten September 1937 Nabokov und seinem Sohn Dmitri heimlich zum Strand hin folgte. Am Nachmittag desselben Tages trafen sie einander im Park, wo Nabokov ihre Affäre für beendet erklärte. Doch mit diesem Ende fing die Qual erst an: In den Nächten vergaß er manchmal, dass die Affäre vorüber war. Wenn man eine Frau den ganzen Tag im Kopf hatte: Sollte man dann noch von ihr träumen müssen? Ihm graute vor dem Schlaf.

4

Irina Guadanini rächte sich später, indem sie eine Erzählung verfasste, in der Nabokov ein Verräter war, der sein Liebesversprechen gebrochen hatte. Irinas Doppelgängerin in der Geschichte saß – neben einer Dame in Schwarz, so als trauerte sie vorab um eine vergebliche Liebe – in einem herbstlichen Park in Cannes und wartete auf ihn, den Unschlüssigen, den Feigling, und ein Blatt in der Form eines Schmetterlings ließ sich von einem Baum auf ihren Schoß nieder: Nabokov, der Schmetterlingsforscher – sollte diese Szene besagen –, gehörte wie von Natur aus zu ihr. In der Erzählung spazierten sie und Nabokov Hand in Hand hinab zum Hafen, der nach Fisch roch und Teer. Er bat um Geduld, sie riss sich von ihm los und warf sich vor einen Zug: Ihr Liebhaber würde niemals erfahren, ob sie daran gestorben war. So oder so hatte Nabokov einen Seelenmord auf dem Gewissen.

5

Ging andererseits das Glück zweier Menschen nicht oft auf Kosten eines Dritten? Véra forderte, ihr Zusammenhalt müsse jetzt für alle Zeit »absolut sicher« sein, und steckte in die Kleider ihres Mannes kleine Zettel voller Liebeserklärungen, ehe der sich wieder nach Paris aufmachte. Von da an verfuhr sie mit der Affäre Guadanini, als wären die klatschsüchtigen Exilrussen einer dümmlichen Halluzination erlegen.

Das half. Bald hatte sich Nabokov gefasst: Was wäre aus ihm, was wäre aus Véra und Dmitri geworden, wenn er Irinas Bitte in Cannes nachgegeben hätte, jetzt, noch in diesem Augenblick mit ihr zu flüchten, gleich wohin? Vielleicht wären sie zugrunde gegangen, vielleicht hätte er in einem Brief an Véra irgendwann eingestehen müssen, mit ihr sei er glücklich gewesen, nun aber sei er elend mit einer anderen.

Er musste sich seiner Véra wieder würdig erweisen, musste wieder jener Schriftsteller werden, der er vor der Affäre mit Irina gewesen war, Schöpfer und nicht Geschöpf, und dabei weit mehr werden als jener Meister des Schachs, der er auch beim Schreiben war. Diesmal wollte er ein Romanspiel erfinden, dessen Regeln der Leser nicht kannte, die erfundene Biografie eines Schriftstellers russischer Abstammung, eine erfundene Biografie mit Zügen des Noir, ein dezentes Rührstück aus böser Leidenschaft, Verfehlung und Reue in einem moralisch zwielichtigen Universum. Und noch etwas, das er Jahrzehnte später mit wütender Vehemenz bestritten hätte: Er würde darin seine Affäre mit Irina verarbeiten, doch so aberwitzig verwickelt, dass kein Leser auf die Idee verfallen wäre, das Buch könnte autobiografisch sein. So bildete er die Femme fatale Nina Lecerf Irina Guadanini nach und Clare Bishop seiner Frau Véra, und der Schriftsteller Sebastian Knight wäre gezwungen, zwischen Nina und Clare zu wählen wie Nabokov eben noch zwischen Irina und Véra: zwischen zwei Möglichkeiten des Verrats.

Welche Wahl würde Sebastian Knight treffen?

Sebastian würde sich falsch entscheiden und schlecht und damit beweisen, dass Nabokov im wahren Leben das Richtige getan hatte. Doch musste er auch Irina gerecht werden, damit er vor sich selber gerechtfertigt und nicht einer Femme fatale zur Beute geworden war. Darum würde Nina Lecerf auch nur vordergründig eine Femme fatale sein, für einen nachlässigen Leser, Frauenfeind, den unberechenbaren Biografen Sebastian Knights.

6

Wie immer sah Nabokov, ehe er sich überhaupt ans Schreiben machte, den Roman »Das wahre Leben des Sebastian Knight« wie einen fertigen Film deutlich vor sich.

Darin sollte ein lediglich mit dem Buchstaben V. bezeichneter kaufmännischer Angestellter von seinem Halbbruder Sebastian Knight einen Brief erhalten, worin der ihn bat, in seiner Londoner Wohnung gewisse Papiere auf der

Stelle und unbesehen zu verbrennen, wenn er sterben sollte. Brav loyal vernichtete dieser V. nach Knights Herztod denn auch die Bündel der an Sebastian gerichteten Briefe. Aber weil V. für eine Biografie das Geheimnis um Sebastians Lieben, Leben und Sterben ergründen wollte, musste sich V. nun notgedrungen auf die beschwerliche Suche nach jenen zwei Frauen machen, Clare Bishop und Nina Lecerf, die diese Briefe verfasst hatten.

Die eine, Clare Bishop, war von Sebastian verlassen worden. Die zweite, Nina Lecerf, hatte ihn gekrümmt und zerstört. Clare Bishop, die erste, treue Geliebte, verweigerte V. aus Kummer jede Auskunft. Dank des Zufallsbekannten Silbermann stöberte V. die zweite auf, die Femme fatale Nina Lecerf, und V. war von ihr derart angetan, dass er seine okkulte seelische Verwandtschaft zu Sebastian desto reger in sich fühlte: Wie eins sie doch waren selbst in der Liebesleidenschaft. Nur gab V. ihr, besonnener als sein Halbbruder, nicht nach.

Clare Bishop starb kurz nach Sebastian Knight an einer Fehlgeburt: Sie dürfte die Trennung von Sebastian noch nach Jahren nicht verwunden haben. Und die Femme fatale Nina Lecerf würde ruhelos weiter über die Erde wandern, verloren und ungeliebt.

Auf diese Weise würde sich ein Leser, der Noir-Handlung des Romans entlang, die Lebensgeschichte Sebastian Knights chronologisch zusammensetzen, unbeholfen und ein wenig tölpelhaft vielleicht und so gar nicht auf Nabokovs Niveau. Doch wer hielt es schon lange auf solch luftdünnen Höhen aus wie er?

7

Nachdem Nabokov 1938 binnen weniger Wochen im Badezimmer einer Pariser Garçonnière auf dem Bidet, mit einem Koffer als Unterlage, das Manuskript für »Das wahre Leben des Sebastian Knight« abgeschlossen hatte, wäre er vor Erleichterung fast in Tränen ausgebrochen. Der Roman nahm sich noch verstiegener, noch verwirrender und mysteriöser aus als alles, was ihm bislang geglückt war.

Dem Biografen V. nämlich war nicht zu trauen: Er unterbrach bei seinen Nachforschungen die Augenzeugen an genau jenem Punkt, wo sie Wichtiges zu berichten hatten. Er bezweifelte ihre Aussagen, gab sie dann aber als Tatsachen wieder. Zur Erschöpfung des Lesers fiel er seitenlang über einen Konkurrenten her, der vor ihm eine Knight-Biografie auf den Markt geworfen hatte, in der V. keine Erwähnung fand. V. bezichtigte den Konkurrenten, die üblichen Phrasen über Sebastians vom Krieg gezeichneten Jahrgang vom Stapel zu lassen (allesamt Opfer, Lost Generation, Hemingway), und was tat V.? Er schloss – nicht weniger unbedacht – von Sebastians Werk auf Sebastians Leben und gewann daraus den Gemeinplatz eines zeitlosen, heimwehkranken Genies. Und nach eigenem Bekunden schrieb V. die Biografie, weil er seinem vormals unnahbaren Halbbruder näher sein wollte. In Wahrheit jedoch hatte er Sebastian gemieden, aus Neid und einem vernichtenden Minderwertigkeitsgefühl, und blickte zugleich (verhohlen) auf ihn herab.

Aber es wurde noch ärger.

Am Ende des Romans war sich V. seiner selbst nicht mehr sicher: »Ich bin Sebastian«, schrieb er, »oder Sebastian ist ich, oder vielleicht sind wir beide jemand, den keiner von uns kennt.«

Wer hatte dann bitte das Buch verfasst? War es tatsächlich Halbbruder V., der gestand, er habe für die Niederschrift einen Schreibkurs besucht, mit nur geringem Erfolg? Existierte dieser V. überhaupt, zumal er in der Biografie seines Konkurrenten mit keinem Wort Erwähnung fand? Es gab Anzeichen, dass Sebastian Knight der Autor war: Zum einen kam Silbermann, die Zufallsbekanntschaft V.s, in Sebastians Werk selber vor. Zum zweiten hatte sich Sebastian Knight seinerseits mit dem Gedanken getragen, eine erfundene Biografie auszuhecken.

Den Lesern schwirrte der Kopf. Hatte sich Sebastian Knight diesen V. etwa als Parodie auf einen Biografen ersonnen, um sich in einer erfundenen Biografie, im »Wahren Leben des Sebastian Knight«, nunmehr sterben zu lassen, aus Trauer über den Tod seiner von ihm verratenen Geliebten Clare? Gut möglich. Aber zuletzt war jener Dritte, »den keiner von uns kennt«, natürlich »VN«, der große Drahtzieher im Verborgenen, Vladimir Nabokov.

Und die Femme fatale Nina Lecerf? War eine Femme fatale nur für V., der Frauen – fantasielose Wesen allesamt – im Grunde wenig abgewinnen konnte. Man sah sie fast ausschließlich durch V.s Tunnelblick. Wie war sie wirklich? Weitaus komplexer jedenfalls, als V. ihr zugestand. Zierlich, anrührend, verträumt, schlagfertig, kalt und katzengleich lautlos schlich sie durch die Räume ihrer Villa voller Nippes und drittklassiger französischer Romane und hielt ihr Dasein für aufregender als alle Literatur: Sie wollte leben, nicht lesen, wie Anna Karenina. Offen gab sie zu, es darauf angelegt zu haben, dass der hochgeistige Herr Schriftsteller

Sebastian Knight, der leidende Künstler (vergrummelt, vergrämt, verschlossen), ihr verfiel. Aber dass er ihr verfiel: War das allein ihre Schuld? Weil ihm Clare Bishop sexuell nicht mehr genügte, hatte sich Sebastian sehenden Auges auf sie eingelassen, die ihm irgendwann gelangweilt den Laufpass gab.

Und dann holte das Buch noch zu einer letzten Pointe aus.

Ninas düpierter Exmann schwor cognactrunken, Nina sei nichts als »ein Typus«, so eine Femme fatale wie aus einem billigen Roman. Indem eine Romanfigur eine andere also zu einem Klischee erklärte, stellte sich Nina mit einem Schlag als das bloße Produkt männlicher Ängste dar, männlicher Wunschfantasie und Frauenfeindlichkeit. In Wirklichkeit gab es diese »Femmes fatales« überhaupt nicht.

So durchtrieben gestaltete sich Nabokovs Roman »Das wahre Leben des Sebastian Knight«. Niemand hatte nach ihm gefragt; aber nun gab es ihn, mit allen Wörterbuchmühen auf Englisch für ein amerikanisches Publikum geschrieben, das sich ihm (so war zu hoffen) ausliefern würde wie einem Nervenarzt, nur um nach den ersten, sich reptilienhaft windenden Seiten bereits die deutende Macht über das Buch und sich selbst zu verlieren. Man wagte sich kaum zu rühren bei der Lektüre, um das Buch nicht zu stören. Generationen würden daran herumrätseln, ohne eine Lösung zu finden. Es hatte keine – außer der einen, dass Nabokov dahinterstand. Und der wollte der Weltliteratur jetzt eine neue Richtung geben.

Die seine.

8

Wenige Monate bevor in Mexiko ein Agent Stalins Trotzki ermordete, nahmen Véra, Dmitri und Vladimir Nabokov im Mai 1940 den letzten sicheren Passagierdampfer nach New York, und mit der Publikation des »Sebastian Knight« begann die Karriere jenes VN, den die Leser so liebten wie fürchteten, der sie abstieß und einschüchterte und verzauberte mit seinen Verrückten: In »Lolita« gab Professor Humbert Humbert vor, an der Riviera den Geschlechtsakt mit seiner ersten Liebe Annabelle nicht vollzogen zu haben und darum – gut nach Freud – auf mythische Mädchenwesen wie Dolores Haze alias »Lolita« versessen zu sein. In dem Roman »Fahles Feuer« kommentierte ein Geisteskranker ein Gedicht seines angeblichen Freundes John Shade auf eine Weise, dass es seine Wahnidee zu beweisen schien, er, Charles Kinbote, sei der emigrierte König Carl der Vielgeliebte eines nordeuropäischen Zwergstaates namens Zembla. Und in seiner weitläufigen Familienchronik »Ada« begehrte Van Veen seine Schwester Ada seit ihrem zwölften Lebensjahr: Nach vierundfünfzig Jahren Eheglück starben Ada und Van Veen zuletzt gemeinsam in den Klappentext des Buches hinein. In einer Welt, die sich dem schamlos öden Common Sense fügte wie einem neuen Dekret des Schriftstellerverbandes in der Sowjetunion, war Nabokov um keine noch so provokante Steigerung verlegen.

Doch vom ersten Einfall bis zum letzten, drei-, viermal umgekrempelten Satz wäre keines dieser opulenten Romanabenteuer ohne Véra möglich gewesen. Sie verfasste die Vorlesungen für Nabokovs Seminare an der Universität Cornell (und begleitete ihn in den Vorlesungssaal, um junge

Verehrerinnen abzuschrecken). Sie riss Wolodja das Manuskript »Lolitas« aus den Händen, als er es im Garten in den Müllverbrennungsofen werfen wollte, mit dem einen Satz: »Geh da weg, das wird behalten!« Sie verteidigte ihn gegen den Vorwurf der Pädophilie, als Leser ihren Ehemann mit Professor Humbert in »Lolita« verwechselten: Warum sahen die Leser die Schmerzen von Lolita nicht, um die doch der ganze Roman kreiste? Sie hob die Tapferkeit Lolitas hervor: Wie sie sich noch einmal aufraffte, nachdem sie von einem Kinderschänder fast zertreten worden war, und ein neues Leben mit dem Kriegsinvaliden Richard F. Schiller begann.

Sprach man Véra darauf an, das Werk ihres Mannes sei von vorpubertären Mädchen dermaßen überfüllt, dass er selber von ihnen besessen sein müsse, wies sie auf all die anderen Damen bei Nabokov hin, Clare Bishop, die stolze Sina, Humberts Freundin Rita voller Kameradschaftlichkeit und Mitgefühl, die gütige Hazel Shade im »Fahlen Feuer« – die Leser täten gut daran, in die Romane ihres Mannes nicht ihre eigenen Gelüste hineinzutragen. Und für Ethikkommissionen schreibe er nun einmal nicht: Hinterrücks war Véra meist noch widerspenstiger und rebellischer als VN.

So blieben sie eins. Oft träumten sie in derselben Nacht das Gleiche. Von Véra übernahm Wolodja oft seine Urteile über andere Schriftsteller, und nachdem er in einem Interview ein halbes Dutzend Nobelpreisgrößen niedergemäht hatte, ließ Véra durchblicken, er hätte es so ernst auch wieder nicht gemeint. Ihr waren, »Für Véra«, alle seine Romane gewidmet. Sie handelte mit Stanley Kubrick die Summe für die Filmrechte an »Lolita« aus und für »Ada« einen Sondervertrag, wozu eine eigene Firma gegründet worden war, der allein sie vorstand. Als die beiden längst im obersten Stock des Palace Hotel in Montreux am Genfersee als Dauergäste logierten, schrieb Wolodja seiner Vérotschka Briefe von einem Zimmer zum nächsten und Karteikarten mit Nachrichten und kleinen Tintezeichnungen eines Schmetterlings.

Einen seiner letzten Romane ließ er aus dem Blickwinkel der Toten erzählen, die die Hauptfigur durch einen Fingerzeig vor dem Feuertod zu retten versuchten und ihn dann in ihrem Reich begrüßten: Nabokov wünschte sich ein Jenseits, weil er mit Véra zusammenbleiben wollte. Er konnte sich sein Totsein beim besten Willen nicht ohne sie vorstellen. Ihm wäre der Gedanke frivol und unannehmbar erschienen, erst die Vergänglichkeit verleihe der Liebe eine tiefere Bedeutung. Für Nabokov galt das genaue Gegenteil: Zwei Dinge machten dem Menschen seit jeher am meisten zu schaffen, die Liebe und der Tod. Das Ende seines eigenen Lebens konnte der Mensch nicht fassen, und gerade auch darum verlangte es ihn nach einer Liebe, die niemals zu Ende ging.

Véra war sich jener Welt hinter dem Zypressenvorhang des Todes fast ebenso gewiss. Am Abend vor Wolodjas Tod 1977 sagte sie zu ihrem Sohn Dmitri, als sie in Dmitris dunkelblauem Ferrari vom Krankenhaus ins Hotel zurückrasten: »Lass uns ein Flugzeug mieten und abstürzen.«

Doch Véra überlebte Wolodja um vierzehn Jahre. Jedes kam ihr wie ein halbes Jahrhundert vor. Sie schlug sich mit dem Buch einer Russin herum, die ihr vorwarf, sie hätte Nabokov »verjudet« und daher – so unaristokratisch, so geldgierig, so seelenlos, verschlagen und vulgär – dem

Christentum entfremdet und in die Arme kleiner Mädchen getrieben. Véra überwachte die Übersetzungen seiner amerikanischen Romane in der Hoffnung, ihre russischen Landsleute könnten nach dem Zusammenbruch des Sowjetimperiums neuen Atem schöpfen in Nabokovs fröhlichem, befreiend unbefangenem Werk. Zwei Jahre nach dem Fall der Berliner Mauer wurde ihre Asche mit derjenigen ihres Mannes auf einem Friedhof von Montreux bestattet, dem Cimitière de Clarens. Wie Sebastian Knight geschrieben hatte: Die einzige wirkliche Zahl in der Liebe ist die Eins.

KAPITEL XIV

DAS MÄRCHEN VON DEN ZWEI JUNGEN LEUTEN, DIE ERST IM ALTER ZUEINANDERFANDEN

Gabriel García Márquez,
Fermina Daza und Florentino Ariza

I

Nach einer Tagesreise mit dem Schaufelraddampfer unter infernalischer Sonne auf dem Río Magdalena traf im Februar 1911 Pater Pedro Espejo mit einem geheimen Sonderauftrag seines Bischofs in Aracataca ein: Nur Pater Espejo schien dem Bischof ausgekocht genug, die Schlacht gegen den Teufel in diesem Dorf zu gewinnen.

Zu jener Zeit nämlich war die United Fruit Company wie ein Sturm über die Nordküste Kolumbiens gefegt und hatte sie in eine Provinz aller Laster verwandelt. Auch in Aracataca tanzte man den Cumbiamba mit brennenden Geldbündeln. Die Bordelle erstreckten sich bis zu den Bananenplantagen hin, wo die betrunkenen Tagelöhner nach Glücksspiel und Hahnenkämpfen einander die Schlafplätze am Straßenrand streitig machten. Noch bestürzender war, wie neben Geschlechtskrankheiten afrikanische Hexereien um sich griffen: Man verehrte die Voodoo-Göttin der Liebe und Flüsse, die Barmherzige Mutter Ochún, und selbst höhere Töchter in der Klosterschule Presentación de la Santísima Vírgen erhielten Lederpuppen zugesandt, deren Füßchen über Nacht aufschwollen und platzten. Dies zur Warnung, sich nicht auf einen Verehrer einzulassen, der für eine andere bestimmt war.

Gegen diese Rückfälle ins Mittelalter wirkte Pater Pedro Espejo Wunder mit der Hemdsärmeligkeit eines Holzfällers. Er ließ eine Kirche errichten, und manche besuchten die Sechs-Uhr-Messe nur, weil sie mit eigenen Augen sehen wollten, wie sich der junge Pater, kalten Schweiß auf der Stirn, während der Liturgie wenige Zentimeter über den Boden erhob.

Doch jeden zu überzeugen vermochte er nicht. »Na, wie trägt er seinen Heiligenschein heute, mehr nach links oder mehr nach rechts geneigt?«, soll sich der alte Oberst Márquez immer erkundigt haben, bevor der Pater zum Mittagessen über seine Türschwelle trat. Mit der gewohnheitsmäßigen Skepsis eines Liberalen konnte Oberst Márquez, Veteran des Bürgerkriegs der Tausend Tage gegen die Konservativen, den angeblichen Sieg des Paters über die Schwerkraft bloß mitleidig schnaubend belächeln; ansonsten aber stand er mit ihm in brüderlichem Einvernehmen, vor allem während der stillen Abendstunden beim Schach. Allerdings hielt dieses Einvernehmen nur so lange, bis der neue Telegrafist Aracatacas namens Gabriel Eligio García der Tochter Luisa Márquez einen Antrag machte und Luisa sogar die Fürsprache Pater Pedros gewann. Diesen Verrat verzieh der Oberst ihm nie.

Gabriel Eligio García war nicht von hier. Er kam aus der Stadt, aus Cartagena de Indias. Den Kopf randvoll mit blumigen Versen, hatte er sich sein Medizinstudium finanziert, indem er Briefe für junge Leute aufsetzte, die schreibunkundig und in der Sprache der Liebe nicht so bewandert waren wie er. Doch sosehr er sich auch in die Sehnsuchtswirren anderer hineinsteigerte, um Paaren den Weg zu einer glücklichen Ehe zu bahnen: Am Ende brachte es ihm wenig ein. Und da er ohnehin mehr der Homöopathie zuneigte, brach er sein Studium ab. Er war damals kein seltener Fall: ein Armer, der den Beruf des Telegrafisten aus Not ergriffen hatte. Mit seinen vierundzwanzig Jahren hatte er bereits zwei Jungfrauen geschwängert, ohne dass man Genaueres darüber wusste, und so eilte ihm in Aracataca der Ruf eines Verführers voraus, dem für seine Abenteuer im Hinterzimmer des Telegrafenamts ein gut geöltes Bett zur Verfügung stand.

Was auch stimmte. Aber nachdem er alle Mädchen Aracatacas in Augenschein genommen hatte, entschied er, dass Luisa Márquez genau die Richtige für ihn war. An einem schwülen Abend im März 1925 bekannte Gabriel Eligio García im Schatten eines Mandelbaums Luisa seine Liebe mit dem romanwürdigen Satz, »Nur über meine Leiche werde ich Sie *nicht* heiraten, Señorita Márquez«, und gab ihr vierundzwanzig Stunden Bedenkzeit – die Luisa gar nicht erst brauchte. Ohne Einwilligung ihrer Eltern verlobten sie sich. Dem Oberst brach das Herz.

Dass seine neunzehnjährige Tochter Luisa jemals heiraten könnte, anstatt bis zu ihrem Tod für Wohltätigkeitsbasare Marienbilder zu sticken, war ihm, ehrlich, nie in den Sinn gekommen. Es verstieß gegen seine Grundsätze, Luisa – erst seit zwei Jahren aus der Klosterschule Presentación de la Santísima Vírgen zurück – an einen dahergelaufenen Telegrafisten abzutreten. Der war ihm zu gefühlsselig und zu dunkelhäutig und zu konservativ, nicht von kreolischem Adel und unehelich geboren noch dazu. Für den Oberst fiel dabei nicht ins Gewicht, dass er selber nach seiner Eheschließung an beiden Ufern des Río Magdalena mindestens neun Kinder gezeugt hatte: Das ging nur ihn und seine Frau etwas an.

Doch die jungen Leute beugten sich nicht. Der Widerstand der Eltern spornte sie erst recht zu erfinderischen Schlichen an. Über einen Apotheker ließen sie einander Briefe zukommen, Luisa steckte eine Botschaft in den Geburtstagskuchen, der für Gabriel Eligio bestellt worden war, und Gabriel Eligio brachte Luisa mit seiner Violine schmeichelnde Serenaden in G-Dur dar. Als der Oberst eines Nachts davon aufschreckte, beschloss er, nur eine lange Reise würde Luisa von ihrer Krankheit heilen können. Und so lud er sie mitsamt seiner Frau, drei Bediensteten, Truhen und Kisten auf eine Maultierkarawane und schickte sie durch all die Dörfer und Städte, wo er vor einem Vierteljahrhundert im Bürgerkrieg der Tausend Tage gekämpft hatte – auch für tausend Tage, wenn diese Liebeskur es erfordern sollte, in Richtung Santa Marta am Karibischen Meer.

Gabriel Eligio geriet außer sich. Unter Eid hatte ihm Luisa versprechen müssen, ihn nach der Rückkehr zu heiraten, und dank der Hilfe eines Kreises von Telegrafisten in Kolumbien, die sich wie eine Freimaurerloge für die zwei jungen Liebenden verschworen hatten, tauschten die beiden ständig Botschaften aus. So geschah es, dass Gabriel Eligio ein Jahr später pünktlich am Hafen von Santa Marta stand (in einem neuen Anzug, den er sich für hundert Pesos Lotteriegewinn gekauft hatte), als seine Verlobte in rührendem Rosa dem Dampfer entstieg. Sie sah noch schöner aus, als seine durch die Trennung geschürte Liebe sie ihm ausgemalt hatte. Und verwegener geworden war sie auch.

Sie bat Pater Espejo, ein gutes Wort für sie einzulegen, und so ließ sich der Geistliche auf seinem Feldbett zu einem verdeckt theatralischen Brief an Oberst Márquez nieder und würzte ihn mit Sentenzen des Apostels Paulus an die Korinther: Die Liebe sei langmütig (auch die zwischen Vater und Tochter), und sie lasse sich nicht reizen zum Zorn. Der Oberst knurrte bei der Lektüre, diese Worte des ehemaligen Pharisäers Paulus mochten vielleicht der Wahrheit entsprechen, in diesem Fall aber wäre es besser, nicht an sie zu glauben. Die Liebe höre niemals auf, schrieb der Pharisäer. Man wolle es hoffen. Hoffen könne ein jeder. Doch als Pater Espejo mit der Warnung endete, es gelte jetzt, »Schlimmeres zu verhüten«, gab der Oberst verbittert nach.

Mit dem Pater aber wechselte der Oberst kein Wort mehr. Auch der Trauung während der Sechs-Uhr-Messe werde er fernbleiben, gab er kund, und als hätte er seiner Tochter die vermaledeite Hochzeit im letzten Moment ausreden können, erschien die Braut nicht vor dem Traualtar. Pater Espejo lief und lief in die Calle del Pozo: Luisa hatte einfach verschlafen.

2

Zu einem Duell kam es natürlich nie. Als der Oberst das Paar nach der Hochzeitsreise wiedersah, sagte er, die Ehre befehle ihm, seinem Schwiegersohn jede Genugtuung widerfahren zu lassen. Gabriel Eligio winkte großzügig ab, schwenkte zum Abschied seinen flachen Strohhut und verzog sich mit Gattin Luisa in ein anderes Dorf.

Ihre Eltern schmorten nur darum nicht weiter in ihrem Groll und gaben dem Paar sogar ihren verspäteten Segen, weil es ihnen die Erziehung des Erstgeborenen überließ: Gabriel García Márquez, »Gabito« gerufen, wuchs im Herrenhaus des Oberststs auf, das laut Großmutter Mina zur Hälfte von den seufzenden Geistern der Toten bevölkert war. Die andere Hälfte besetzten die Lebenden und die ehrwürdigsten Märtyrer des Katholizismus. Gabito schlief in einer Hängematte vor lebensgroßen Heiligenstandbildern, deren Murmelaugen in der Finsternis bedrohlich funkelten. Der Großvater indessen stand mit beiden Beinen fest auf dem Zementboden seines Hauses und stellte Gabito tagsüber unter den Schutz seiner unverbesserlichen Weltlichkeit.

So war es auch nicht der Vater, sondern der Großvater Oberst Márquez, der für Gabito zu jedem rätselhaften Wort das gewitzte Lexikon hervorholte und der ihm – den schrundigen Zeigefinger auf Gabitos Zeigefinger gelegt – Zeile um Zeile die Buchstaben entlang die Weite der Welt bewies. Es war der Großvater, der ihn zu den Fliegenden Teppichen von »Tausendundeiner Nacht« hinaufhob. Es war der Großvater, der mit ihm unter dem Dröhnen der Zikaden durch den sengenden Sand der Bananenplantagen zum Río Aracataca schwimmen ging und kaltblütig zur Nachmittagsvorstellung ins Kino, zum Grafen Dracula – bis der mittlerweile siebzigjährige Oberst eines Morgens den halbblinden Papagei Lorenzo el Magnífico einzufangen versuchte und aus vier Metern Höhe die steile Leiter hinabfiel.

Der Vater blieb für Gabito ein Fremder. Unter einem Vorwand schickte er den Zwölfjährigen ins Bordell, wo eine Prostituierte ihm, wie vom Vater geplant, derart schnippisch und barsch die Unschuld nahm, dass er glaubte, sterben zu müssen. Dann wollte Gabriel Eligio aus dem soeben zur Männlichkeit Erzogenen einen Rechtsanwalt machen, damit er sich jenes akademische Diplom an die Wand hängen konnte, das ihm selbst versagt geblieben war. An welchem Ort auch immer Papa Gabriel Eligio eine homöopathische Apotheke einrichtete, um sie bald wieder schließen zu müssen, ob in Sucre oder Barranquilla: Stets schärfte er seinem Ältesten ein, das Schicksal der immerzu wachsenden Familie liege in seiner Hand. Wenigstens einen Vorteil hatte dieses Nomadenleben: In Sucre begegnete Gabito der dreizehnjährigen Tochter eines anderen Apothekers mit ägyptischen Vorfahren. Neugierig, scheu und ratlos wich Mercedes Barcha seinen Avancen aus; doch bildeten sie in Gabitos Fantasie längst ein Paar und konnten ohne Angst und Eile auf etwas warten, wovon sie beide wussten, dass es ohnehin unausweichlich war.

Nach dem Jesuitenkolleg bemerkte er, dass erwachsen zu werden in der Hauptsache darauf beruht, wie man die überzogenen Hoffnungen der eigenen Eltern überlebt. Er begehrte zwar gegen sie auf, gab ihnen aber auch halbherzig nach und verirrte sich in diesem Labyrinth der Anforderungen rettungslos. Neben dem Jurastudium im kalt-düsteren Bogotá verfasste er Kolumnen für liberale Zeitungen und arbeitete mit triebhafter Leidenschaft, doch so geringem Selbstvertrauen an wechselnden Romanentwürfen, dass selbst seine Freunde ihren »Gabo« gutmütig zu einem hoffnungslosen Fall erklärten, und ein Großkritiker riet ihm mit unfehlbarer Strenge, sich in einem anderen Beruf zu versuchen. Immer wieder nahm er sich den einen großen Roman vor, »La casa«, »Das Haus«, jenes Werk, das später »Hundert Jahre Einsamkeit« hieß: Es sollte vom Haus der Großeltern erzählen, in dem er aufgewachsen war. Die Tür hinein fand er nicht: In ihm nahm die Sorge überhand, nichts weiter zu sein als ein unnützer Mensch.

An einem Donnerstag im Juli 1955 sah er von seinem Taxi aus seine Verlobte Mercedes in einem grünen Kleid mit goldenen Spitzen vor dem Eingang der Apotheke sitzen. Er ließ das Taxi nicht anhalten, doch im Flugzeug nach Europa schrieb er auf einer himmelblauen Karte fünf Zeilen an Mercedes: Er werde für immer in Paris bleiben, falls er in einem Monat keine Antwort von ihr erhielt. Sie schrieb ihm sofort zurück: Sie werde auf ihn warten, auch weiterhin. Er stellte ein Foto von ihr auf den Nachttisch seiner Mansarde im Quartier Latin, rechnete täglich vergebens mit einem Scheck von seiner Zeitung und wühlte frühmorgens im Müll der Restaurants, um nicht zu verhungern.

Nach seiner Vermählung mit Mercedes 1958 versprach Gabo ihr auf der Hochzeitsreise ein Meisterwerk. Doch erst Jahre später erreichte er in Mexico City, unter dem Einfluss von Beruhigungsmitteln und der Soap-Operas aus dem Radio, jenen Zustand der Gnade, die »Inspiration«, da plötzlich alle Hindernisse zwischen ihm und der Geschichte des Romans in sich zusammenbrachen. An das Ende seiner Angsterschöpfung gelangt, fragte er sich, warum er jetzt, mit bald vierzig Jahren, nicht schlichtweg alles riskieren sollte, da die Kritiker ihn so oder so vernichten würden. Warum wirklichen Lesern nicht eine Freude bereiten, ein Fest und ein wenig Glück? Für diese Endschlacht setzte er sich in einem kleinen Zimmer an den Schreibtisch und stand achtzehn Monate lang nicht mehr auf. Nur Mercedes hielt zu ihm, weil sie unerschütterlich an ihn glaubte, beruhigte den Hausbesitzer wegen der ausstehenden Miete, versetzte das Auto, die Möbel, den Schmuck, Föhn, Toaster, Heizkörper und zuletzt den Mixer, um für die Sendung des Manuskripts von »Hundert Jahre Einsamkeit« an den Verlag das Porto bezahlen zu können. 1967 waren binnen eines Monats elftausend Exemplare verkauft. In Buenos Aires besuchten die zwei ein Theater, suchten ihre Plätze im halbdunklen Saal. Ein Spot folgte ihnen, jemand rief »Bravo!«, und der ganze Saal stand applaudierend auf.

Gabriel García Márquez war plötzlich nicht einfach nur ein Schriftsteller. Er war zum Schriftsteller schlechthin geworden, nach dem Nobelpreis über ein Jahrzehnt später dann auch weltweit, so wie vor ihm nur Hemingway: ein Marlon Brando der Literatur. Überall in Lateinamerika trugen Frauen seine Bücher in ihren Einkaufstaschen zwischen Auberginen und Bananen mit sich nach Hause, »Hundert Jahre Einsamkeit«, den »Herbst des Patriarchen« und die »Chronik eines angekündigten Todes«. Straßenhändler, selbst Apotheker mit ihren Arzneien gegen den Liebesschmerz, die auf ihren Pferdekarren wie vor Jahrhunderten durch die Dörfer zogen, boten Raubdrucke seiner Werke feil. In Bogotá verkauften Buchhändler gestohlene Druckfahnen für einen Dollar unter dem Ladentisch. Die »Chronik eines angekündigten Todes« kam in einer Erstauflage von einer Million Exemplaren in die Kioske und Supermärkte von Barcelona und Buenos Aires. Nun suchte jeder seine Freundschaft. Er aber gab sich unnahbar, stellte sich wie hinter Glas.

Nur für seine Familie nicht. Allmählich kam García Márquez dem Vater näher in Gesprächen, die er für einen neuen Roman mit ihm führte. Endlich ging es gottlob einmal nicht um den allseits verehrten Oberst Márquez, der durch die meisten Romane Gabitos geisterte, und Gabriel Eligio war über die Rolle geschmeichelt, die er im Werk seines Sohnes vielleicht würde spielen können, und erzählte ihm, was vor seiner Kindheit im Haus der doch gar nicht so rühmlichen Großeltern geschehen war: zunächst einmal, dass Gabito ohne seine – Gabriel Eligios – Liebesbeharrlichkeit um ein Haar nie geboren worden wäre. Über die Verschwörung der Telegrafisten, den Mahnbrief Pater Espejos und wie seine Mutter den Segen des Obersts erzwungen hatte und dass – ganz nebenbei – Luisa und er trotz ihres Alters von über siebzig Jahren noch immer miteinander schliefen. Er würde, sagte sich Gabriel García Márquez, einen großen Roman über eine erste, junge Liebe schreiben, die auch die letzte im Alter war. Und erfinden musste er dafür fast gar nichts mehr.

3

Jetzt fühlte er sich dem Vater oft ähnlicher als sich selbst.

Doch zu einer wirklichen Versöhnung kam es zwischen ihnen nicht mehr, und nach dem Tod des Vaters war der Sechsundfünfzigjährige über Nacht das Oberhaupt einer Großfamilie, die sich nicht einmal auf die Details der Begräbnisfeier einigen konnte.

Die kreatürliche Angst vor Altern und Tod brach über ihn herein. Was ihm diese Angst sagte, war gnadenlos simpel: Je älter man wurde, desto wichtiger war es, wen man liebte und wie. Je näher der Tod rückte, desto mehr Gewicht, desto mehr Dichte gewann die Liebe, und es gab darin keine Verstimmungen mehr, die man nicht mit einem Wort ausräumen konnte.

Er fürchtete, vor Mercedes zu sterben, fürchtete ihr einsames Leben danach, und da er dem Gedanken an den Tod nur mit der Lebenskraft der Liebe Einhalt gebieten konnte wie mit der Formelgewalt eines Exorzisten, nahm García Márquez sich vor, in seinem Roman »Die Liebe in den Zeiten der Cholera« alle Gestalten der Liebe zu zelebrieren: nicht nur jenen Rausch des Verliebtseins, der die verheerenden Symptome der Cholera mit sich brachte, sondern auch die Liebe zwischen zwei alten Menschen in ihrer unansehnlichen Gebrechlichkeit – genau jene Liebe, die auf allen Kontinenten dieses grotesken Planeten immer noch ein Tabu war.

Er verwandelte seinen Vater und sich selber in Florentino Ariza und seine Mutter und Mercedes in Fermina Daza, das Liebespaar des Romans. Zugleich war er der allwissende, humorige Chronist der Geschichte, die von 1875 bis 1935 reichte, in Cartagena de Indias ihren Anfang nahm und auf dem Río Magdalena ihr Ende.

In den ersten drei Kapiteln hatte García Márquez die Liebeswerbung des siebzehnjährigen Telegrafisten Florentino Ariza um die dreizehnjährige Kaufmannstochter Fermina Daza mit den Mandelaugen genau so geschildert, wie sie sich auch zwischen seinen Eltern zugetragen hatte. Dann aber gab er dieser Geschichte jäh eine tragische Wendung.

Dafür war er 1983 eigens wieder einmal nach Cartagena de Indias gereist: Vor dem großen Stadttor stürmten im Abendlicht Fledermausschwärme über seinen Kopf hinweg, innerhalb der Festungsmauern sagten hellseherische Indios den Touristen Tag und Stunde ihres Todes voraus, und er gelangte zu den Arkaden des Portal de los Escribanos, wo sein Vater in Ärmelschonern Briefe für Liebesanfänger verfertigt hatte bis tief in die Nacht. An diesem Ort ging Florentino Ariza im Roman seiner Fermina Daza nach, in verzückter Vorfreude auf das epochale Wiedersehen nach ihrer Reise der Liebesentwöhnung – bis sie sich auf einmal zu ihm umdrehte und glaubte, dass ihre Liebe nur eine Illusion gewesen war. Vor ihr stand ein Schatten: jemand, den sie nie wirklich kennengelernt hatte.

Sie sandte ihm seine parfümierten Briefe und getrockneten Kamelien zurück und kündigte die Verlobung auf: Davon enttäuscht, dass Florentino Ariza nicht auf seiner Liebe beharrte, gab sie der Belagerung des angesehensten Arztes von Cartagena nach, des Cholera-Spezialisten Doktor Juvenal Urbino, der diese Dorfschönheit ohne Vermögen ihrer Ernsthaftigkeit, Vornehmheit und Kraft wegen heiraten wollte. Die fünfzig Jahre ihrer Ehe erduldete Fermina zuweilen wie eine Art glücklicher Leibeigenschaft. Sie hatte Juvenal jedoch dermaßen lieben gelernt, dass sie ihm nach seinem tödlichen Sturz von einer Leiter beim Begräbnis versprach: »Wir sehen uns bald.« Sie verspürte den Drang, das Leben mit ihm noch einmal von vorn zu beginnen. In seinem Zedernsarg in der Familienkrypta ließ sie einen Lichtspalt offen, weil er sich stets vor der Dunkelheit gefürchtet hatte.

Auf den Tod seines Rivalen hatte der einst zurückgewiesene Florentino Ariza, inzwischen Direktor der Karibischen Flussschifffahrtskompanie, nur gewartet, um Fermina Daza – nach mehr als sechshundert bald verzweifelten, bald schmerzlindernden Affären mit Frauen jeden Alters – erneut seine ewige Treue zu schwören. In einhundertvierzig Briefen gab er ihr mit hellsichtigen Betrachtungen über den unbezwingbaren Treibsand des Alterns und die Liebe als Ursprung und Ziel den Mut zum Weitermachen wieder. Ihre hochfahrende Tochter Ofelia verbat sich die anstößige Liaison: »Liebe in diesem Alter ist eine Ferkelei!« Darauf zündete sich Fermina eine gedrehte Zigarette am Stummel der vorherigen an: Vor einem halben Jahrhundert habe man sie, meinte sie plötzlich, um ein Leben mit Florentino regelrecht beschissen, weil sie damals zu jung gewesen seien, »und jetzt wollen sie uns bescheißen, weil wir zu alt sind«. Ihre Erinnerung mochte sie täuschen; aber ihr Entschluss stand fest. Schroff warf sie Ofelia aus dem Haus. Für anständig zu gelten, hatte sie keine Zeit. Mit einer Kraft, von der sie nicht geglaubt hatte, sie noch zu besitzen, war sie ins Leben zurückgekehrt: Sie nahm Florentinos Einladung an, als sein Ehrengast eine dreizehntägige Urlaubsreise flussauf- und flussabwärts zu unternehmen. Davon erzählte sie nur ihrem verstorbenen Ehemann und verabschiedete sich »bis auf bald«.

Doch schon vor dem Ende ihrer Reise kam Fermina und Florentino die Ankunft wie Sterben vor. Sie hissten die gelbe Choleraflagge am Hauptmast und stellten sich unter Quarantäne, weil ein altes Liebespaar, wie sie es waren, nirgendwo auf der Welt ein freundliches Ufer finden würde, und fuhren den Río Magdalena hinauf und hinab – »das ganze Leben«, das ihnen noch blieb.

4

Was würde mit den beiden Liebenden danach geschehen, fragten sich manche Kritiker und zogen den Schluss: »Sie werden niemals sterben.« Gut, der Roman war eben ein Märchen, das das breite Publikum mit der Kunst beglückte, es vor lauter Rührung zum Weinen zu bringen: überspannt, etwas vulgär und voller Klischees, typisch für einen alternden Schriftsteller. »Más es la bulla«, wie es im Roman hieß, viel Lärm um nichts. Heulen wollten die Leute ja sowieso immer, vor allem die Frauen, und García Márquez bot ihnen mit seinem gekonnt »faulen Zauber« wie Hollywood eine nur vermeintlich anspruchsvollere Ausrede dafür.

Verärgert zupfte Gabriel García Márquez bei seltenen Interviews unsichtbare Fussel von seinem Pullover, wenn man ihn auf die Kritik ansprach, sein Roman sei fossiler Kitsch: Man übersah, dass er sich nur vordergründig die sentimentalen Radiodramen zum Vorbild genommen hatte, denen Fermina Daza in den toten Stunden ihrer Witwenschaft mit nostalgischer Andacht lauschte. Er hatte der herkömmlichen Geschichte von den angefeindeten, getrennten und dann wiedervereinten Liebenden – Fermina und Florentino – einen abgründigen Dreh verpasst: Am Ende waren es weder verzwistete Familien noch irgendein lüsterner Schurke, die in kaum nachvollziehbar verwickelten Intrigen die Liebenden voneinander fernhielten. Was zwischen ihnen stand, waren sie selbst. Fermina hatte sich für Urbino entschieden, und Florentino Ariza begnügte sich damit, sich aus der Ferne fünfzig Jahre lang inständig Urbinos Tod zu wünschen. Und weil Kritiker – meinte García Márquez – berufsbedingt flüchtig lasen, erkannten sie nicht, dass der

Roman als Ganzer vielleicht verführerisch fröhlich und wehmütig stimmte, doch prekär war im Detail.

Noch mit sechsundsechzig hatte Florentino Ariza eines seiner Dienstmädchen angefallen und hinter einer Treppe im Stehen in gute Hoffnung versetzt. Selbst Arizas ausschweifendere Amouren waren oft nichts weiter als triste Versuche gewesen, die Wartezeit bis zum Tod Doktor Juvenal Urbinos zu überbrücken. Doch auch nach dem Tod Urbinos liebte Fermina Daza Florentino Ariza anfangs kein bisschen. Sie war vielmehr zornig über die Dreistigkeit, mit der ihr dieses Gespenst von Greis gleich nach der Beerdigung ihres Mannes – und trotz seiner Amouren – beteuern konnte, er sei ihr im Herzen stets treu geblieben. Florentino Ariza musste sich ihre Gunst in den einhundertvierzig Briefen erst einmal erwerben, und immer wenn er dabei die großen Tage ihrer jungen Liebe beschwor, wies sie ihn unwirsch zurecht: Es gab kein Zurück.

Das alles war García Márquez aber noch nicht prekär genug.

Im hohen Alter hatte es Florentino Ariza im Hinterzimmer seines Büros mit einer zwölfjährigen Schutzbefohlenen und Verwandten getrieben, mit América, die sich nicht einmal ihre eigenen Schuhe zubinden konnte. Ihre Unschuld frischte ihn auf. Als er sie Fermina Daza zuliebe verließ, beging América Selbstmord mit einer Flasche Opiumtinktur: Sie war – was Florentino Ariza immer als höchstes Lebensideal erschienen war – »aus wahrer Liebe gestorben«. Florentino Ariza erfuhr davon auf dem Dampfer, schloss sich im Badezimmer seiner Kabine ein, weinte hemmungslos und sagte Fermina beschämt kein Wort davon; der Río Magdalena ihrer trauscheinlosen Hochzeitsreise war ein toter Fluss mit fauligem Wasser, in dem Tierkadaver trieben, und von der Anlegestelle einer verfallenen Siedlung aus winkte das Gespenst einer Ertrunkenen mit einem Taschentuch.

Ein gediegenes Happy End sah anders aus. Und wie traurig misslang die erste Liebesnacht auf dem Dampfer, wie schwermütig fühlte sich Fermina oft während der Reise – und sprach in Gegenwart Florentinos von ihrem toten Ehemann, als lebte er noch.

Aber sie hielt Florentinos Hand dabei.

EINE LIEBE,
DIE NIEMALS ENDET

KAPITEL XV

WIR SEHEN UNS BALD

Elizabeth Barrett und Robert Browning,
Yoko Ono und John Lennon

I

Man hatte ihr eingeschärft, was für eine Ehre es sei, im Haus des weltberühmten Dichterpaars Browning zu dienen, im eleganten ersten Stock, dem Piano nobile der Casa Guidi, dem Palazzo an der Via Maggio mit seinen sieben lichten Gemächern, türhohen Spiegeln und Salonempfängen großer Gäste bis hin zum Erzherzog von Florenz.

Wie einen die Leute doch täuschen konnten: In den drei Jahren, da Annunziata die Signora nun ankleidete, ihr die Haare bürstete, edle Speisen auftrug wie Wachtelpastete mit Wacholderbeeren (die sie oft unbesehen stehenließ), war es mit dem Paar ordentlich bergab gegangen. Weil die Signora meist unpässlich war, begrüßte sie es sogar, wenn ihr Mann bis in den frühen Morgen mit Freunden wegblieb, und tagsüber schlich er besorgt durch die Zimmer und schlug zuweilen mit flacher Hand gegen satinbezogene Armsessel, als hätten die ein Vergehen zu beichten. Im Haus herrschte gedrückte Stille. Man musste jeden Augenblick damit rechnen, dass etwas Schlimmes geschah.

Dafür war Annunziata nicht gemacht. Ihr Vater hatte ihr ein heiteres Gemüt vererbt, das eine verdüsterte Kranke wie Signora Browning auf Dauer nur erzürnen konnte. In den späten Junitagen 1861 lag die Signora schon seit Wochen erkältet in ihren Laken vergraben, das Gesicht weiß, die großen Augen lakritzeschwarz und träge, und regte sich kaum. Sie las wenig, schrieb nichts und erwiderte Annunziatas aufmunterndes Lächeln kein einziges Mal.

Verbarg sie ihren Ekel nicht gut genug? Denn Annunziata ekelte sich: vor dem grollenden Husten, den schleimbefleckten Tüchern, die Signora Browning ihr reichte, ihrem Schweiß und faulen Mundgeruch. Nie würde sie ihre Aufgaben so tadellos erledigen können wie ihre Vorgängerin Wilson, die damals mit dem Ehepaar Browning Hals über Kopf aus London nach Florenz geflohen war wie vor einer Cholera-Epidemie. Obwohl Wilson inzwischen eine eigene Pension für englische Touristen führte, war sie immer zur Stelle, wenn Signora Browning nach ihr verlangte.

Und als existierte Annunziata nicht, pflegte Wilson die Kranke, die offenbar gar nicht wirklich gesund werden wollte und sich unaufhörlich über die Ärzte lustig machte. Nicht die rechte Lunge sei entzündet, kicherte die Signora mit schilfdünner Stimme, sondern die linke, »In Gottes Namen, die linke! Das weiß doch jeder, nur die Ärzte wissen mal wieder nichts!« Als Signore Robert Browning um halb drei Uhr (in der unheimlichsten aller Stunden) nach ihr rief, hoffte Annunziata, diese Nacht würde ihre letzte sein in diesem Haus der verdunkelten Zimmer, hässlichen Schriftstellerbüsten und entblößten Engelchen, die am Goldrahmen eines Spiegels geweihte Kerzen trugen.

Annunziata hob die Hand, um an die offene Schlafzimmertür zu klopfen, trat dann aber doch lautlos ein und sollte ihr Leben lang nicht begreifen, was sie da hörte und sah: Lächelnd umarmte die Signora ihren Ehemann wieder und wieder, lehnte ihren Kopf an seine Wange und hatte wie in einem Zustand der Verzückung ein »Es ist so wunderbar« und »Wie schön das ist« auf den Lippen. Ihre Stirn runzelte sich in einem Erstickungsanfall, glättete sich; sie sank in die riesigen Kissen zurück und sah plötzlich aus wie ein gesundes Mädchen, das nur eingeschlummert war, wie Rosaspina, das Dornröschen in seinem verwunschenen Schloss.

Als Wilson die Treppe hochschnaufte, eifersüchtig und herrisch wie immer, wisperte Annunziata, die gesegnete Seele der Signora sei in die andere Welt hinübergegangen, »Quest'anima benedetta è passata«, Passenderes fiel ihr in ihrem Entsetzen nicht ein. Das viele Morphium mochte gegen die Schmerzen geholfen haben. Aber dass die Signora von ihrem Mann geradezu selig Abschied genommen hatte, machte ihr Angst. »Wie schön«, »wie wunderbar« – so etwas sagte man doch nicht, wenn man starb. Und Signore Robert Browning saß ungerührt auf seinem Sessel, als sei nichts passiert.

Wo auch immer Annunziata die Nachricht vom merkwürdigen Sterben Elizabeth Barrett Brownings verbreitete: Niemand klärte sie auf. Ratlosigkeit herrschte selbst unter jenen Bewunderern in Florenz, die die sechzehn Jahre dieses Paars bis ins Detail kannten, sich jedoch am Ende damit begnügten, die unheimlichen letzten Worte der Signora als Zeugnis überirdischer Frömmigkeit zu rühmen. Annunziata hätte Wilson fragen können. Aber vor der fürchtete sie sich.

2

Als Lily Wilson sechzehn Jahre zuvor ihren Dienst bei den Barretts in der Londoner Wimpole Street antrat, war Miss Elizabeth Barrett von ihrer Krankheit dermaßen zermürbt und zerschlagen, dass sie sich nichts weiter wünschte, als hundert Jahre schlafen zu können.

Zu jener Zeit ging sie bereits den vierzig zu, hustete viel und nahm gegen das Stechen im Kopf und die Schlaflosigkeit reichlich Opium mit Alkohol und oft noch eine kräftige Dosis Morphium zu sich. Ein grüner Vorhang wildwuchernder Efeuranken vorm Fenster versperrte der Sonne im Sommer jeden zuversichtlichen Blick in Miss Elizabeths Zimmer, das vollgestopft war mit Hunderten von Büchern, Gobelins, drei weißen Dichterbüsten und einem Bildnis des Junggenies Robert Browning. Klauenfüßig machte sich inmitten des Zimmers ein Sessel breit, als erwartete er hohen Besuch, und Wilson mochte noch so oft erklären, Stühle, Sofas, Bücher würden sich staubig gegen die Lungen verschwören: Miss Elizabeth im Rollstuhl in den Regent's Park zu locken gelang ihr nur ein, zwei Mal. Im ewigen Dämmerlicht des Zimmers nämlich, ihrem »offenen Käfig«, spielten sich große Dinge ab, die vom geschwätzigen Wirbel der Welt draußen nicht gestört werden durften.

Hier brachte Miss Elizabeth auf ihrer Chaiselongue jene Gedichte zur Vollendung, die ihr Vater »gottesfürchtig« nannte und »wunderschön«. Sie sollten mit seiner finanziellen Unterstützung im August dieses Jahres 1844 erscheinen. Auch konnte Miss Elizabeth nur in ihrem Zimmer die Welt der Gespenster um sich spüren. Sie versuchte sogar, von Wilsons Geist Besitz zu ergreifen, indem sie Wilson ohne einen Wimpernschlag aus ihren braunen Augen durchdringend anstarrte – mit allerdings derart geringem Erfolg, dass sie beide in Gelächter ausbrachen, das bis ins Erdgeschoss drang. Der alte Barrett ließ die Gabel sinken: So ausgelassen hatte er Elizabeth seit dem Tod seiner Frau selten erlebt.

Doch selbst einem Dienstmädchen mit Wilsons aufopfernder Seele fiel die Arbeit in der Wimpole Street schwer: Schon das Ankleiden Miss Elizabeths morgens machte den beiden solche Mühe, dass Wilson es bald auf jenen Zeitpunkt verschob, da ihre Herrin nach der letzten Tasse schwarz-öligen Kaffees ihre Briefe und Gedichte geschrieben hatte, auf winzigen Blättern in einer Art Flüsterschrift. Dann sprach Cousin John Kenyon vor, der Millionär und Gourmet, der sich – vom Lunch samt Port noch rotgesichtiger – die neuesten Verse »unserer Dichterin Numero Uno im Commonwealth« vortragen ließ: Andernfalls hätte er – schreckliche Vorstellung – seine eigenen deklamiert.

Nach Kenyon kam das zähe Lamm. Oft zersäbelte Elizabeth die Koteletts und verfütterte sie an ihren Cockerspaniel Flush, sodass »der liebe, gute Papa« bei seiner Visite abends einen leeren Teller vorfand und glauben musste, seine Tochter esse tüchtig, sich zufrieden neben ihr zu einem ausgiebigen Abendgebet niederließ und dann in sein Arbeitszimmer verschwand: Er hatte seine Zuckerrohrplantagen im Norden Jamaikas zu verwalten. Dort lauerte Gefahr: Wer glaubte im Ernst, man könne einen weiteren Sklavenaufstand niederschlagen wie jenen vor zehn Jahren? Und der Fluch, der seit Generationen auf der Familie lastete, plagte den alten Barrett obendrein.

Barrett wusste, dass sich mehrere seiner Vorfahren auf

Jamaika mit Kreolinnen vergnügt hatten, und es ging das Gerücht, er habe seinen Kindern die Ehe verboten, weil er Nachkommen verhindern wollte, durch deren Adern Sklavenblut floss. Andere hielten es für wahrscheinlicher, dass den alten Barrett nichts mehr ängstigte als die Einsamkeit: Er wollte seine zwölf Sprösslinge einfach um sich haben, bis er gestorben war.

Elizabeth sah selten in Spiegel. Doch wenn sie es tat, war sie überzeugt, von Kreolen abzustammen. Von der Liebe wollte sie nichts wissen: »Ich würde wegen einer Ehe nie auf meine Rechte verzichten, aber das liegt in meinem Alter jetzt Gott sei Dank ja hinter mir.« Auch darum glich seine ausgezehrte Älteste für Barrett einer Heiligen, bleich und still, demütig und rein. Wilson gewann eher den Eindruck, dass er Miss Elizabeth über drei Jahrzehnte die Rolle der Invalidin aufgedrängt und sie sich darin ergeben eingerichtet hatte.

So erwartete Elizabeth Barrett, über kurz oder lang an ihrer unbekannten Krankheit zu sterben, als der Postbote an einem verschneiten Abend im Januar 1845 Wilson einen Brief übergab, der sich von den sonstigen unterschied. Er stammte von Robert Browning. Miss Elizabeths Hände zitterten leicht, kaum hatte sie die Zeilen überflogen. »Ich liebe Ihre Gedichte, Miss Barrett«, stand da zu lesen, »und ich liebe *Sie.*« Diese Kühnheit ging über die üblichen Verehrerbriefe hinaus. Browning hatte in einem seiner Gedichte auf eines der ihren angespielt und ihr damit stilvoll verhalten seine Reverenz erwiesen, und so erschrak Elizabeth über diesen Gefühlsausbruch, der sich nicht mehr nur auf ihr Werk beschränkte. Man musste unter allen Umständen Genaueres über Browning herausfinden.

Wilson hatte schon mehrmals beobachten können, wie Browning die Allee der Wimpole Street abgegangen war, um unauffällig die immergleichen Messingklopfer an den Türen, das Haus, das efeuverhangene Fenster ihrer Herrin zu mustern – in gelben Satinhandschuhen und feinem Mantel mit Samtkragen, gepflegt, wenn auch »ein bisschen klein geraten«. Browning maß, so schätzte Wilson, um die eins fünfundsechzig, und was Elizabeth sonst in Erfahrung bringen konnte, war, dass er bei seinen Eltern wohnte, unablässig an seinen Gedichten arbeitete, wie sie unter Kopfschmerzen litt, aber sechs Jahre jünger war, den Kontinent bereist hatte, Spinnen mochte und dass auf seinem Schreibtisch ein Totenschädel stand. Viel war das nicht.

Aber seit diesem Tag tauschten sie täglich Briefe aus, bis Browning darauf drängte, von Miss Elizabeth in ihr Allerheiligstes eingeladen zu werden, und als der so ersehnte wie gefürchtete Dienstag im Frühling 1845 kam, war Miss Elizabeth derart erregt, dass Wilson die Kleiderfrage mit einem »Jetzt reicht es aber!« für ihre Herrin entschied: Bei einer solchen Gelegenheit dürfe sie ihr Schwarzseidenes nur mit jenem Schal tragen, den ihr John Kenyon aus Malta mitgebracht hatte, und die Brosche mit dem herzförmigen Amethyst. Mr. Browning durchschritt ihr Zimmer, knetete seine gelben Handschuhe, setzte sich auf den erwartungsvollen klauenfüßigen Sessel, und Wilson schloss hinter sich die Tür.

Von nun an besuchte Mr. Browning die Herrin jeden Dienstag und verabschiedete sich, ehe der alte Barrett gegen fünf aus der Innenstadt zurück war, und an den anderen Tagen schrieben sie einander, bis sich Robert »ein Leben voller Dienstage« von ihr erhoffte. Plötzlich sah sich Elizabeth in einen Gefühlskrieg mit sich selbst verstrickt, den sie in neuen Sonetten austrug.

»If I leave all for thee, wilt thou exchange
And be all to me?«

Wenn sie alles für ihn aufgab, würde er im Austausch alles für sie sein? Und war sie selber überhaupt bereit für das Wagnis, jenen Sprung in den Glauben an ihn, der bedeuten würde, ihren Vater zu verraten?

Denn der hatte zu ahnen begonnen, was sich da hinter seinem Rücken zusammenbraute. Unter dem Vorwand, das Haus müsse tapeziert werden, wollte er die ganze Familie aufs Land verbannen, um die Besuche des Dichterlings zu unterbinden. Diese Finte ließ Robert und Elizabeth keine Zeit mehr. An einem Samstag im Herbst 1846 heirateten sie heimlich in einer Kirche um die Ecke, mit Wilson als Trauzeugin, und wenige Tage später waren die drei auf dem Weg nach Florenz. Der alte Barrett enterbte seine Tochter ohne Verzug. Er sprach von ihr wie von einer Toten. Alle Briefe, in denen sie ihn um Verständnis anflehte, sandte er ungeöffnet zurück. Als er gestorben war, zuckte Elizabeth nur die Achseln: Er war die Erde nicht wert, in der er begraben lag. Dagegen hatte sich John Kenyon für ihre Liebe und Flucht nach Florenz immer begeistert und hinterließ ihnen ein Erbe, das Roberts schlechtes Gewissen zerstreute: Nun lebten sie luxuriös und nicht mehr von Elizabeths Einkommen allein.

Anfangs konnte Wilson an Italien all das nicht leiden, was ihr Dichterpaar pries. Ihr widerstrebten die staubigen Stadtfahrten in den Kutschen, deren polternde Räder noch nach Tagen in ihren Eingeweiden rumorten. Ihr widerstrebte der schwere Chianti, mit dem Browning Miss Elizabeth das Opium abgewöhnen wollte, und der stets schon mittags angetrunkene Father Prout, ein abtrünniger Jesuit, der die Casa Guidi bis in die Dienstbotenkammern hinein mit anzüglichen Anekdoten und Zigarrenrauch füllte. Sie mochte Alessandro nicht, der sich für den besten Koch Europas hielt, anstatt sich für den eitelsten und faulsten der Welt zu halten, das viel zu scharfe Essen und das fast stündliche Kuhglockengeläut der katholischen Kirchen mit den schamlos nackten Statuen und dem stechenden Weihrauchgeruch.

Duldsam wie ein vollbepackter Esel kletterte Wilson die Anhöhen über Bagni di Lucca hoch, während Miss Elizabeth mühelos den Berg bestieg und Robert dort oben die vierundvierzig Sonette schenkte, die sie damals in der Wimpole Street für ihn verfasst hatte. Wilson kannte Zeilen daraus auswendig.

»How do I love thee? Let me count the ways.
I love thee with the breath,
Smiles, tears, of all my life! – and, if God choose,
I shall but love thee better after death.«
»Wie ich dich liebe? Lass mich zählen, wie.
Ich liebe dich mit allem Atem,
Lächeln, allen Tränen meines ganzen Lebens! – und, wenn Gott es will,
Werd ich dich sogar noch besser lieben nach dem Tod.«

Für die Bewunderer des Dichterpaars waren die beiden nicht zwei, sondern ein einziger Gedanke und Pulsschlag, ineinander verwurzelt und so ehrlich, so ungekünstelt und offen, wie es in keinem der Romane jener Jahre zu lesen war. Sie zwangen alle Welt, an die Liebe jenseits von Norm und Vernunft zu glauben und für sich dieselbe Liebe zu ersehnen. An weißen, unheilvollen Tagen ertappte sich Robert des Öfteren dabei, wie er vor sich hin murmelte: »Sie ist da, immer noch ist sie da.«

Als Elizabeth nach zwei Fehlgeburten mit dreiundvierzig einen Sohn gebar, hielt Robert zunächst lange seine Frau in den Armen, so als wäre sie eben aus dem Totenreich zurückgekehrt, und sah sich erst dann seinen Sohn Penini genauer an. Weil er sich vor dem Schreiben fürchtete und um der Erziehung seines Sohnes willen fünf Jahre lang nur wenig zu Papier brachte, fand man später Blätter seiner Gedichtentwürfe mit Ergänzungen in Elizabeths Handschrift bedeckt.

Nur in einer Sache stritten sich die beiden erbittert: über die Geisterwelt. Robert tat Séancen als Schwindel ab; Elizabeth faszinierten weniger die Mitteilungen von der anderen Seite, die meist wenig Sinn ergaben, als die Tatsache, dass es diese Mitteilungen überhaupt gab und die Lebenden ihre Toten zu sich rufen konnten. Doch als sie einer Séance beiwohnte, bei der Verstorbene aus ihrer Familie ein sehr amerikanisches Englisch sprachen, kam auch ihr das Interesse an den spiritistischen Sitzungen abhanden. Den fernen Schimmer einer himmlischen Welt zu erahnen, an die sie stets geglaubt hatte, genügte ihr.

Ohnehin erschien sie sich selber mehr und mehr als ein Gespenst, wenn sie an Wilsons Arm die vierundzwanzig Schritte den schmalen Balkon der Casa Guidi auf und ab schlurfte und murmelte, sie brauche keine Ärzte mehr. Sie hatte mit Robert jeden Moment genossen und in diesem Leben nichts versäumt, alles gewagt und vollbracht. Nach einem ihrer Nachmittagsbesuche lehnte Lily Wilson ihren müden Rücken gegen eine sonnengewärmte Mauer in dieser Stadt aus ewigem Stein: Vielleicht würde sich Miss Elizabeth noch einmal erholen.

Am nächsten Morgen war sie tot.

3

An die ersten Wochen der Trauer konnte sich Robert Browning später kaum erinnern. Ohne sein Zutun drehte sich die Welt einfach weiter. Robert blieb ruhig, weil er zwar wusste, aber nicht glauben konnte, dass Elizabeth gestorben war. Er sprach mit dem Leichenbestatter in diesem auf einmal so fremden Land, als ginge der Tod ihn nichts an. Der fette, faule Begräbnisgeruch der Blumen in der Kirche machte ihn krank. Nach Florenz kehrte er nie wieder zurück und blieb sein Leben lang allein. Sein Sohn war ihm genug, und jeder Frau, die Zuneigung zu ihm fasste, sagte er, sie würde immer in Elizabeths Schatten stehen. Manchmal konnte er spüren, wie sie hinter ihm stand, doch wandte er sich nicht um. »Was soll ich nur ohne dich machen?«, fragte er sie. Noch als er weit über sechzig war, erkundigte sich Queen Victoria bei einem Empfang, ob es für ihn zu schmerzlich sei, über sich zu sprechen und Elizabeth und die Geschichte ihrer Liebe. Glaubte er, sie warte irgendwo auf ihn? »Soweit es in meiner Macht steht«, erwiderte er, verneigte sich und ging.

Für sich zweifelte er daran. Im Herbst 1877 las er einen wissenschaftlichen Artikel, der die Unsterblichkeit der Seele widerlegte. Er stieg vom Chalet La Saisiaz bei Genf aus auf den Mont Salève. Er stimmte dem Verfasser des Artikels zu. Und dann auch wieder nicht.

Über ihm war der Himmel ungeheuer weit und klar. Er fühlte nicht, wo er stand. Er entsann sich der Zeilen, die er Elizabeth am Sonntag nach ihrer Hochzeit geschrieben hatte: »Was Du für mich gewagt hast! Was ist Glauben? In Dir habe ich ihn gesehen, und mein Herz wird sich erinnern.« Vor drei Jahrzehnten hatte Elizabeth den Sprung in den Glauben an ihn getan und an ein gemeinsames Leben. Jetzt war für ihn die Zeit gekommen, den Sprung zu tun, und er sprang: Bald würde er neben ihr erwachen wie damals jeden Morgen im Schutz der Sonne in jener Stadt aus Stein.

4

Auch wenn John Lennon später darauf bestand, Yoko Ono und er hätten sich nur in die Augen zu sehen brauchen, um einander auf Anhieb zu verstehen, »und das war's«, hatten die beiden in Wahrheit erst nach vielen Zweifeln zueinandergefunden, von denen einer am wenigsten zählte: dass sie sieben Jahre älter war als er.

Die übrigen Beatles schätzten sich glücklich, nicht dermaßen verliebt zu sein, in fast höriger Abhängigkeit. Denn kaum ein Tag verging, den Yoko und John nicht zusammen verbrachten. Dann trennten sie sich für einige Zeit, doch so wie bei anderen die Ehe scheiterte, so scheiterte bei ihnen die Trennung. Einst waren sie »zwei Hälften gewesen, jede auf der anderen Seite des Universums, und jetzt sind wir zusammen ein Ganzes, wie Cathy und Heathcliff«. Die Sterne hatten sie füreinander bestimmt. Manchmal schreckte Yoko nachts hoch, weil John neben ihr weinte vor Angst, sie könnte vor ihm sterben. »Wie hätten wir ahnen sollen«, sagte Yoko Ono Jahre danach, »dass es einen anderen Plan für uns gab?«

Im Februar 1980 hatte sie wieder Heroin zu nehmen begonnen, und so war es ihr nur recht, als sich John von Rhode Island aus auf einer Segeljacht zu den Bermudas aufmachte, um seinen vierzigsten Geburtstag mit einer stürmischen Überquerung des Teufelsdreiecks zu feiern: Im Oktober wurde er vierzig, einverstanden, entschied er, jetzt fing das Leben erst richtig an. Während sich Yoko aus Scham heimlich einer Entziehungskur unterzog, packte John in einer gemieteten Villa am Strand auf den Bermudas nach fünf Jahren Arbeitspause das Verlangen, ein neues Album zu komponieren, das von Lied zu Lied ein Gespräch werden sollte zwischen ihm und Yoko, einem Mann, einer Frau, einem liebenden Paar. Neben ihm, im Pool auf der Terrasse, brachte ihr fünfjähriger Sohn Sean seinen Schwimmflügeln das Schwimmen bei.

Schon seit langem hatten sie sich Elizabeth Barrett und Robert Browning verwandt gefühlt. Sie spielten einander deren Gedichtzeilen zu, und im Sommer 1980 erwachte Yoko mit einer Melodie zu einer Variation auf Elizabeths Sonett »How do I love thee? Let me count the ways« im Kopf und rief John sofort auf den Bermudas an: »Schreib mir doch bitte eine Antwort darauf.«

Am Nachmittag desselben Tages sah John im Fernsehen – und dies konnte kein Zufall sein – einen Film, der Zeilen aus Robert Brownings »Rabbi Ben Ezra« zitierte.

»Grow old along with me!

The best is yet to be« –

Das Lied, das John daraus schuf, nahmen sie gemeinsam im Herbst in ihrem Schlafzimmer im Dakota Building,

Manhattan, auf. Es klang wie ein altes Kirchenlied und könnte, dachten sie sich, bei Hochzeiten gespielt werden. Noch nach zwölf Jahren wollte er alt werden an ihrer Seite; sie freuten sich schon darauf, wie sie gemeinsam – leicht gebeugt, grauhaarig, unerkannt – Hand in Hand durch den Central Park spazierten ohne Furcht vor dem Tod, weil sie auch danach vereint sein würden.

»Grow old along with me
The best is yet to be
When our time has come
We will be as one« –

Es blieb ihnen noch ein Monat zu zweit.

QUELLEN, ERKLÄRUNGEN

Und was sonst und danach
noch geschah

KAPITEL I

Niemand wird bestreiten, dass in vielen Gestalten der Literatur etwas von ihren Autoren steckt und von den Menschen, die ihnen begegnet sind. Autoren bringen ihr Leben damit zu, Erfahrungen mit Erfundenem zu mischen. Wirklichkeit und Fantasie münden ein in das, was man Literatur nennt, und so mag man die Werke von Schriftstellern oft mit noch größerem Gewinn lesen, gerade wenn man mit ihren Lebensumständen und Verwandlungskünsten vertraut ist.

Man dürfe niemals, beschied Marcel Proust, vom Leben auf die Kunst schließen – verarbeitete in seinem Roman »Auf der Suche nach der verlorenen Zeit« aber die Eifersucht auf seinen Sekretär Alfred Agostinelli.

Ernest Hemingway erwiderte, als man ihn nach dem Vorgang fragte, wie sich eine Person aus dem wirklichen Leben in eine Romanfigur verwandelte: »Wollte ich erklären, wie man's macht, käme ein Leitfaden für Anwälte dabei heraus, die auf Diffamierungsfälle spezialisiert sind.« (In den ersten Fassungen seines Romans »Fiesta«, »The Sun Also Rises«, änderte Hemingway nicht einmal die Namen der realen Vorbilder für seine Figuren um, die Vorbilder erkannten sich nach der Publikation in den Figuren dann auch mühelos wieder und wandten sich allesamt von Hemingway ab.) Darauf angesprochen, ob er auch über sich selber schreibe, entgegnete Hemingway ohne Zögern: »Does a writer know anyone better?«

Beim Wiederlesen seiner Romane im hohen Alter begegnete Graham Greene oft Figuren in seinem Werk, die ihm – berichtet er in seiner Autobiografie »Fluchtwege«, »Ways of Escape« – aus den Romanseiten zuwinkten und ihn ironisch fragten: »Ja, hast du denn wirklich geglaubt, du hättest uns erfunden?« Sie waren einfach zu oft dem wahren Leben entnommen.

Für Sylvia Plath wiederum schien sie selbst, schien die Welt oft nur zu existieren, damit sie darüber schreiben konnte, und sie setzte sich über jede Rücksichtnahme auf die Gefühle anderer hinweg, ganz gleich, wie nahe diese ihr standen: Wie so viele Autoren vor und nach ihr überschritt sie dadurch die Grenze zwischen Leben und Kunst. Noch 2004 rechtfertigte Frieda Hughes die einstige Entscheidung ihres Vaters, aus

Plaths Originalmanuskript des Bandes »Ariel« für die Erstpublikation Gedichte zu streichen, da andernfalls »noch lebende Personen zutiefst verletzt« worden wären. Ebenso erschließen sich die »Birthday Letters« von Ted Hughes ohne genaue Kenntnis der Lebensgeschichte von Plath und Hughes erst gar nicht mehr.

Und dennoch: Es soll nicht im Mindesten geleugnet werden, dass jedes Werk auch völlig unabhängig von der Person seines Verfassers betrachtet zu werden verlangt. Man könnte sogar sagen, dass es weder einem Buch noch seinen Lesern sonderlich hilft, wenn man herauszufinden versucht, ob sich eine wahre Geschichte dahinter verbirgt: Erfundene Geschichten sind nicht weniger bedeutsam. Doch die Autoren, um die es hier geht, haben ausdrücklich darauf bestanden, dass ihre Werke auch auf Ereignissen in der wirklichen Welt beruhen.

Nicht denkbar gewesen wären dieses erste und alle künftigen Kapitel ohne Diane Ackerman, John Armstrong, Julian Barnes, Roland Barthes, Ulrich Beck, Lesley Blanch, Elisabeth Bronfen, Lorenzo Cherubini, Faramerz Dabhoiwala, Sigrid Damm, Joan Didion, Gioia Diliberto und Franz Eberli, der das Herz des Verfassers seit 2007 bei Laune hält; Elena Ferrante, Carlos Fuentes und Tristan Garcia; Ingeborg Gasser-Kriss, durch die das Buch überhaupt erst zu dem heranwachsen konnte, was es jetzt ist; Peter Gay, René Girard und Malte Herwig; Tobias Heyl, der mit Sorgfalt und sicherem Urteil Satz für Satz und – gerade bei der Schwere dieses Themas – mit der erstaunlichen Leichtigkeit seiner Gedanken die Entstehung des Buches von Anbeginn begleitet hat; Sven Hillenkamp, Siri Hustvedt, Eva Illouz, Leslie Jamison und Daniel Kehlmann für Rat und Loyalität; A. L. Kennedy, Ruth Klüger, Milan Kundera, Jacques Lacan, Anthony Lane und Philippe Lejeune; Jo Lendle, der im Herbst 2015 für das gesamte Buch einen entscheidenden kompositorischen Einfall hatte; Doris Lessing und Alex Lohninger für seine Freundschaft; Niklas Luhmann und Michael Maar, dem der Verfasser Jahr für Jahr dankbarer ist; Wolfgang Matz, Simon May, Sid Mukherjee, Victoria Ocampo, Michael Ondaatje, Tim Parks, Dagmar Ploetz, Katherine Anne Porter, Alka und Bharat Puri und Satyajit Ray; Jens Rosteck, Rüdiger Safranski, Manfred Schneider, A. O. Scott, Volkmar Sigusch und Zadie Smith; Christina Sommer für ihre Begeisterung, von Kapitel zu Kapitel, und dafür, dass sie den Verfasser daran erinnert hat, was Freiheit bedeuten kann; Susan Sontag, Thomas Steinfeld, John Sutherland, Colm Tóibín, Sally Wainwright, Colson Whitehead, James Wood, Marilyn Yalom und Karin Zambelis, für die das Buch auch geschrieben wurde und die ihm am Ende ihren lang ersehnten Segen gegeben hat.

KAPITEL II

Audrey Scrivener, infolge nervösen Asthmas in »Seacliff« eingewiesen, wurde an dem Tag, da Janet Frames Hirnoperation anberaumt war, einer Lobotomie unterzogen: Sie verbrachte den Rest ihres Lebens mit Strickarbeit.

John William Money wurde zum Begründer der »Gender Studies«, wonach sich die Geschlechter nicht aus biologischen Unterschieden zwischen Mann und Frau ergeben, sondern gesellschaftliche Konstruktionen sind und somit auch veränderbar: Über Moneys abenteuerliche Karriere berichtet der Band »Fuckology: Critical Essays on John Money's Diagnostic Concepts«, herausgegeben von Lisa Downing, Iain Morland und Nikki Sullivan (Chicago und London 2015).

Janet Frame blieb – obschon sie die Psychoanalyse als »wöchentliches Unterwerfungsritual« und die Sexologie verabscheute – John Money bis zu ihrem Tod freundschaftlich verbunden.

Ab 1960 unterzog sich auch Ernest Hemingway wegen Depressionen sechsunddreißig Mal der Elektroschocktherapie, nach der er sich mitunter nicht einmal mehr seines eigenen Namens entsinnen konnte; nur wenige Tage nach der letzten brachte er sich um.

Hilfreich für dieses Kapitel waren zunächst natürlich die Werke Janet Frames, besonders ihre dreibändige Autobiografie »An Angel at My Table« (London 2010, deutsch »Ein Engel an meiner Tafel«, München 2012), »Auf dem Maniototo« (München 2013), »Gesichter im Wasser« (München und Zürich 1994), »Wenn Eulen schrein« (München 2016) und ihr Briefwechsel mit dem neuseeländischen Maler William Theophilus Brown, »Jay to Bee« (Berkeley 2016), sodann »Writers and Their Work: Janet Frame« von Claire Bazin (Tavistock 2011), Mark Gouldens »Mark My Words! Memoirs of a Journalist / Publisher« (London 1978), Michael Kings »History of New Zealand« (London 2003) und »Wrestling with the Angel: A Life of Janet Frame« (Auckland 2000), Joe Morans »Shrinking Violets: A Field Guide to Shyness« (London 2016) und David Nivens Erinnerungen »Bring on the Empty Horses: True Tales from the Golden Age of the Silver Screen« (London 1995).

KAPITEL III

Bettine von Arnim irrte sich, als sie meinte, Goethes Sonett »Sie kann nicht enden« sei ihr zugedacht gewesen: Goethe ließ sich zwar von Bettines Briefen zu den zitierten Zeilen anregen, widmete das Gedicht dann jedoch der damals achtzehnjährigen Minna Herzlieb in Jena.

Diesem Kapitel liegen zwei liebevoll kommentierte Werkausgaben zugrunde, Bettine von Arnims »Werke und Briefe« in vier Bänden, herausgegeben von Walter Schmitz und Sibylle von Steinsdorff (Frankfurt am Main 1986–2004), und die »Münchner Ausgabe« der »Sämtlichen Werke« Goethes in einundzwanzig Bänden, herausgegeben von Karl Richter (München und Wien 1985–1998).

Besonderen Dank schuldet der Verfasser Hildegard Baumgart (»Bettine und Achim von Arnim: Die Geschichte einer ungewöhnlichen Ehe«, Berlin 2016), Nicholas Boyle (»Goethe: Der Dichter in seiner Zeit«, München 1995 und 1999), Sigrid Damm (»Christiane und Goethe: Eine Recherche«, Frankfurt am Main und Leipzig 2001), Michaela Diers (»Bettine von Arnim«, München 2010), Dagmar von Gersdorff (»›Die Erde ist mir Heimat nicht geworden‹: Das Leben der Karoline von Günderrode«, Frankfurt am Main und Leipzig 2006), Dieter Hildebrandt (»Die Kunst, Küsse zu schreiben: Eine Geschichte des Liebesbriefs«, München 2014), Rüdiger Safranski (»Goethe: Kunstwerk des Lebens – Biographie«, München 2013), Astrid Seele (»Frauen um Goethe«, Reinbek bei Hamburg 2000) und Roberto Zapperi (»Das Inkognito: Goethes ganz andere Existenz in Rom«, München 2010).

KAPITEL IV

Ted Hughes ließ Sylvia Plath fünfzehn Kilometer entfernt von Emily Brontës Grab (in Haworth, Yorkshire) bestatten.

Alle Gedichtzitate in diesem Kapitel hat der Verfasser aus den Werken von Sylvia Plath und Ted Hughes selbst ins Deutsche übertragen.

Vor allem folgende Bücher sind in die Niederschrift des Kapitels eingegangen: Jonathan Bates Ted-Hughes-Biografie (London 2015), die Studie Elisabeth Bronfens über Sylvia Plath (Frankfurt am Main 1998), Heather Clarks »Grief of Influence: Sylvia Plath and Ted Hughes« (Oxford 2011), Elaine Feinsteins »Ted Hughes: The Life of a Poet«

(New York 2003), »These Ghostly Archives: The Unearthing of Sylvia Plath« von Gail Growther und Peter K. Steinberg (Oxford 2017) und Ronald Haymans »The Death and Life of Sylvia Plath« (Stroud 2003); die »Birthday Letters« (München 2000), »Collected Poems« (London 2003) und »Letters« (London 2007) von Ted Hughes; Yehuda Korens und Eilat Negevs »Lover of Unreason: The Life and Tragic Death of Assia Wevill« (London 2006), »The Silent Woman: Sylvia Plath und Ted Hughes« von Janet Malcolm (New York 1994) und Diane Middlebrooks »Her Husband« (New York 2003); Sylvia Plaths »Ariel: The Restored Edition« (London 2004), ihre »Briefe nach Hause: 1950–1963« (Frankfurt am Main 1981), ihre »Collected Poems« (London 1981), »Journals 1950–1962« (London 2014) und »Letters« in zwei Bänden, herausgegeben von Peter K. Steinberg und Karen V. Kukil (London 2017 und New York 2018); Carl Rollysons »American Isis: The Life and Art of Sylvia Plath« (New York 2013), die Sylvia-Plath-Biografie Anne Stevensons (Frankfurt am Main 1994), »Ariel's Gift: Ted Hughes, Sylvia Plath and the Story of ›Birthday Letters‹« von Erica Wagner (London 2001), Linda Wagner-Martins »Sylvia Plath: Eine Biographie« (Frankfurt am Main 1990) und »Mad Girl's Love Song: Sylvia Plath and Life Before Ted« von Andrew Wilson (London 2014).

KAPITEL V

Irenes und Jolyons Sohn Jon Forsyte wurde im Spätherbst 1901 geboren.

Neben Ada war für John Galsworthy auch sein Kollege Joseph Conrad von lebenswichtiger Bedeutung: Galsworthys Vater schickte seinen fünfundzwanzigjährigen Bummelanten und Als-ob von Sohn um 1893 quer durchs Commonwealth bis nach Neuseeland und Australien, und während der Fahrt von Adelaide nach Kapstadt unterhielt sich Galsworthy auf dem Passagierklipper »Torrens« allabendlich mit dem Ersten Offizier, dem gebürtigen Polen Józef Konrad Korzeniowski, der zu jener Zeit noch nicht Joseph Conrad hieß und sich spätnachts unter Deck »Zeile um Zeile« an seinem ersten Roman verausgabte. Es war der Beginn einer lebenslangen Freundschaft.

»Die meisten Passagen«, so Joseph Conrad über die »Forsyte Saga« an Galsworthy, »sind dermaßen vollendet, dass mir die Tränen kommen.« Allerdings befand Conrad zugleich, Galsworthy gehe noch zu freundlich um mit seinen Figuren, nur weil sie dem Leben unmittelbar entnommen seien.

Joseph Conrad lieferte Galsworthy auch eine Rechtfertigung für Galsworthys autobiografisch grundiertes Werk: »Indem der Romancier über Menschen schreibt, seien sie real oder erdacht, schreibt er immer über sich selbst.«

Als Adas Mutter Anna 1913 starb, weigerte sich Ada, an den Trauerfeierlichkeiten teilzunehmen.

Ausdrücklich lehnte John Galsworthy ein Erbbegräbnis für sich ab, ließ sich einäschern und verwirkte dadurch für eine Weile mal wieder sein Recht, in der Familie als »wahrer Galsworthy« zu gelten.

Ada tat es ihm 1956 mit zweiundneunzig Jahren nach.

Bis zu ihrem Tod sprach Ada weniger von John als von Arthur: Sie hatte ihrem ersten Ehemann die Vergewaltigungen nie verziehen.

Dieses Kapitel beruht auf zwei Ausgaben der Familienchronik John Galsworthys, der einbändigen »Forsyte Saga« mit den drei ersten Büchern »The Man of Property«, »In Chancery« und »To Let«, herausgegeben von Geoffrey Harvey (Oxford 2008), und auf den dreibändigen »Forsyte Chronicles« (London 2001).

Über die Lebenshintergründe des gesamten Galsworthy-Clans berichten Joseph Conrads »Selected Letters«, herausgegeben von Laurence Davies (Cambridge 2015), Catherine Duprés Biografie »John Galsworthy« (London 1976), »Over the Hills and Far Away« von Ada Galsworthy (London 1937), »The English Climate: An Excursion Into a Biography of John Galsworthy« und »John Galsworthy's Life and Art: An Alien's Fortress« von James Gindin (Ann Arbor 1979 und 1987), H. Vincent Marrots »The Life and Letters of John Galsworthy« (London 1935) und Ralph Mottrams Memoiren »For Some We Loved: An Intimate Portrait of Ada und John Galsworthy« (London 1956).

KAPITEL VI

Von Journalisten nach dem mittlerweile berühmten Edward Morgan Forster befragt, erwiderte ein einstiger Schulkamerad: »Sie meinen wohl den Schriftsteller? Ja, an den erinnere ich mich … Eine kleine Memme. Dafür haben wir ihn aber auch fertiggemacht, das kann ich Ihnen sagen.«

1971 gab Christopher Isherwood »Maurice« von E.M. Forster in Druck. Die Presse reagierte verstimmt: Der Roman verletze, befand sie, Forsters Reputation. Andere beschlossen, Forster sei die »closet queen« – die »Klemmschwuchtel« – des zwanzigsten Jahrhunderts: Er habe sein eigenes Liebesleben und »Maurice« auch dann noch unter Verschluss gehalten, als es – nach 1967 – gar keinen Anlass mehr dazu gab. Doch wer würde selbst heute im Rückblick von einem fast Neunzigjährigen erwarten, sich zu seiner Neigung zu bekennen, nachdem er Jahr um Jahr mit ansehen musste, wie Tausende wegen »grober Unsittlichkeit« zu Gefängnisstrafen verurteilt wurden?

Syed Ross Masood las »Maurice« nie: Er war – nach einer wenig geglückten Ehe – bereits 1937 gestorben.

Ab Mitte des neunzehnten Jahrhunderts fasste die Psychiatrie die Liebe zum gleichen Geschlecht als Symptom einer krankhaften Verkehrung – eben einer »Inversion« – der Sexualempfindung auf. Erst Havelock Ellis argumentierte, sie sei angeboren und daher kein Verbrechen. Karl Heinrich Ulrichs forderte 1867 die Straflosigkeit für »die Invertierten«, »Uranier« oder »Uranisten«, benannt nach dem altgriechischen Gott Uranus, der ohne Mitwirkung einer Frau der Vater Aphrodites geworden war. Das Wort »Homosexualität« – »homo« griechisch für »gleich« – prägte der Schriftsteller Karl Maria Benkert zwei Jahre später. Die Begriffe »degeneriert« und »entartet« verwendete erstmals Max Nordau in einer vermeintlich wissenschaftlichen Studie von 1892; sie wurde drei Jahre später ins Englische übersetzt und war auch gegen Oscar Wilde gerichtet, »wider den sich« – so Nordau – »die Gesellschaft bedingungslos verteidigen muss«.

Erst 1973 sah sich die »American Psychiatric Association« gezwungen, ihre Kategorisierung der Homosexualität als »Geisteskrankheit« aus ihrem »Leitfaden psychischer Störungen« zu streichen.

Während der Arbeit an diesem Kapitel waren folgende Bücher von großem Nutzen: Zunächst der fünfte Band der »Abinger Edition« der Werke E.M. Forsters, herausgegeben von Philip Gardner (London 1999), aus der der Verfasser die von Forster gestrichene Liebesszene zwischen Alec und Maurice übersetzt hat, und die mit einem Vorwort von David Leavitt versehene Ausgabe von »Maurice« bei Penguin (London 2005), ferner J.R. Ackerleys »Hindoo Holiday: An Indian Journal« (London 2009), »Gay Life and Culture: A World History« von Robert Aldrich (London 2006), Nicola Beaumans »E.M. Forster: A Biography« (New York 1994), Matt Cooks »Gay History of Britain: Love and Sex Between Men Since the Middle Ages« und »London and the Culture of Homosexuality, 1885–1914« (Oxford 2007 und Cambridge 2008), »E.M. Forster: A Life« von P.N. Furbank (San Diego 1981), Christopher Isherwoods Tagebücher (»Liberation: 1970–1983«, New York 2012), »Connecting with E.M. Forster: A Memoir« von Tom Leggatt (London 2012), Wendy Moffats »E.M. Forster: A New Life« (London 2010 und 2011), R.B. Parkinsons »Little Gay History: Desire and Diversity Across the World« (London 2015), »Art and Homosexuality« von Christopher Reed (Oxford 2011), Graham Robbs »Strangers: Homosexual Love in the Nineteenth Century« (New York 2005), Sheila Rowbothams Biografie »Edward Carpenter« (London 2009), »Homosexuality in History« von A.L. Rowse (London 1977), Zadie Smiths Essay über E.M. Forster in ihrem Band »Sinneswechsel« (Köln 2015), Colm Tóibíns »Love in a Dark Time: Gay Lives from Wilde to Almodóvar« (London 2003), die »Sexuelle Gleichberechtigung« von Jeffrey Weeks (Göttingen 2014) sowie zuletzt die zwei Studien von Gregory Woods, »A History of Gay Literature: The Male Tradition« und »Homintern: How Gay Culture Liberated the Modern World« (beide New Haven 1998 und 2016).

KAPITEL VII

Bei vielen Schriftstellern wie eben auch bei Byron, die gemeinhin als besonders »männlich«, gar als »Machos« gelten, als »byronisch« oder »byronesque« (verführerisch, selbstherrlich, intelligent und durchtrieben), fällt in ihrer Suche nach der anderen Hälfte – dem Einklang, dem »Zwei in einer Seele«, diesem »Jeder von uns beiden ist der andere« – der Drang auf, Geschlechterschranken ganz hinter sich zu lassen: In Ernest Hemingways »Farewell to Arms«, in »The Last Good Country« und »The Garden of Eden« tauschen Mann und Frau einfach die Rollen, um miteinander eins zu werden. In »Farewell to Arms«, »In einem anderen Land«, versichert Catherine Barkley ihrem Frederic, »Es gibt kein Ich: Ich bin du«, und in Hemingways 1946 begonnenem Roman »Der Garten Eden« dringt Catherine Bourne während ihrer Flitterwochen in einem Küstendorf an der Rhône beim Liebesakt mit ihrem Finger in ihren Mann David ein: »Now you can't tell who is who, can you?«, »Nun weißt du nicht mehr, wer wer ist, nicht wahr?« Allerdings ist am Schluss des – Fragment gebliebenen – Romans die Ehe zwischen David und Catherine Bourne zerbrochen. In »The Last Good Country« Hemingways liest Nick Adams seiner geliebten androgynen Schwester Littless zuletzt aus Emily Brontës »Sturmhöhe« vor.

Lord Byrons »Epistle to Augusta« hat Ingeborg Gasser-Kriss ins Deutsche übersetzt.

Maßgeblich für dieses Kapitel waren Emily Brontës »Complete Poems« (London 1992), ihre »Belgian Essays« (New Haven und London 1996) und zwei Ausgaben von »Wuthering Heights«, zum einen die reich bebilderte und kommentierte Edition von Janet Gezari, »The Annotated ›Wuthering Heights‹« (Cambridge 2014), zum anderen die ebenso detailliert erläuterte Übersetzung von Wolfgang Schlüter, »Sturmhöhe / Wuthering Heights« (München 2016), sowie die von Emily Brontë gelesenen Werke Lord Byrons in siebzehn Bänden (verlegt von John Murray, London 1832–1833) und Tom Moores – nach dessen Tod noch einmal wesentlich ergänzte – Biografie »Life, Letters, and Journals of Lord Byron« (London 1860), die 1832 die ersten sechs Bände der eben genannten Werkausgabe Byrons beansprucht hatte.

Weitere Hilfe boten »The Cambridge Companion to the Brontës«, herausgegeben von Heather Glen (Cambridge 2007), Edward Chithams »The Birth of ›Wuthering Heights‹: Emily Brontë at Work« und »Emily Brontë: Eine Lebensbeschreibung« (Basingstoke 2011 und Göttingen 1990), »Emily Brontë: Heretic« von Stevie Davies (London 1999), Daphne du Mauriers »Infernal World of Branwell Brontë« (London 2006), Benita Eislers »Byron: Der Held im Kostüm« (München 1999), »Byron and the Victorians« von Andrew Elfenbein (Cambridge 2004), Katherine Franks »Emily Brontë: A Chainless Soul« (London 1990), »Emily Brontë: A Biography« von Winifred Gérin (Oxford 1971), Janet Gezaris »Last Things: Emily Brontë's Poems« (Oxford 2008), »The Madwoman in the Attic: The Woman Writer and the Nineteenth-Century Literary Imagination« von Sandra M. Gilbert und Susan Gubar (New Haven und London 2000), Patricia Inghams »Authors in Context: The Brontës« (Oxford 2008), »The Brontë Cabinet: Three Lives in Nine Objects«, »The Dangerous Lover: Gothic Villains, Byronism, and the Nineteenth-Century Seduction Narrative« und »Pleasure Bound: Victorian Sex Rebels and the New Eroticism« von Deborah Lutz (Columbus 2006, London 2011 und New York 2015), Fiona MacCarthys »Byron: Life and Legend« (London 2003), »Das Leben der Brontës: Eine

Biographie« von Elsemarie Maletzke (Frankfurt am Main und Leipzig 2008), Nicholas Marshs »Emily Brontë: ›Wuthering Heights‹« (Basingstoke 1999), Lucasta Millers »The Brontë Myth« (London 2002), die Studie »Erotic Faith: Being in Love from Jane Austen to D.H. Lawrence« von Robert M. Polhemus (Chicago 1990), John William Polidoris und Lord Byrons »Vampir« (München 2014), Muriel Sparks »Emily Brontë: Her Life and Work« (London 1975) und zusammenfassend zuletzt »Emily Brontë: ›Wuthering Heights‹ – A Reader's Guide to Essential Criticism« von Patsy Stoneman (Basingstone 2000).

KAPITEL VIII

Das Kapitel fußt auf den Erstausgaben der sogenannten »Rabbit-Tetralogie«, »Rabbit, Run« (New York 1960), »Rabbit Redux« (New York 1971), »Rabbit Is Rich« (New York 1981) und »Rabbit at Rest« (New York 1990), ergänzt um »Rabbit Remembered« in dem Band »Licks of Love: Short Stories and a Sequel« (New York 2000), »Novels 1959–1965«, herausgegeben von Christopher Carduff, Library of America (New York 2018), und zuletzt auf der einbändigen, von John Updike wesentlich veränderten und mit einem Vorwort versehenen Everyman's Library Edition »Rabbit Angstrom: The Four Novels« (New York 1995). Aus ihr hat der Verfasser die zitierten Passagen übersetzt.

Auf Deutsch erschienen die Bände der Tetralogie unter den Titeln »Hasenherz«, »Unter dem Astronautenmond«, »Bessere Verhältnisse« und »Rabbit in Ruhe«, übertragen von Kai Molvig und Maria Carlsson (Reinbek bei Hamburg 1973, 1976, 1983 und 1994).

Des Weiteren für die Niederschrift dieses Kapitels von Bedeutung waren Updikes »Collected Stories« in den zwei Bänden der Library of America (New York 2013), seine Essaybände »Due Considerations« (New York 2007), »Golf Dreams« (New York 1996), »Hugging the Shore« (New York 1983), »More Matter« (New York 1999), »Odd Jobs« (New York 1991) und »Picked-Up Pieces« (New York 1975), die Memoiren Updikes, »Self-Consciousness« (New York 1989), und die »Selected Poems« (New York 2017) mit Updikes letzten Gedichten, »Endpoint«, sowie »John Updike: A Critical Biography« von Bob Batchelor (Santa Barbara 2013), Adam Begleys »Updike« (New York 2014), Marshall Boswells »John Updike's Rabbit Tetralogy: Mastered Irony in

Motion« (Columbia und London 2001), die »John Updike Encyclopedia« und »John Updike Remembered: Friends, Family and Colleagues Reflect on the Writer and the Man« von Jack A. De Bellis (Westport 2000 und Jefferson 2017), die aktualisierte Neuausgabe der Kurzbiografie Volker Hages (Reinbek bei Hamburg 2013), »The Fifties« von David Halberstam (New York 1994) und Katie Roiphes »The Violet Hour: Great Writers at the End« (London 2016).

KAPITEL IX

Die Grundlagen für das Kapitel bildeten die Norton Critical Edition von George Eliots »Middlemarch: A Study of Provincial Life«, herausgegeben von Bert C. Hornback (New York und London 2000), die deutsche Übertragung durch Rainer Zerbst, »Middlemarch: Eine Studie über das Leben in der Provinz« (Stuttgart 1985 und 2001), und George Eliots »Selected Critical Writings« und »Selected Essays, Poems, and Other Writings« (Oxford 2000 und London 1990).

Sonst fand das Kapitel die wichtigsten Anregungen bei Rosemary Ashton (»George Eliot: A Life«, London 1996, »G.H.Lewes: A Life«, Oxford 1991, und »142 Strand: A Radical Address in Victorian London«, London 2008), Josie Billington (»The Connell Guide to George Eliot's ›Middlemarch‹«, Chippenham 2012, und »Eliot's ›Middlemarch‹: Reader's Guide«, London und New York 2008), Karen Chase (»Landmarks of World Literature: ›Middlemarch‹«, Cambridge 1991, und »›Middlemarch‹ in the Twenty-First Century«, Oxford 2006), Philip Davis (»The Transferred Life of George Eliot: The Biography of a Novelist«, Oxford 2017), Anne und Alexander Gilchrist (»Life of William Blake«, London 2005), Gordon S. Haight (»George Eliot: A Biography«, New York und Oxford 1968), Nancy Henry (»The Life of George Eliot: A Critical Biography«, Chichester 2015), Neil Hertz (»George Eliot's Pulse«, Stanford 2003), Gertrude Himmelfarb (»The Jewish Odyssey of George Eliot«, New York und London 2012), Richard Holmes (»This Long Pursuit: Reflections of a Romantic Biographer«, London 2016), Kathryn Hughes (»George Eliot: The Last Victorian«, London 1999, und »Victorians Undone: Tales of the Flesh in the Age of Decorum«, London 2017), George Levine (»The Cambridge Companion to George Eliot«, Cambridge 2001), Brenda Maddox (»George Eliot in Love«, New York 2010), Elsemarie Maletzke (»George Eliot: Ihr Leben«, Frankfurt am Main und Leipzig 1993), Rebecca Mead (»The Road to Middlemarch: My Life with George Eliot«, London 2014), Camille Paglia (»Die Masken der Sexualität«, München 1992), Jeremy Paxman (»The Victorians«, London 2010), John Rignall (»Oxford Reader's Companion to George Eliot«, Oxford 2001), Jenny Uglow (»George Eliot«, London 2008) und A.N.Wilson (»The Victorians«, London 2003).

KAPITEL X

Paul Bowles baute den »Himmel über der Wüste«, »The Sheltering Sky«, nach Janes Omen-System auf, mit fast zwanghaften Vor- und Rückverweisen. So wollte Port etwa in Aïn Krorfa eine blinde Tänzerin kaufen und sie sich gewaltsam unterwerfen – ähnlich wie sich die zwei Karawanenführer in der Sahara später an Kit vergingen.

Um sich eine Vorstellung von Janes Arbeitsschwierigkeiten zu machen, muss man sich vor Augen führen, dass sie etwa für die Beschreibung einer Brücke in der Erzählung »Camp Cataract« Tage brauchte – und sie mündete dann in einen einzigen Satz. Jane hatte grundsätzlich Respekt nur vor dem, was ihr Mühe bereitete: »Wenn ich nicht darunter leide, wird auch nichts draus.«

Im Dezember 1985 starb der Maler Ahmed Yacoubi, dem Bowles-Biografen Jens Rosteck zufolge »der wichtigste Mann in Pauls Leben«, mit fünfundfünfzig Jahren an Lungenkrebs.

Paul Bowles ließ sich im November 2000 wider aller Erwarten in der verhassten amerikanischen Erde beisetzen, umgeben von Weinbergen in den Finger Lakes im Staate New York.

Zwischen 1973 und 1999 hatte es Bowles in seiner Kunst der Journalisten-Verwirrung zur Meisterschaft gebracht: Fragte man ihn, ob er an Gott glaube, versetzte er, er glaube an Allah. Fragte man ihn, ob Allah tatsächlich existiere, beschied er: »Das weiß nur Gott.«

Bis zuletzt ließ Bowles von der Vermutung nicht ab, Jane sei von Lamina Bakalia vergiftet worden.

Das Kapitel stützt sich auf die »Collected Writings« von Jane Bowles in einem Band, »›Two Serious Ladies‹, ›In the Summer House‹, Stories and Other Writings, Letters«, herausgegeben von Millicent Dillon, Library of America (New York 2017), ergänzt um »My Sister's Hand in

Mine: The Collected Works of Jane Bowles« (New York 2005), die neu übersetzte deutsche Werkausgabe von Brigitte Walitzek (»Zwei ernsthafte Damen« und »Einfache Freuden«, Frankfurt am Main 2012) und auf die zwei Bände der Werke von Paul Bowles, »›The Sheltering Sky‹, ›Let It Come Down‹, ›The Spider's House‹« und »Collected Stories and Later Writings«, beide herausgegeben von Daniel Halpern, Library of America (New York 2002), auf »The Sheltering Sky« in der »50th Anniversary Edition« der Ecco Press mit einem Vorwort von Paul Bowles (New York 1999) und auf die Übersetzung »Der Himmel über der Wüste« von Maria Wolff und Pociao (Hamburg 1952 und München 2006).

Details zu Leben und Werk von Jane und Paul Bowles entnahm der Verfasser den »Conversations with Paul Bowles« (Jackson 1993), dem »Tangier Journal 1987–1989« (New York 1991), den »Letters of Paul Bowles«, herausgegeben von Jeffrey Miller (New York 1994), dem Band »Next to Nothing: Collected Poems 1926–1977« (Santa Rosa 1990), »Photographs« (New York 1994), »Travels: Collected Writings, 1950–1993« (London 2010), der Autobiografie »Without Stopping« (New York 1972) und der Memoirensammlung »Yesterday's Perfume« von Paul Bowles (New York 2000), »Tangier Love Story: Jane Bowles, Paul Bowles, and Me« von Carol Ardman (Newark 2015), Robert Briattes »Paul Bowles, 2117 Tanger Socco« (Reinbek bei Hamburg 1991), Mohamed Choukris »In Tangier: Paul Bowles – Jean Genet – Tennessee Williams« (London 2010), »A Little Original Sin: The Life and Work of Jane Bowles« und »You Are Not I: A Portrait of Paul Bowles« von Millicent Dillon (beide Berkeley und Los Angeles 1998), Michelle Greens »Dream at the End of the World: Paul Bowles and the Literary Renegades in Tangier« (New York 1991), Mohammed Mrabets »Look and Move On« (London 1989), »Jane und Paul Bowles: Eine Doppelbiografie« von Jens Rosteck (München 2005), Christopher Sawyer-Lauçannos »The Invisible Spectator: A Biography of Paul Bowles« (New York 1989), Josh Shoemakes »Tangier« (London und New York 2013) und »Paul Bowles: A Life« von Virginia Spencer Carr (New York 2004).

KAPITEL XI

Der Nachname Marguerites lautete ursprünglich Donnadieu – 1943 benannte sie sich für ihren ersten Roman, »Die Schamlosen«, gegen die Mutter und ihren Bruder Pierre nach der Gemeinde ihres frühverstorbenen Vaters in Duras um.

Im Rückblick meinte Jean-Paul Sartre über die Résistance, der er nie angehört hatte: »Auch ohne sie hätten die Engländer den Krieg gewonnen, auch mit ihr hätten sie ihn verloren, wenn sie ihn hätten verlieren müssen.« Der Widerstand von Albert Camus erwachte erst, als sich die Niederlage der Deutschen bereits abzuzeichnen begann.

Das Lesepublikum ließ sich von der Wirklichkeit hinter dem Roman »Der Liebhaber« nicht beirren. Sooft Marguerite Duras auch auf Ersterer bestand: Bis heute hat sich wider besseres Wissen die Vorstellung erhalten, Marguerite Duras hätte in ihrer Jugend die große Liebe mit einem betörenden Chinesen erlebt – auch weil man, so Marilyn Yalom, einfach an die große Liebe glauben möchte, die niemals endet.

Für dieses Kapitel konsultierte der Verfasser die »Œuvres complètes« in vier Bänden, herausgegeben von Gilles Philippe (Bibliothèque de la Pléiade, Paris 2011 und 2014), die »Hefte aus Kriegszeiten« (Frankfurt am Main 2007) und den Sammelband »Die Romane« (Frankfurt am Main 2008), der fast alle Prosawerke von 1950 bis 1991 umfasst, Laure Adlers zwei Duras-Biografien (Frankfurt am Main 2000 und Paris 2013), »Das Menschengeschlecht« von Robert Antelme (Frankfurt am Main 2001), »Frauen in der Résistance« von Margaret Collins Weitz (München 2002), Jens Rostecks meisterhaften Essay »Gruppenbild mit Schwester« (in dem Porträtband »Im Dreieck: Liebesbeziehungen von Friedrich Nietzsche bis Marguerite Duras«, herausgegeben von Unda Hörner, Frankfurt am Main 1999), »Marguerite Duras: La vie comme un roman« und »C'était Marguerite Duras, 1914–1996« von Jean Vallier (Paris 2006 und 2014) und Alain Vircondelets »Duras« (Paris 1991 und Dublin 1994).

KAPITEL XII

So manche Autoren beschwerten sich, für den Mörder eines Freundes, den Liebhaber der Gattin eines Staatsbeamten oder für einen besessenen Roulettespieler gehalten worden zu sein, nur weil man sie mit ihren Figuren verwechselt hat – sie aber hätten in der Großküche ihres Unterbewusstseins lediglich Menschen zusammengebraut, die ihnen begegnet seien. Nicht so Malcolm Lowry: Alle Kenner seines Werks sind sich einig darin, dass er völlig außerstande war, über eine andere Figur zu schreiben als über sich selbst – und über Jan Gabrial.

Die zwielichtigen Umstände von Lowrys Tod gingen dank Jan Gabrials Memoiren, seiner Biografen, der Lowry-Expertin Sherrill Grace und Journalisten wie D.T. Max als eines der großen Geheimnisse in die literarischen Annalen des vergangenen Jahrhunderts ein. Sie sind bis heute ungeklärt. Doch von Jahr zu Jahr erhärtet sich der Verdacht, dass Margerie Bonner – halb aus Versehen, halb aus Angst und aus Notwehr – Lowry getötet hat.

Die Arbeit an diesem Kapitel nahm ihren Anfang mit der Urfassung des »Vulkans«, »The 1940 Under the Volcano« (Ottawa 2015), der Erstausgabe von »Under the Volcano« bei Reynal & Hitchcock (New York 1947), den Übersetzungen des »Vulkans« von Clemens ten Holder (Stuttgart 1951) und Susanna Rademacher und Karin Graf (Reinbek bei Hamburg 2015), dem »Gesamtwerk in Einzelausgaben« in neun Bänden, herausgegeben von Joachim Sartorius (Reinbek bei Hamburg 1979–1986), und »The Voyage that Never Ends: Fictions, Poems, Fragments, Letters« (New York 2007).

Den Brief des Konsuls und die Wechselrede zwischen ihm und Yvonne hat der Verfasser aus der amerikanischen Erstausgabe des »Vulkans« ins Deutsche übertragen.

Besondere Berücksichtigung bei der Niederschrift fanden »The Making of Malcolm Lowry's ›Under the Volcano‹« von Frederick Asals (Athens und London 1997), Gordons Bowkers Monumental-Biografie »Pursued by Furies« (London 2009) und »Malcolm Lowry Remembered« (London 1985), Douglas Days »Malcolm Lowry: A Biography« (New York und Oxford 1973), »Inside the Volcano: My Life with Malcolm Lowry« von Jan Gabrial (New York 2000), Heribert Hovens »Malcolm Lowry« (Reinbek bei Hamburg 1988) und »Das Labyrinth der Einsamkeit« von Octavio Paz (Frankfurt am Main 1998).

KAPITEL XIII

Irina Guadanini kam Vladimir Nabokovs Bitte nie nach, ihm seine Liebesbriefe zurückzugeben. Sie lebte nach dem Krieg in äußerster Armut; Nabokov ließ ihr einmal ein wenig Geld zukommen mit der Begründung, er sei im Alter zum Geizhals verkommen.

Irina Guadanini starb siebzigjährig 1976 in Paris.

Sie soll nach dem Bruch mit Nabokov nie wieder eine feste Bindung eingegangen sein.

Ihre Erzählung »Der Tunnel« erschien erstmals 1961 unter dem Pseudonym »Alyotrus« – was so viel wie »Hallo, du Feigling!« bedeutet. Sie findet sich wieder in den »Russian Émigré Short Stories from Bunin to Yanovsky«, herausgegeben von Bryan Karetnyk (London 2018).

Dieses Kapitel gründet auf den »Gesammelten Werken« Vladimir Nabokovs in vierundzwanzig Bänden, herausgegeben von Dieter E. Zimmer (Reinbek bei Hamburg 1989–2017), der zweibändigen, von Brian Boyd edierten Ausgabe der »Novels and Memoirs« in der Library of America (New York 1996), den »Collected Poems« (London 2012), dem Band »Insomniac Dreams« (Princeton und Oxford 2018) und Nabokovs »Selected Letters 1940–1977« (San Diego und New York 1989).

Die Literatur über den irisierend vieldeutigen VN ist inzwischen kaum zu überschauen, doch weniger undurchdringlich wurde das Rätsel durch Vladimir E. Alexandrovs »Garland Companion to Vladimir Nabokov« und »Nabokov's Otherworld« (New York 1995 und Princeton 1991), Brian Boyds mittlerweile klassische zweibändige Biografie (Reinbek bei Hamburg 1999 und 2005), die Hauptwerke James M. Cains in der Everyman's Library (New York 2003), »The Cambridge Companion to Nabokov«, herausgegeben von Julian W. Connolly (Cambridge 2005), Andrew Fields »Life and Art of Vladimir Nabokov« (New York 1986), »Erfundene Biographien: Vladimir Nabokovs englische Romane« von Herbert Grabes (Tübingen 2016), »Cain: The Biography of James M.Cain« von Roy Hoopes (Carbondale 1987), Michael Maars »Die Feuer- und die Wasserprobe: Essays zur Literatur« und »Solus Rex: Die schöne böse Welt des Vladimir Nabokov« (Frankfurt am Main 1997 und Berlin 2007), »Die Unsterblichkeit Achills: Vom Ursprung des Erzählens« von Jürgen Manthey (München und Wien 1997), »Nabokov Upside Down«, herausgegeben von Brian Boyd und Marijeta Bozovic (Evanston 2017), Eric Naimans »Nabokov, Perversely« (Ithaca und London 2010), Andrea Pitzers »Secret History of Vladimir Nabokov« (New York und London 2013), Robert Ropers »Nabokov in America: On the Road to ›Lolita‹« (New York 2015), Zinaida Schachowskoys »Auf den Spuren Nabokovs« (Frankfurt am Main 1981), »Véra (Mrs. Vladimir Nabokov)« von Stacy Schiff (New York 2000), Edmund Whites »Arts and Letters« (San Francisco 2004), »Women in Nabokov's Life and Art«, herausgegeben von Naila Garipova und Juan José Torres Núñez (Bern 2016), Barbara Wyllies »Nabokov at the Movies« (Jefferson und London 2003) und Lila Azam Zanganehs »Der Zauberer: Nabokov und das Glück« (Frankfurt am Main 2015).

Der Verfasser möchte ausdrücklich betonen, dass das Kapitel ohne Dieter E. Zimmers reiche Kommentare und Nachworte in seiner Nabokov-Werkausgabe nicht denkbar gewesen wäre, auch nicht ohne seine Bücher »Nabokovs Berlin« und »Wirbelsturm ›Lolita‹: Auskünfte zu einem epochalen Roman« (Berlin 2001 und Reinbek bei Hamburg 2008).

Für das Verständnis des Noir dankt der Verfasser Norbert Grob und Peter von Matt.

KAPITEL XIV

Im Januar 2010 begegnete ein Reisejournalist Gabriel García Márquez auf dem Patio eines Boutique-Hotels in Cartagena de Indias. Als der Journalist nebenbei erwähnte, er werde den Río Magdalena befahren, ergriff García Márquez das Handgelenk des Journalisten und sagte, »Ich erinnere mich genau, ich weiß alles über den Fluss, einfach alles«, ließ das Handgelenk des Journalisten nicht los, hielt sich fast schmerzhaft daran fest. Dann verlor sich der Blick des über Achtzigjährigen: verdutzt und leicht zornig, bald müde und leer.

Nur unter vorgehaltener Hand sprach man in Kolumbien darüber, dass sich sein Gedächtnis verdunkelt hatte: García Márquez litt unter Alzheimer. Es erschien der Nation als eine unverzeihliche Grausamkeit Gottes, jemanden mit dem Gebrechen des Vergessens zu schlagen, der gelebt hatte, um sich an das Gelebte erinnern und um für sie davon erzählen zu können. Nicht einmal das Gesicht seiner Frau Mercedes erkannte er manchmal wieder: wie er es gefürchtet und in seinem großen Roman zu bannen versucht hatte, in der »Liebe in den Zeiten der Cholera«, fast dreißig Jahre zuvor.

Darin hatte er nicht nur seinen Eltern, sondern auch Mercedes ein Denkmal gesetzt: Am Schluss des Buches konnten Fermina Daza und Florentino Ariza ihre Reise nur fortsetzen, weil sie Brennholz in einem Dorf luden, »wo Mercedes geboren ist«.

Das Kapitel hätte nie entstehen können ohne »El amor en los tiempos del cólera« (Barcelona 1997 und 2015) und »Die Liebe in den Zeiten der Cholera« in der Übersetzung von Dagmar Ploetz (Köln 1987), »Conversations with Gabriel García Márquez« (Jackson 2006), »Der Geruch der Guayave: Gespräche mit Plinio Apuleyo Mendoza« (Köln 1993), die »Journalistischen Arbeiten« (Köln 2000–2008), »The Last Interview« (New York und London 2015) und »Vivir para contarla« (Barcelona 2002).

Für diese stürmische Reise von einem Kapitel versank der Verfasser in einer Flut von Quellen und Dokumenten: In Miguel Barnets »Afrokubanischen Kulten« (Frankfurt am Main 2000), »Gabriel García Márquez: Solitude and Solidarity« von Michael Bell (Houndmills 1993), Gene H. Bell-Villadas »García Márquez: The Man and His Work« (Chapel Hill 2010), »Gabriel García Márquez: A Witch Writing« von Yves Billon und Mauricio Martinez-Cavard (Princeton 1998), »The Cambridge Companion to Gabriel García Márquez« (Cambridge 2010), »Gabriel García Márquez: Sein Leben und sein Werk« von Oscar Collazos (München 1989), Jay Corwins »Gabriel García Márquez« (London und New York 2016), »Gabriel García Márquez' ›Love in the Time of Cholera‹« von Thomas Fahy (New York und London 2003), »Gabriel García Márquez: New Readings«, herausgegeben von Bernard McGuirk und Richard Cardwell (Cambridge 1987 und 2009), Stephen M. Harts »Gabriel García Márquez« (London 2010), Harald Irnbergers »Gabriel García Márquez: Die Magie der Wirklichkeit« (Frankfurt am Main 2005), »The Robber of Memories: A River Journey through Colombia« von Michael Jacobs (London 2012), Gerald Martins »Gabriel García Márquez: A Life« (London 2008), »Gabriel García Márquez: Writer of Colombia« von Stephen Minta (London 1987), Rubén Pelayos »Critical Companion« (Westport und London 2001), »Gabriel García Márquez: Leben und Werk« von Dagmar Ploetz (Köln 2010), Dasso Saldívars Biografie »Reise zum Ursprung« (Köln 1998), »Gabriel García Márquez: The Early Years« von Ilan Stavans (New York 2010), Justin Websters »Gabo: The Creation of Gabriel García Márquez« (London 2015) und »Gabriel García Márquez: ›One Hundred Years of Solitude‹« von Michael Wood (Cambridge 1990).

KAPITEL XV

Robert Browning starb 1889 in Venedig, siebenundsiebzig Jahre alt, im Palazzo Rezzonico seines Sohnes Penini, der später auch die pflegebedürftige Lily Wilson zu sich nahm.

Die Übertragung der Sonett-Zeilen Elizabeth Barrett Brownings stammt, in Anlehnung an Rainer Maria Rilkes Nachdichtung, von Ingeborg Gasser-Kriss.

Besonders folgende Bücher waren für die Niederschrift dieses Kapitels wichtig: Rachel Ablows »Victorian Pain« (Princeton und Oxford 2017), »Elizabeth Barrett Browning« von Simon Avery und Rebecca Stott (London 2003), Elizabeth Barretts und Robert Brownings »Letters« in zwei Bänden (London 1899), »The Collected Poems« von Elizabeth Barrett Browning (Ware 2015), Robert Brownings »Major Works« (Oxford und New York 2009), »Woman: The Incredible Life of Yoko Ono« von Alan Clayson (New Malden 2004), Helen Coopers »Elizabeth Barrett Browning, Woman and Artist« (Chapel Hill 1988), »The Victorians« von Philip Davis (Oxford und New York 2008), Peter Doggetts »You Never Give Me Your Money: The Battle for the Soul of The Beatles« (London 2010), »John Lennon: The Stories Behind Every Song, 1970–1980« von Paul Du Noyer (London 2010), Iain Finlaysons »Browning: A Private Life« (London 2004), »Elizabeth Barrett Browning: A Biography« von Margaret Forster (New York 1988), Stefan Hawlins »Complete Critical Guide to Robert Browning« (London und New York 2002), »The Victorian Governess« von Kathryn Hughes (London 1993), John Lennons »Letters« (London 2016), »Lennon on Lennon: Conversations«, herausgegeben von Jeff Burger (London 2017), »Dared and Done: The Marriage of Elizabeth Barrett und Robert Browning« von Julia Markus (New York 1995), Dorothy Mermins »Elizabeth Barrett Browning: The Origins of a New Poetry« (Chicago und London 1989), »Robert Browning: A Life After Death« von Pamela Neville-Sington (London 2004), Philip Normans »John Lennon: The Life« (London 2009), »The Life of Robert Browning« von Clyde de L. Ryals (Oxford und Cambridge 1996), Gardner B. Taplins »Life of Elizabeth Barrett Browning« (Yale 1970), Lilian Whitings »The Brownings: Their Life and Art« (Boston 1911), Sarah Woods »Robert Browning: A Literary Life« (Houndmills 2001) und »Robert Browning« von John Woolford und Daniel Karlin (London und New York 2014).

Für Christina und Ingeborg

2015

Zürich, Florenz, London, New York, Cochin, Kerala,
Lugano, Alajuela, Bombay, Paphos, Marrakesch, Taormina,
Jerusalem, Florenz, Zürich

2018